edition suhrkamp 3328

Peter Sloterdijks Buch hält sich, wie bei diesem Autor nicht anders zu erwarten, nur in problematischen Terrains auf, sein Appell richtet sich ausschließlich an das Bedürfnis zu begreifen, was den aktuellen Weltlauf auf seinen Kurs treibt.

»Peter Sloterdijk ist ein geistreicher und höchst lesbarer Zeitkritiker: In dem Buch mit dem unaussprechlichen Titel analysiert er das drängendste Zeitthema – die fortwährende, rasende Beschleunigung des modernen Lebens und die neue Klassengesellschaft der Geschwindigkeiten.« *Sigrid Löffler*

»Sloterdijks Philosophieren ist in hohem Maße expressiv, und es ist literarisch. Philosophische Expressivität und literarisches Philosophieren sind keine ›modische‹ Vermischung der Disziplinen, sondern stehen im Dienste des Versuchs, das Denken aufs Niveau unserer verschwiegenen Erfahrungen zu bringen.« *Rüdiger Safranski, Die Zeit*

Peter Sloterdijk
Eurotaoismus

Zur Kritik der politischen Kinetik

Suhrkamp

In Erinnerung an Jacob Taubes
1923–1987

Einmalige Sonderausgabe 1996

edition suhrkamp 3328
Erste Auflage 1989

Satz: Hümmer, Waldbüttelbrunn
Druck: Ebner Ulm
Umschlagtypographie: Willy Fleckhaus
Printed in Germany

1 2 3 – 96

Inhalt

Prämissen

Um ohne Umschweife zu beginnen: Warum war es nötig, das schwerfällige und spekulative Wort Eurotaoismus im Buchtitel zu verwenden?

Hierauf sind drei Antworten möglich. Erstens könnte es sich um eine der unfreiwilligen Nonsens-Formulierungen handeln, die dem Autor erwiesenermaßen des öfteren unterlaufen; unter dieser Voraussetzung dürfte man annehmen, daß das Buch schon an seinem Titel wie an einer Überdosis Tiefsinn gestorben ist. Zweitens könnte hiermit ein Beispiel für »kombinatorischen Witz« vorliegen im Stil der Friedrich Schlegelschen Blitzhochzeiten zwischen weit voneinander entfernten Begriffen; doch sollte solcher Witz wirklich im Spiel sein, so ließe man ihn am besten unerläutert, denn der Witz, der seine Besprechung liefert, hat schon keinen mehr; sofern aber Kombinatorik ein erprobtes frühromantisches Verfahren zur Entdeckung von Strukturanalogien ist, darf man um die Geduld, das Ergebnis abzuwarten, bitten. Drittens könnte Eurotaoismus die Überschrift über eine versäumte Chance sein. Bei einem solchen Titel lag die Gelegenheit nahe, Richtungweisendes über das Spiel der Polaritäten, die Wiedervereinigung von Geist und Natur und die Öffnung des Herzchakras zu sagen. Das alles sind Dinge, die uns angehen. Der Autor gibt zu, es ist ein Jammer, wie hier die Gelegenheit verschenkt wird, den Lesern zu versichern, daß das Göttliche auch in ihnen ist. Aber es führt nicht weiter, die Tatsachen zu leugnen, von Erbauung wird nichts zu spüren sein. Dieses Buch und sein Titel halten sich nur in problematischen Terrains auf, sein Appell richtet sich

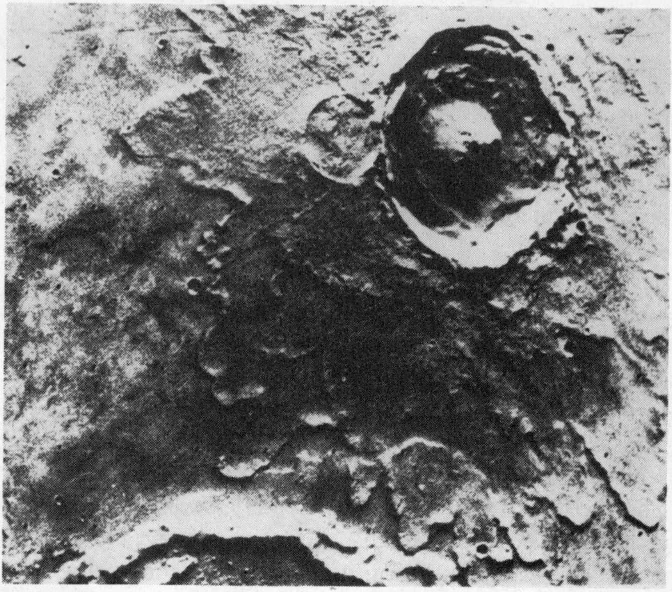

Mars-Oberfläche, Nahaufnahme der Viking 1

ausschließlich an das Bedürfnis, zu begreifen, was den aktuellen Weltlauf auf seinen Kurs treibt. Diese Adressierung ans Bedürfnis der Intelligenz gilt auch dann noch, wenn zugegeben werden müßte, daß die vorgeschlagenen Verstehensübungen wie die Gestikulationen eines Laternenanzünders wirken, der sich in einer auf Neonbeleuchtung umgestellten Stadt nützlich machen will.

Die Enttäuschung über diese Antworten ist vorhersehbar. Offensichtlich handelt es sich weniger um präzise Auskünfte als um Ausweichmanöver angesichts einer Peinlichkeit. War aber eine affirmative Antwort wirklich zu erwarten? Ist das Tao im Munde westlicher Autoren nicht ein Joker, den man ausspielt, wenn es darum geht, mehr zu versprechen, als zu halten sein wird? Ah, Taoismus! Zauberformel für schnelle Ganzheiten und für Geborgenheit aus der atomphysikalischen Retorte! Die rätselvolle Silbe Tao ist neuerlich in die Kitschzone geraten, und wer sich auch künftig zu ihrem hellen Zauber bekennen will, muß mit dem Verdacht leben, er wolle einstimmen in den Chor, der die neureligiösen Totalitätscouplets absingt. Doch hält es der Autor *a priori* für das Zentrum seiner Arbeit, sich für Verdächtigungen zur Verfügung zu stellen. Denn: die Philosophen haben die Interpretation der Welt durch andere Leute bisher nur verschieden verdächtigt, es kommt darauf an, sich auf sie einzulassen.

Eurotaoismus – um eine ernsthaftere Antwort anzudeuten – ist auch ein Titel für den Versuch, auf die Eigenart des geschichtemachenden Kontinents so dringlich aufmerksam zu machen, daß keine bloße äußere Kritik an ihm mehr plausibel werden kann. Selbst wenn wir die östliche Weisheit als eindrucksvolle, auf sich selbst gestellte Größe anerkennen: mit bloßen Asienimporten ist der westlich mobilisierten Welt nicht zu helfen. Genau das ist die Initiative des Americotaoismus, der auf die »Krise des Westens« mit der Einfuhr von holistischem *fast food* aus Fernost reagiert. Selbstverständlich gibt sich diese Schnellküche auch als *nouvelle cuisine*, sie setzt auf Neues Denken wie auf ein unwiderstehliches Rezept, sie serviert planetarische Paradigmenwechsel wie Gänge in einem historischen Menü, und sie verspricht uns aufrichtig, daß nach dem rohen Fisch-Gang ein zartes Wassermann-Chop-Suey an der Reihe sei. Doch die Tragweite des Neuen Denkens erschöpft sich, wie zu fürchten ist, in dem Vorschlag, in Zukunft unsere Ideen mit Stäbchen zu essen – »der Mensch ist, was er ißt«.

Die vorgelegte Replik gesteht den kalifornischen Suggestionen ihre Berechtigung zu, wo sie am Platz sind. Sie erinnert aber, so bescheiden wie möglich, so aufsässig wie nötig, an die Tatsache, daß es, um im Bild zu bleiben, Gerichte gibt, vor denen man mit Stäbchen hungrig bliebe. Es sind dies, ohne Bild gesprochen, die großformatigen Phänomene, die aus der alteuropäischen epistemisch-messianischen Substanz herausgesetzt und im planetarischen Maßstab wirksam wurden: Geschichte, Wissenschaft, Industrie, Massenkommunikation, Geschwindigkeit. Auch wenn nicht permanent von diesen Größen die Rede ist, so gravitieren die Essays in diesem Bereich fortwährend um sie. Sie bilden Kriterien für gegenwartsfähiges Denken. Es mag angesichts dieser stachligen Phänomene wie Hohn erscheinen, die runde Welt der altchinesischen Polaritäten zu zitieren. Wenn der Titel dieses Buches trotzdem ein solches Zitat enthält, dann zu dem Zweck, um dort, wo die Abschußrampen der Modernisierungsexpedition montiert wurden, an die ironische Spannweite der selbsterzeugten Probleme zu erinnern. Von da an müßte man Taoist sein, um die Einsicht zu ertragen, daß uns der Taoismus auch nicht mehr hilft.

Wieso also Eurotaoismus? In dem seltsamen Wort spricht ein Rest von der geschichtemachenden Unzufriedenheit mit, die die großen Revolutionen der Neuzeit antrieb. In ihm klingt auch eine Verwunderung darüber an, daß aus den europäischen Ausbrüchen ins Neue nichts Besseres werden wollte als die allgegenwärtige Katastrophendrift. Als Schelmenvokabel hat es noch etwas von der »kundigen Bitterkeit« an sich, aus der die Vordenker von früher das Revolutionswissen destillieren wollten. Doch das Wort mit Hörnern und Schellen läutet jetzt eine alternative Kritik der Moderne ein – eine Kritik der planetarischen Mobilmachung als der falschen permanenten Revolution. Zusammen mit dem Un-

Theater in Delphi

tertitel wird der Begriff allmählich auf eine ziemlich verrückte Weise vernünftig. Das erweist sich auch daran, daß er im folgenden keine Rolle mehr spielen wird. Nur einmal taucht die Vokabel noch manifest auf – der Leser wird dann raten müssen, in welcher Funktion.

Wie alles bisher vom Autor Publizierte sind diese Texte Subversionsübungen gegen den Absolutismus der Geschichte und der Vergesellschaftung. Statt der Orientierung an der progressiven Norm, die so schnell zur Verschleppung nach vorn entartet, wird Aufmerksamkeit für Seitenbeweglichkeit empfohlen. Darum ging es, noch indirekter, noch zweideutiger, schon im Rückgriff auf die antike kynische Intervention und in den Hinweisen auf die utopische Schlagfertigkeit des Mannes in der Tonne. Inzwischen hat sich das Amüsement über Zynismuskritik abgeklärt, von dem Mißverständnis, daß damit die Kritik in bloße Pantomime zurückgenommen werden sollte, hat sich unter Urteilsfähigen nichts erhalten. Was nach wie vor von der Entdeckung des Pantomimischen herkommt, der Sinn für Geste, Gebärde und Bewegung, ist übergegangen in Vorschläge zu einer Theorie der zivilisatorischen Bewegung – einer Theorie, in der die lebensentscheidende Differenz zwischen Beweglichkeit und Mobilmachung sich als Kriterium einer alternativen »Ethik« anbietet. In embryonaler Form enthalten die folgenden Seiten somit eine neue Version von kritischer Theorie, aber nicht »der Gesellschaft«, sondern des durch moderne Gesellschaften inszenierten Progreß-Prozesses westlichen Typs. Am aktuellen Weltprozeß, der eine beschleunigte Katastrophendrift aufweist, erleben Menschen als Täter und Opfer der Mobilmachung ihre vorherrschende Lebensform als etwas, das ins Falsche führt. In ihren Tätereigenschaften erfahren sie zugleich ihre Fähigkeit, mit dem Trend zum Falschen bis zur völligen Identifizierung einverstanden zu sein. Deswegen ist eine kritische Theorie der Mobilmachung nicht nur eine Übersetzung der Entfremdungskritik in eine kinetische Sprache. Man muß annehmen, daß in den riskantesten Beschleunigungen der Gegenwart etwas exekutiert wird, was unserem Eigenen und Nächsten, sprich: dem Selbstgewollten, entstammt. Wenn es sich so verhält, dann kann es keine kritische Theorie der Gesellschaft mehr geben – weil zwischen Kritik und Kritisiertem keine reale Differenz mehr auftritt. Es sei denn, die Kritik dächte zuerst gegen sich selbst und unterzöge auch das Eigene, Nächste und Selbstgewollte einer Prüfung.

Diesen Kritiktypus gab es bisher nur als Theologie. Die Theologen genossen das Vorrecht, die Welt als Welt im Namen eines weltüberlegenen Anderen so zu kritisieren, daß auch das Eigene der Kritik unterlag. In dem vorliegenden Buch wird versucht, eine Kritik dieses Typs in nicht-theologischer Form zu wiederholen. Das setzt voraus, daß der kritische Geist aus der Welthaut fahren und auch das Eigene, Nahe, Selbstgewollte distanzieren und verwandeln kann. Solche Kritik sprengt die zynisch-melancholische Weltverfallenheit, die sich heute überall als postmodernes Einverständnis aufschminkt. Sie meidet aber auch die masochistische Totalkontemplation, die ins metaphysische Aussteigertum führt. Weder eskapistisch noch einverstanden, zielt die alternative Kritik darauf, eine kritische Theorie des In-der-Welt-Seins voranzubringen. Sie würde von dem Augenblick an plausibel, in dem es gelingt, einen nicht-theologischen Raum für Weltabstand aufzuzeigen – wenn man so will: eine Transzendenz in methodischer Absicht zu eröffnen. Der Autor ist der Meinung, an den Anfängen einer solchen Theorie zu stehen. Deren Zentrum bildet eine Analytik des Zur-Welt-Kommens*: in dieser wird das Vorurteil der philosophischen Anthropologie, der Mensch sei »da«, außer Kraft gesetzt – man darf nicht mehr unbefangen davon ausgehen, daß den Menschen von vornherein »Existenz« und »In-der-Welt-Sein« zugeschrieben werden kann. Das vorgreifende Urteil, »der Mensch« sei schon »in der Welt« und »existiere«, wird korrigiert durch eine Maieutik, die vom Ankommen auf der Erde und vom *Hervorbringen* von Welten handelt – und vom Risiko des Mißlingens beider Anstrengungen. Was bisher als Existentialphilosophie galt, wird in Individualkosmogonie umgewandelt – jede Geburt ist Chance zu einem Weltaufgang. Das maieutische Philosophieren spricht von der Anstrengung, die die wirklich herauskommenden Individuen erbringen müssen, um *da* zu

* Im folgenden besonders S. 174ff.

sein. Was dabei zur Sprache kommt, folgt der Bewegung des Lebens, das zur Welt kommt. Insofern wird in der Maieutik noch einmal eine ernste Sprache gesprochen, eine dramatische Weltsprache, die vom allgemeinen Unumgänglichen handelt.

Von diesen Überlegungen sind, wie man sehen wird, bisher nur Spurenelemente explizit vorhanden, Elemente, die den Denkraum zwischen Heidegger und Bloch, Cioran und Lao Tzu bevölkern, einen noch kaum vermessenen, ja kaum wahrgenommenen Raum, nebenbei. Dennoch muß, um keine Verwirrung zu stiften, gesagt werden, daß das Explizite im folgenden ohne das Implizite dunkel erscheinen wird. Die Überlegungen steuern auf die These zu, daß die Idee der Kritik ohne eine Reserve gegen die Weltzumutung hohl bleibt. Die Frage, ob eine kritische Theorie noch möglich ist, wird abhängig von der Entscheidung des Problems, ob nicht ein aufgeklärter Akosmismus ein notwendiger Modus luziden Lebens sei.*

Kein Wunder, daß ein Buch zustande kam, in dem die ernsten Tonarten überwiegen. Zu dem amoralistischen Kabarett, das sich vor der Tragödie in Sicherheit bringen wollte, sind andere Töne hinzugekommen. Vor allem macht sich die teutonische Ader stärker bemerkbar, sie erschwert die rücksichtslose Lustigkeit des sonst bevorzugten südlichen Tons. Chinesisches mischt sich in dünnen Schwingungen dazwischen, eine fötale Sphärenmusik ertönt kaum wahrnehmbar gegen den Todeskurs des Harten, Starken, Gekonnten. Es wäre auch falsch zu bestreiten, daß hier und dort die Weltklage eines jüdischen Kantors anklingt, für den alle menschengemachten Wände zu Klagemauern werden.

* Vgl. inzwischen vom Verfasser: *Zur Welt kommen – Zur Sprache kommen*, Frankfurt/Main 1988.

Die Memnonsäulen bei Theben, um 1400 v. Chr.

Die Widmung an Jacob Taubes, einen der letzten großen Repräsentanten jüdischen Geistes deutscher Sprache, der im März 1987 starb, enthält ein Bekenntnis zur Erinnerung an die Apokalyptik als die jüdische Alternative zum Optimis-

Abonnentenwerbung einer Zeitschrift

mus der Modernen und zum Tragizismus der Neoheroiker. An Taubes erlebte der Autor eine unvergeßliche Aufklärung über das, was Manès Sperber die Religion des guten Gedächtnisses nannte.

Eine Nuance müßte dem Leser entgehen, der nichts von der Landschaft spürte, in der die meisten Texte entstanden.

In ihnen ist, zumindest für die Wahrnehmung des Verfassers, etwas von der geschichtslosen Ruhe eines provençalischen Sommers gespeichert. Sie setzen die Widerlegung der Stadtneurosen durch Hitze und Licht voraus; man spürt vielleicht den Geist des Ortes daran, daß die Gedanken am Ende eines Absatzes nicht immer konsequent weiterlaufen – zwischen einem Satz und dem nächsten liegen häufig unmerkliche Unterbrechungen. In die Lücken dringt die Wärme des Landes ein, das in glühender Euphorie auf sich beruht. Bei solchem Klima verändern sich die physiologischen Funktionen. Das Denken wird unwillkürlich zu einer Maßnahme gegen die Hitze, doch kann es sich nicht ganz dagegen wehren, zum Symptom der Hitze zu geraten – boshaft ausgeruht blinzelt es dem Leser entgegen, wie um ihn zu einer langen Siesta einzuladen, es scheint Jovialität im Spiel zu sein. An solche Zustände kann man an nördlichen Schreibtischen vielleicht nicht sofort anknüpfen, weil auf ihnen andere Voraussetzungen gelten. Aber es läßt sich nicht ändern, man muß, um zu verstehen, wovon die Rede ist, gelegentlich aufs Land kommen. Auch für die Philosophie gilt es eine Langsamkeit zu entdecken.

Je mehr Pferde du anspannst, desto rascher gehts – nämlich nicht das Ausreißen des Blocks aus dem Fundament, was unmöglich ist, aber das Zerreißen der Riemen und damit die leere fröhliche Fahrt.

Franz Kafka

I. Neuzeit als Mobilmachung

Möge dich das Schicksal treffen,
in einer interessanten Zeit zu leben.

Altchinesische Verwünschung

Ist der von Menschen entfesselte neuzeitliche Weltlauf für Menschen noch verständlich? Weil immer mehr Zeitgenossen diese Frage nicht nur instinktiv, sondern mit Argumenten verneinen, sprechen viele gegen Ende dieses interessanten Jahrhunderts von einer postmodernen Situation. In unseren Tagen zeigt die Dunkelheit des Weltlaufs aber so neue Züge, daß keine Gleichung zwischen den aktuellen Geistesverwirrungen und prämodernen Kapitulationen des menschlichen Verstandes vor den Welträtseln erlaubt ist.

Vormoderne Mentalitäten waren von keiner anderen Evidenz so tief durchdrungen wie von der: daß es immer anders kommt, als man denkt. Denn mag auch das Denken den Menschen zukommen, das Lenken bleibt in jedem Fall Sache der Götter. Kommt es normal, dann kommt es anders – das ist das Apriori der altweltlichen praktischen Lebenserfahrung. Diese kann keine Minute lang vergessen, daß menschliches Planen und Tun sich in der Mulde einer unübersteigbaren Passivität bewegt. – Mit dem Anbruch der Moderne aber kommt es neu, so, wie Menschen es gedacht haben. Es kommt wie gedacht, weil westliche Menschen, Mönche, Kaufleute, Ärzte, Architekten, Maler und Kanonengießer – *in summa* Genies und Ingenieure – sich daran machen, ihr Denken neu zu organisieren, und weil sich dem, man möchte sagen: plötzlich, eine so genannte »Praxis« an-

Das Warschauer Vielki-Theater

schließt, die als technischer Arm des Denkens mit revolutionärer Wirkung in den Weltlauf eingreift. Die Moderne als technopolitischer Komplex hat die alte Ökologie menschlicher Macht und Ohnmacht aus den Angeln gehoben. Beflügelt von einem geschichtemachenden Gemisch aus Optimismus und Aggressivität, hat sie die Herstellung einer Welt in Aussicht gestellt, in der es kommt, wie man denkt, weil man kann, was man will, und den Willen hat, zu *lernen*, was man noch nicht kann. Es ist der Wille zur Macht des Selberkönnens, der in moderner Zeit den Weltlauf laufen macht.

Es gibt eine Epoche namens Moderne überhaupt nur, weil das Handelnkönnen westlicher Menschen in neuerer Zeit einen so hinreißenden Eindruck auf sich selbst hat machen können, daß es den Mut fand, die Einrichtung der Welt durch pure eigene Tat zu proklamieren. Nichts anderes steckt im gestischen Kern dessen, was man heute – meist in defensiver Tonart – als das Projekt der Moderne bezeichnet. Der Projektcharakter dieses Neuen Zeitalters resultiert aus der großartigen Unterstellung, man könne in ihm den Weltlauf bald so laufen machen, daß sich nur noch das bewegt, was wir durch unsere eigenen Aktivitäten vernünftigerweise in Gang halten wollen. Das Projekt der Moderne gründet somit – das ist noch nie scharf ausgesprochen worden – in einer *kinetischen Utopie*: die gesamte Weltbewegung soll Ausführung unseres Entwurfs von ihr werden. Unsere eigenen Lebensbewegungen werden progressiv identisch mit der Weltbewegung selbst; der Weltprozeß im ganzen gerät zunehmend zu unserer Lebensäußerung; es kommt, wie man denkt, weil das, was kommt, immer mehr dadurch zustande kommt, daß wir es machen. Es wäre zuwenig, wollte man sagen, daß die Moderne die menschliche Geschichte von nun an selber zu machen versprach. In ihrem heißen Kern will sie nicht nur Geschichte machen, sondern Natur. Während dieses böse Jahrhundert sich seinem Ende nähert, breitet sich die Ahnung aus, daß die zu machende Geschichte ein Vorwand war. Das entscheidende Thema der Neuzeit ist die zu machende Natur.

Sobald die kinetische Utopie der Moderne offengelegt ist, bricht das scheinbar so stabile Festland der Moderne auseinander, neu aufgefaltete Problemgebirge schieben sich gegen unsere Bewußtseine vor, nichts ist mehr so, wie wir es in der guten alten Neuzeit gelernt haben. Was sich da zu einer ungewohnten Problemwelt auffaltet, sind die Paradoxien des neuweltlichen Prozesses selbst: Über die Geschichte schiebt sich ein Posthistoire, über die Natur eine Epinatur, über die Moderne eine Postmoderne. Die Unvermeidlichkeit einer postmodernen Überschichtung der Moderne springt inzwischen jedem Passanten ins Auge. Sie ergibt sich aus der

Beobachtung, daß es auch modern ganz anders kommt als gedacht – nicht weil der Mensch denkt und Gott andere Pläne hatte, sondern weil ein unserem Denken und Tun innewohnendes unbegriffenes Anderskommenmüssen durch das Projekt mit unaufhaltsamer Ironie hindurchschlägt. Es kommt anders, als man denkt, weil man die Rechnung ohne die Bewegung gemacht hat. Es kommt unweigerlich anders, weil man beim Herbeidenken und Herausbringen dessen, was kommen soll, immer auch etwas ins Laufen bringt, was man nicht gedacht, nicht gewollt, nicht berücksichtigt hat. Das läuft dann mit gefährlichem Eigensinn von selbst. Wir haben uns umstellt mit einer Epinatur aus Handlungsfolgen, die unserer »geschichtemachenden« Praxis wie eine sekundäre Physis entgleiten. Die selbstläufigen Folgen des modernen Weltprozesses, so sehen wir mit anschwellendem Unbehagen, übergreifen die kontrollierten Projekte; und aus dem Herzstück des Unternehmens Moderne, aus dem Bewußtsein spontaner vernunftgelenkter Selbsttätigkeit, bricht eine fatale Fremdbewegung hervor, die uns in allen Richtungen entgeht. Was wie ein kontrollierter Aufbruch zur Freiheit aussah, erweist sich jetzt als Abgleiten in eine unkontrollierbare katastrophale Heteromobilität. Weil unermeßlich vieles *durch uns* tatsächlich so kommt, wie wir denken, kommt es *mit uns* im ganzen auf explosive Weise anders.

Das ist der postmoderne *status quo*, der eigentlich ein *lapsus* ist. Wenn es heute schon einen philosophischen Postmodernismus nicht nur aus nostalgischen Posen und scharfgemachten Launen, sondern aus Einsichten geben kann, dann deswegen, weil uns angesichts des Weltlaufs starke Argumente zu verstehen geben, daß die kinetische Utopie der Moderne geplatzt ist. Es sind Dinge ins Rollen gekommen (auch andere als Rolltreppen), die man keinesfalls vorhergesehen hat und von denen man vernünftigerweise bezweifeln

muß, ob sie je wieder von einem menschlichen Handeln eingefangen und in nichtfatale Bahnen umgelenkt werden können.

Sollte man die Drift des aktuellen »Zivilisationsprozesses« (dieses schreckliche Wort brennt Löcher in die Mundschleimhäute) mit einem philosophischen Kennwort versehen, so müßte man sagen, daß dieser einer denkenden Lawine gleicht. Was ist das? Wir wissen es nicht, doch diese Lawine sind zweifellos wir. Als solche waren wir kaum vorhersehbar, was nichts daran ändert, daß die erstaunliche Lawine jetzt donnernd zu Tal geht. Der Zivilisationsprozeß (die Löcher beginnen zu schmerzen) stellt sich als erstrangige ontologische Merkwürdigkeit heraus. Denn was in ihm zur vollendeten Tatsache wird, ist nicht mehr und nicht weniger als eine selbstreflexive Naturkatastrophe. Wie alles Verhängnisvolle ist auch das philosophisch sehr interessant. Die denkende Lawine ist das großtechnische nachchristliche Gegenstück zu Pascals denkendem Schilfrohr, das einmal im Eishauch der Frühmoderne zitterte. Inzwischen wird aber das zerbrechlichste aller Wesen, der Mensch, *avalanche qui pense*, nicht mehr nur vom Sturm des Lebens in Gefahr gebracht, er tritt selbst die Massen los, von denen er verschüttet werden kann.

Mit diesen eher lyrischen Andeutungen im Rücken, wollen wir uns nun auch analytisch in das Niemandsland vorwärtstasten, das zwischen alten Begriffen und neuen Sachverhalten aufklafft. Als Zeitdiagnostiker muß man heute mehr denn je mit dem Geständnis beginnen, daß wir nicht wissen, wie uns geschieht. Was folgt, sind Bemühungen um das Unverständliche, Unbeschriebene, Ausgesparte im aktuellen Weltprozeß. Vielleicht läßt sich gegenwärtig nicht mehr tun, als einige Brückenköpfe der Sagbarkeit in die blinden, trüben Ereigniswirbel zu stellen. Der Autor geht nicht soweit

Rolltreppen in einem großen Kaufhaus

zu behaupten, daß auf den vorliegenden Seiten eine alternative »kritische Theorie« der Neuzeit bereits Gestalt angenommen hätte. Was er behauptet, ist lediglich, erstens, daß die beiden bisher bekannt gewordenen Versionen kritischer Theorie (zu denken ist vor allem an die marxistische und an die Frankfurter Schulen) noch gegenstandslos geblieben sind, weil sie entweder ihr Objekt, die kinetische Realität der Moderne als Mobilmachung, nicht erfassen, oder eine kritische Differenz zu dieser nicht aufzeigen können, da sie selbst ihrer Wirkung nach Mobilmacher sind; was er behauptet, ist zweitens, daß in die Gegenwartsdiagnostik eine kinetische und kinästhetische Dimension eingeführt werden muß, weil ohne diese alles Reden über Modernität am Allerwirklichsten vorbeigeht. Man kann die folgenden zeitdiagnostischen Übungen nur insofern als postmodern bezeichnen, als sie aus der Bereitschaft hervorgegangen sind, das Passiv des modernen Aktivs zu formulieren. Denken in postmoderner Position ist eines, das die Stauungen, die Wirbel, die Vakuen, die Depressionen, die zur von der Moderne geweckten Spontaneität gehören, ausdrücklich in sich aufnimmt. Vielleicht erkennt man die Postmoderne philosophisch am ehesten daran, daß sie die stolzen Aktivsätze der Moderne in Passivsätze oder in unpersonale Wendungen umformt. Darin verrät sich nicht nur ein grammatisches Engagement, sondern auch ein ontologisches – es geht um nicht weniger als um die Möglichkeit, neben Taten, Produktionen und Verabredungen auch Leiden, Ereignisse und Prozesse in die zeitgenössische Auffassung des Sinns von »Sein« einzuzeichnen. Die Moderne hat uns mit Handlungstheorien überfüttert – vom Erleiden hat sie nie etwas anderes gewußt als dies, daß es als Motor für Handlungen »benutzt« werden kann. Wie wäre es aber, wenn in den zahllosen kulturellen Ansätzen zu Postmodernismen heute sich die Notwendigkeit ankündigte, ein passioniertes Bewußtsein menschlicher Endlichkeit zu entwickeln, ein Bewußtsein jener zweiten Passivität, die sich erst auf der Rückseite des Projekts Moderne ausbilden kann? Was bedeutet, von einer zweiten Passivität her gesehen, die geschichtlich bewegte Welt? Welche Bedeutung behält für uns die gemachte und zu machende Geschichte, von der die maßgeblichen Philosophen der Moderne sich soviel versprochen haben? Wenn wirklich die Neuzeit eine Revolte des Subjekts gegen seine erste Passivität war – andere sprechen von einem Feldzug zur Sabotage des Schicksals –, was ist dann von der zweiten Passivität zu halten, die als Leiden an der Geschichte, als Unbehagen am Geschichtemachenkönnen und als Zwang zum Mitmachen an dieser dubiosen Großunternehmung auf dem modernen Leben lastet?

Am Rande der Moderne liefern sich Geschichte und Schicksal wieder unvorhergesehene Duelle. Es ist, als ob durch die Taten und Täter des geschichtlichen Geschehens eine quasi karmische Belastung hindurchgreift, die die Projekte und Intentionen der Handelnden hintertreibt. Diese »karmische« Ironie wird hier in kinetischen Begriffen untersucht. Denn daß es auch modern ganz anders kommt als gedacht, ist weder ein Thema der Geschichtsphilosophie, wie sie gemeint war, noch läßt es sich mit dem klassischen östlichen Gedanken des Karma als moralischer Kausalität der Taten zureichend deuten. Daran, daß die in bester Absicht geplante Geschichte nicht gelingt, trägt weder der Widersacher im letzten Gefecht die Schuld*, noch ist dafür eine nichtabgetragene karmische Hypothek der Handelnden direkt verantwortlich zu machen. Was die geschichtliche Bewegung aus dem Ruder laufen läßt, ist die Art der geschichtemachenden Bewegung selbst. Wer sich bewegt, der bewegt immer mehr als nur sich. Wer Geschichte macht, macht immer mehr als nur Geschichte. Dieses Mehr ist der Druckfehlerteufel, der den so schön aufgesetzten Text entstellt – es ist der kinetische Überschuß, der über die Grenzen hinaus und an den Zielen vorbei ins Nichtgewollte schießt. Das fatale Mehr geht ein in den Schwung der toten Massen, die, einmal in Umlauf gesetzt, von moralischen Finalitäten nichts mehr wissen. Das kinetische Kapital sprengt alte Welten in die Luft – es hat nichts gegen sie, es ist nur sein Prinzip, sich nicht aufhalten zu lassen. Es kann nicht anders, als die Verhältnisse nach beschleunigten Melodien tanzen zu

* Es sei denn, man akzeptiert die Identifizierung der Welt mit dem Widersacherischen schlechthin – wie Ernst Bloch es tat, als er im hohen Alter zuletzt die gnostischen Karten auf den Tisch legte: vgl. Experimentum mundi, Kapitel 45, Aufklärung und Teufelsglaube, die Fortdauer des Widersacherischen.

machen. Es bringt Güterströme zum Fließen, Flotten zum Kreuzen, Rolltreppen zum Gleiten, Atmosphären zum Umschlagen, Faunen zum Verschwinden. Die naiven Zeiten sind vorüber, in denen Menschen denken durften, daß sie sich bewegen müssen, damit die Welt vorankommt. Inzwischen ist die Bewegung los, die reine Bewegung. Während die liebenswürdigen Verteidiger neuzeitlicher Errungenschaften sich über Theorien menschlichen Handelns beugen und über Normen der Handlungs(letzt)begründung diskutieren (sie werden sicher bald zu Direktoren in den neu zu schaffenden Nationalparks der Moderne aufrücken), spricht sich in der übrigen Welt ein häßlicher Verdacht herum: Ist vielleicht die Kinetik das Schicksal?

1. Die Mobilisierung des Planeten aus dem Geist der Selbstintensivierung

Die philosophische Kinetik, die der hier skizzierten Gegenwartsdeutung zugrunde liegt, geht von drei Axiomen aus. Erstens, daß wir in einer sich selbst bewegenden Welt uns selbst bewegen; zweitens, daß die Selbstbewegungen der Welt unsere Selbstbewegungen einschließen und übergreifen; drittens, daß in der Moderne die Selbstbewegungen der Welt aus unseren Selbstbewegungen hervorgehen, die sich zunehmend zur Weltbewegung addieren. Aus diesen Axiomen läßt sich das Verhältnis von alter Welt, moderner Welt und postmoderner Welt *grosso modo* vollständig entwickeln.

Will man eine Ansicht von der modernen Welt in ihrer katastrophenschwangeren Bewegtheit erzeugen, so muß man von der Tatsache ausgehen, daß der heutige Weltprozeß seine Dynamik aus den über Jahrhunderte hinweg akkumu-

lierten menschlichen Initiativen erhalten hat. Somit setzt eine Wahrnehmung der Neuzeit, die mit dem realen Geschehen auf Augenhöhe kommen will, etwas voraus, wogegen sich das intellektuelle Gewissen bisher erfolgreich gesträubt hat: eine Physik der Freiheit, eine Kinetik der moralischen Initiativen. Sagen wir es offen: das ist das Ende der Schöngeisterei in der Kulturtheorie. Das scheinbar Leerste, das Äußerlichste, Mechanischste, die Bewegung, die man den Physikern und Sportärzten neidlos zur Erforschung überlassen hatte, dringt in die Humaniora ein und erweist sich mit einemmal als die kardinale Kategorie auch der moralischen und der sozialen Sphäre.

Im Zeichen der Bewegung werden die ethisch-politischen Abenteuer des menschlichen Geistes zu einer Sparte der Physik. Während überall im Westen die Ethikkommissionen tagen, während allenthalben Menschen guten Willens ihre Wochenenden opfern, um in idyllisch gelegenen Evangelischen Akademien und Politischen Studienzentren über Grundsätze einer Neuen Moral zu diskutieren, sickert aus den Studios der hermetischen philosophischen Grundlagenforschung das am besten gehütete Geheimnis der Moderne ins Freie. Was niemand so recht wissen wollte, verdichtet sich zu einer starken Evidenz. Was keinem als Einsicht willkommen ist, zwingt sich dem Nachdenken mit ärgerlicher Stringenz auf. Einmal ausgesprochen, ruft das verratene Geheimnis auch die Frage wach, warum dieses Alleroffenkundigste nicht längst allgemeine Beachtung gefunden hat. Einige Urbanisten, ein paar spekulationslustige Militärs wußten es zuerst, zwielichtige Philosophen, die der Moderne mißtrauten, nahmen sich der Sache an, von ihnen ließen sich die Schizos in den Theorieszenen der Großstädte auf den Trip bringen, ein paar mondäne Feuilletons griffen die Angelegenheit auf, bald werden es viele sein, die sagen werden, sie hätten es immer gewußt. Was denn schon? Nun, diese triviale Tatsache, daß die Kinetik die Ethik der Moderne ist.

Das Beunruhigende, ja das Obszöne am Zutagetreten dieser Tatsache läßt sich nur oberflächlich abmildern durch einen Hinweis auf die altbekannten Fortschrittsdoktrinen. In diesen schien die Liaison zwischen Moral und Kinetik selbst noch moralisch kontrolliert zu sein. Tatsächlich hatte sich die Moderne von Anfang an auch in kinetischen Begriffen definiert, da sie ihre Vollzugs- und Verwirklichungsform als eine fortschreitende und fortschrittliche bestimmte. Fortschritt ist der Bewegungsbegriff, in dem das ethisch-kinetische Selbstbewußtsein der Neuzeit sich zugleich am lautesten ausspricht und am dichtesten verschleiert. Ist vom Fortschritt die Rede, so ist das kinetische und kinästhetische Grundmotiv der Moderne gemeint, die nur die Entgrenzung der menschlichen Selbstbewegung bezweckt. Am Anfang des Fortschritts vermutete man, ebenso zu Recht wie zu Unrecht, eine »sittliche« Initiative, die nicht ruhen kann, bevor nicht das Bessere das Wirkliche ist. Es gehört zur Erfahrung eines realen Fortschritts, daß eine wertträchtige menschliche Initiative »aus sich heraus« kommt, die alten Grenzen ihrer Beweglichkeit sprengt, ihren Wirkungskreis erweitert und sich gegenüber inneren Hemmungen und äußeren Widerständen mit gutem Gewissen zur Geltung bringt.

In den politischen, technologischen und geschichtsphilosophischen Doktrinen vom Fortschritt hat die noch gegenwärtige Epoche ihr kinetisches Selbstverständnis ausgesprochen. Was sie nicht laut eingestand, war aber ihre heimliche Neigung, die moralischen Motive nur in ihrer Eigenschaft als Motoren von äußeren Bewegungen ernst zu nehmen. Zum Wesen der progressiven Prozesse gehört es, mit ethischen Initiativen zu beginnen, um in kinetischer Selbstläu-

ERLEBEN SIE DE
9. NOVEMBER 1987: (Airport Paris)
AIR FRANCE STARTET FÜR REMY MARTIN.
14.00 Concorde startet in Richtung Atlantik.
14.26 Leichtes Vibrieren. Schallmauer durchbrochen (MACH 1).
14.27-14.47 Beschleunigung von 1000 auf 2200 km pro Std. (MACH 2).
14.48 17.000 Meter über Meeresspiegel. Concorde jetzt schneller als Erdumdrehung.
14.50 100 Ehrengäste erleben PREMI
des »Club de Rémy Martin«.
15.15 Große Schleife zurück zum Festl
15.40 Concorde setzt mit 320 km pro St
Landegeschwindigkeit in Paris a
»Club de Rémy Martin« ist da. Ab sofort
Ihrem Händler.
REMY MARTIN HAT EINE NEUE DIMENSION IM CO

CHNELLSTEN CLUB
DER WELT.
LADEN SIE EIN.
en exklusiven Cognac
kennenzulernen!
10. April 1988 startet
FRANCE erneut für
MARTIN in Paris.
Plätze sind noch frei.
Zusätzlich zu dem
Teilnahme
Diner und eine Nacht
Pariser Luxus-Hotel.
Sie unser Ehrengast
wollen, schreiben Sie
eine Postkarte an
my Martin/Concorde,
1600, 1000 Berlin 555.
verlosen wir
er den Einsendungen
1000 Miniaturen
lub de Rémy Martin«).
Das Los entscheidet.
ist ausgeschlossen.
Mindestalter 18 Jahre.
31.12.1987
ALTER ERÖFFNET.
CLUB
de
REMY MARTIN
FINE CHAMPAGNE
COGNAC
CLUB
de
REMY MARTIN

figkeit fortzufahren. Es bleibt eines der großen Geheimnisse des »Fortschritts«, wie er bei seiner Initialzündung Sittlichkeit und Physik, Motive und Bewegungen zu einer Wirkungseinheit zu verschmelzen mochte. Dieses Geheimnis führt ins aktive Zentrum dessen, was die neuzeitliche Philosophie Subjektivität nennt. Ihr Wesen ist untrennbar von der mysteriösen Initiativkraft, die sich als das Vermögen äußert, *neue* Bewegungsketten unter dem Titel Handlungen in Gang zu setzen. Wenn es so etwas wie Fortschritt tatsächlich gibt, dann deswegen, weil unleugbar Bewegungen stattfinden, die aus Subjektivität entspringen. Sie sind kinetisch der Stoff, aus dem die Moderne gemacht ist. Wenn ein Subjekt dahin kommt, den Gedanken »Fortschritt« zu vollziehen, so wirkt in ihm schon dieser Selbstzünder, der fortschrittsartige Selbstbewegungen einleitet. Wer wirklich weiß, was Fortschritt ist, bewegt sich bereits im Gedachten – er weiß es, weil er schon fortgeschritten ist und weiter fortschreitet. Wer begreift, was die Moderne ist, der kann sie nur aufgrund dieser selbstzündenden Selbstbewegung begreifen, ohne die es die Moderne nicht gäbe. Er muß schon in seiner Selbsterzeugung einen guten Schritt nach vorn getan haben – jenen Schritt, der das kinetische Element des weiteren Fortschritts bleibt. Der Fortschritt wird initiiert von diesem Schritt in den Schritt, der sich zuerst selbst einleitet, um sich dann selbst zu überrennen. Deswegen meint der Begriff Fortschritt nicht eine simple Lageveränderung, in der ein Agent von A nach B fortrückt. Fortschrittlich ist seinem Wesen nach nur derjenige »Schritt«, der zur Steigerung der »Schrittfähigkeit« führt. Dies gibt uns die Formel der Modernisierungsprozesse an die Hand: Fortschritt ist Bewegung zur Bewegung, Bewegung zur Mehrbewegung, Bewegung zur gesteigerten Bewegungsfähigkeit.

Nur weil dies gilt, kann in der Moderne aus der Kinetik

unmittelbar die Ethik hervorgehen. Es gibt keine ethischen Imperative modernen Typs mehr, die nicht zugleich kinetische Impulse wären. Der kategorische Impuls der Moderne lautet: um uns anhaltend als Fortschrittswesen zu betätigen, sollen wir alle Zustände überwinden, in denen der Mensch ein bewegungsgehemmtes, ein in sich angehaltenes, ein unfreies, ein erbarmungswürdig festgestelltes Wesen ist.*

In dem Maß, wie wir als moderne Subjekte Freiheit *a priori* als Bewegungsfreiheit auffassen, ist Fortschritt für uns nur als diejenige Bewegung denkbar, die zu höherer Bewegungsfähigkeit führt. Ihrem gestischen Sinn nach sind Freiheitsbewegungen immer Schritte zur Bewegungsfreiheit; auch wenn von Selbstbestimmung die Rede ist, ist stets die Selbstbewegung gemeint. Vor jeglicher Unterscheidung zwischen Sein und Sollen ist der Sinn von »Sein« in der Moderne als Seinsollen und als Sichselbstwollen von Mehrbeweglichkeit aufgefaßt. Die Modernität ist ontologisch reines Sein-zur-Bewegung. Diese Seinsauslegung gilt *für uns* dadurch, daß sie *durch uns* unwiderstehlich wirklich wird. Unwiderstehlich gilt sie, weil sie für Gegenbewegungen unerreichbar und für Verweigerungen moralisch ruinös ist. Wirklich wird sie, weil sie von uns im Modus einer spontanen und unkritisierbaren Selbstgewolltheit vollzogen wird. Im Sein-zur-Bewegung pulsieren die Motive, die aus dem Innersten dessen zu kommen scheinen, was wir selbst wollen und wollen müssen. Wenn wirklich der Grundprozeß der Moderne als »Selbstbefreiungsbewegung der Menschheit« für sich wirbt,

* Marx war es, der zuerst die sittliche Mystifikation des Kinetischen durchschaut hat. Er fand, daß das kantische »Sittengesetz« nicht so sehr in die Innerlichkeit eines Pflichtgewissens fällt, sondern daß das Gewissen selbst sich als Pflicht zur Revolution mobil machen läßt. Der kategorische Imperativ ist demnach weniger ein ethischer als ein kinetischer Satz, er sagt weniger, was du tun *sollst*, als was du *umstürzen* mußt, um es tun zu können, nämlich alle Verhältnisse, die das kinetische Potential des Menschen hemmen.

LIEBE MILLIAR- DÄRE:

dann ist dies ein Prozeß, den wir schlechterdings nicht nicht wollen, und eine Bewegung, die wir unmöglich nicht machen können. Es scheint darin eine moralisch-kinetische Automatik am Werk, die uns nicht nur »zur Freiheit verdammt«, sondern auch zur ständigen Freiheitsbewegung.

Vergegenwärtigen wir uns die großen Umwälzungen der modernen Welt am eigenen Leib, so bemerken wir in unseren Schritten zur erhöhten Beweglichkeit sofort einen tiefen Widerspruch. Zwar haben uns die Bewegungsvorstöße der modernen Generationen enorme Spielräume auf zahlreichen Gebieten überliefert – und es grenzt ans Mirakulöse, was Mitglieder neuzeitlicher Bourgeoisien und Mittelschichten sich im Verlauf von kaum zwei Jahrhunderten an Mobilität im Bereich von Politik, Ökonomie, Sprache, Information, Verkehr, Ausdruck und Sexus erobert haben; es gibt hierin eine evidente kinetische »Tradition der Moderne«, gleichgültig, wie suspekt es um deren weitere Überlieferbarkeit bestellt sein mag. Aber statt die Agenten der Moderne zu geistvoller* Beweglichkeit anzuleiten, haben die meisten Schritte des Fortschritts zugleich in neuartige Zwangsbewegungen geführt, die es an Fremdbestimmtheit und an miserogener Energie mit den erstickendsten Beengungen vormoderner Zeiten aufnehmen.

Der moderne »Dynamismus« hat zu einer Erhaltung der

* Der Geist hat zur Bewegung traditionell ein prekäres Verhältnis – außer daß man ihm nachsagt, er wehe, wo er will (was wohl als Kompliment an die Inspirierten zu verstehen ist und außerdem erklären soll, daß wir nichts dafür können, wenn Windstille herrscht). Wollen wir dieses Verhältnis positiv fassen, so ließe es sich provisorisch durch fünf Kriterien charakterisieren: Kontextualität (Geist kriegt mit, was außer ihm los ist), Selbstwahrnehmung (er ahnt auch, wie es um ihn selbst steht), Selbstbegrenzung (er merkt, wenn's genug ist), Reversibilität (er hat »Spiel«, er kann, was er kann, hin und zurück) und Spontaneität (er kann nicht nur weitermachen wie bisher, sondern auch neu anfangen, notfalls sogar sich selbst überraschen). Diese Kriterien garantieren nur gemeinsam den Effekt des Geistvollen – voneinander getrennt garantieren sie intelligente Dummheiten (zum Beispiel unser Leben, wie es ist).

geistlosesten Starre unter supermobilen Formen beigetragen. Wer wissen will, was das im einzelnen bedeutet, muß die richtige Antwort suchen auf die Frage: Was haben Automaten, Industriebetriebe und Führungspersonal in Politik und Wirtschaft gemeinsam? – und entdecken, daß diese drei die vorbildliche kinetische Lektion für Bürger der Moderne enthalten, da sie ihnen effizient demonstrieren, was Selbstbewegung will und tut: sich einschalten, um im Einsatz zu bleiben, sich (in Betrieb) setzen, um sich um jeden Preis in Gang zu halten. Das ist die Hohe Schule der Automation, die zwischen intelligenten Maschinen und menschlichen Agenten keine grundsätzlichen Unterschiede kennt. Wenn das kinetische Selbst sich in Bewegung setzt und die Initiative ergreift, dann wird es aus »eigenem« Antrieb zur Zentralagentur des selbstbetriebenen Betriebs.

Dieses sich selbst schärfende Initiativsubjekt ist der Müller in der »sich selbst mahlenden Mühle« der Neuzeit – so nannte der Dichter Novalis 1799 in seinem Europa-Essay das Laufprinzip der sich damals in Gang setzenden Mensch-Natur-Fabrik, die von lauter prosaisch selbstbewegten Unternehmer-Ichen, von Protestanten, Briten, Preußen und Professoren in Schwung gesetzt wurde. Im gleichen Atemzug brachte Novalis auch die kinetische Utopie der Moderne erstmals auf den Begriff, indem er Subjekt und Maschine zusammendachte im Bild der »Mühle an sich«, dem »echten Perpetuum mobile«, das »vom Strom des Zufalls getrieben und auf ihm schwimmend« die beiden Bewegungsarten, endogene Selbstbewegung und exogene Fremdbewegung, in einer gemeinsamen Bewegtheit vereinigt – einer Bewegtheit freilich, in der das Dynamische zugleich das Trostlose ist –, eine ichhaft angetriebene Drift ins Geistlose, Katastrophale, Enthemmte, Tödliche.

Die diagnostische Kraft der Novalisschen Formulierungen

geht uns erst heute in ihrer Tragweite auf. Inzwischen wissen wir, ohne daß ein Hauch von romantischer Ironie wehen müßte, *was* das Selbst in »seiner« Maschine zuwege bringt, auch wenn diese nicht gerade eine selbstmahlende Mühle ist. Wenigstens einen von ihren utopischen Plänen hat die moderne Gesellschaft ja verwirklicht, den der kompletten Automobilisierung, den Zustand, in dem sich jedes volljährige Selbst am Steuer seiner sich selbst bewegenden Maschine selbst bewegt. Weil in der Moderne das Selbst ohne *seine* Bewegung gar nicht gedacht werden kann, gehören das Ich und sein Automobil metaphysisch wie Seele und Körper derselben Bewegungseinheit zusammen. Das Auto ist das technische Double des prinzipiell aktiven Transzendentalsubjekts.

Darum ist das Automobil das Allerheiligste der Moderne, es ist die kultische Mitte einer kinetischen Weltreligion, es ist das rollende Sakrament, das uns Teilhabe verschafft an dem, was schneller ist als wir selbst. Wer Auto fährt, nähert sich dem Numinosum, er fühlt, wie sein kleines Ich sich zu einem höheren Selbst erweitert, das uns die ganze Welt der Schnellstraßen zur Heimat gibt und uns bewußt macht, daß wir zu mehr berufen sind als zum halb tierischen Fußgängerleben.

Unter automobilistischer Sicht lebten wir eine Weile in der messianischen, in der erfüllten Zeit, wo die Zweitakter friedlich neben den Zwölfzylindern parkten – schadstoffarm herrschte der Messias in seinem Reich; mit elektronischer Einspritzung und Antiblockiersystem, mit geregeltem Katalysator und Turbolader brachte er die Seinen in himmlische Fahrt. Aber nicht alle Zeitgenossen ließen sich davon überzeugen, daß dieses automobile Endreich auch schon das Paradies auf Erden sei. Der Widersacher hatte seine Hand im Spiel und sorgte dafür, daß aus der allgemeinen Selbstbewegung gelegentlich die allgemeine Unbeweglichkeit wurde. In solchen Augenblicken wird uns klar, daß wir – auch wenn es keiner wahrhaben will – längst wieder aus dem Paradies der Moderne Vertriebene sind und künftig im Schweiße unseres Angesichts das postmoderne Stop-and-Go werden lernen müssen. Deswegen sind (neben den legendären Ausfällen der New Yorker Stromversorgung, über denen man träumerisch werden kann) die großen Staus auf den sommerlichen Autobahnen Mitteleuropas Phänomene von geschichtsphilosophischem Stellenwert, ja sogar von religionshistorischer Bedeutung. Durch sie kommt ein Stück falscher Moderne zum Scheitern, in ihnen begegnet uns das Ende einer Illusion – sie sind der kinetische Karfreitag, an dem die Hoffnung auf Erlösung durch Beschleunigung zugrunde geht. An diesen glühenden Nachmittagen im Trichter von Lyon, in der Rheintalhölle vor Köln, eingekeilt am Irschenberg auf Europas längstem Parkplatz, vor sich und hinter sich je fünfzig Kilometer brütendes gestocktes Blech – da steigen schwarze geschichtsphilosophische Einsichten auf wie Auspuffgase, da geht einem Kulturkritisches glossolalisch von den Lippen, Nachrufe auf die Moderne wehen aus den Seitenfenstern, und unabhängig vom Niveau ihrer Schulabschlüsse kommt in den Insassen der Fahrzeuge die Ahnung auf, daß dies nicht mehr lange so weitergehen kann. Ein anderes »Zeitalter« wirft seine Schatten voraus. Auch wer das Wort Postmoderne noch nie gehört hat, ist an diesen Nachmittagen im Stau bereits mit der Sache vertraut geworden. Und tatsächlich läßt sich das kulturtheoretisch nachformulieren, da überall, wo entfesselte Selbstbewegungen Stauungen oder Wirbel bilden, die Ansätze zu Erfahrungen entstehen, in denen das moderne Aktiv ins postmoderne Passiv übergeht.

Was läßt sich aus diesen flackernden Betrachtungen für eine

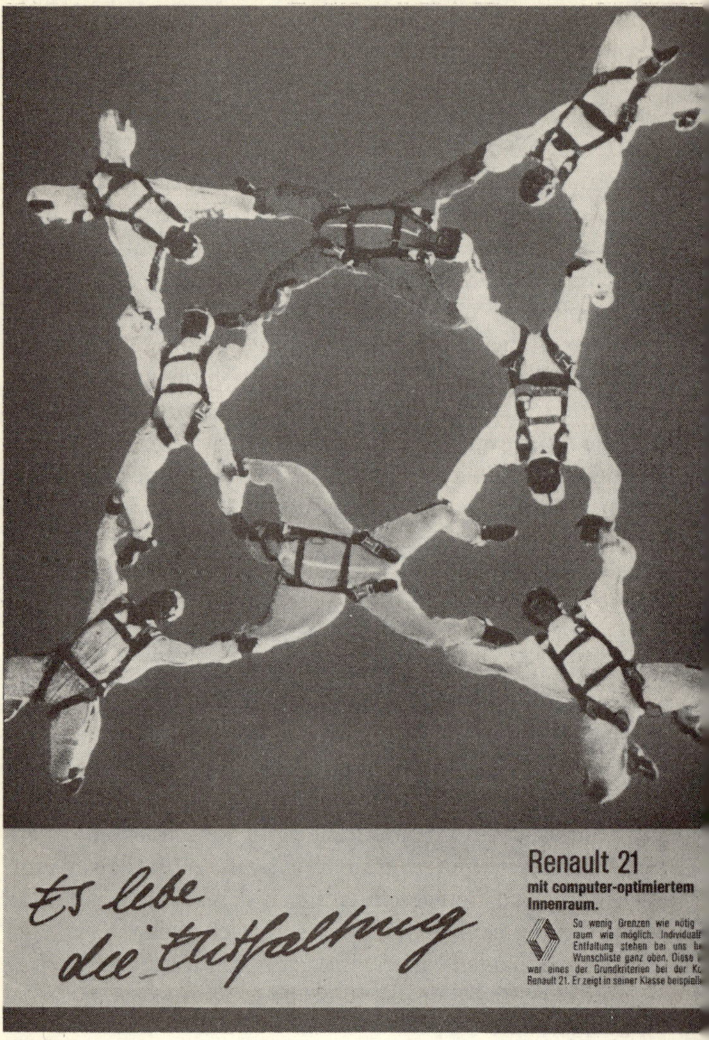
Es lebe die Entfaltung
Renault 21
mit computer-optimiertem Innenraum.
So wenig Grenzen wie nötig
raum wie möglich.
Entfaltung stehen bei uns
Wunschliste ganz oben. Diese
war eines der Grundkriterien bei der
Renault 21. Er zeigt in seiner Klasse

RENAULT 21
fte Ausnutzung des Innenraums. Seine 148 Zenti-
enraum-Breite, sowohl vorne als auch im Fond,
renzlos.
Und wer erst einmal Platz genommen hat – ruhig
nzen Familie – wird von der vielseitig nutzbaren
begeistert sein: hell, modern und familien-
wohnlich. Die asymmetrisch geteilte Rücksitz-
sich komplett oder im Verhältnis ein zu zwei Drittel
(außer TL). So gewinnt man stufenweise Platz:
end vom Gepäckraum bis in den Innenraum. In ihn
eisegepäck der ganzen Familie. 490 Liter dürfen's
mehr, bei nach vorn geklappter Rücksitz-
lehne sogar bis zu 840 Liter. Sicher können Sie sich aber auch auf der Straße entfalten: mit einem der Benzinmotoren von 1,8 l (54 kW/74 PS) bis 2,2 l (79 kW/108 PS) – alle serienmäßig mit Katalysator ausgerüstet – oder mit einem extrem sparsamen und schadstoffarmen 2,1 l Diesel- bzw. Turbo-Diesel-Motor (48 kW/67 PS bzw. 65 kW/88 PS).
Fragen Sie Ihren Renault-Partner. Er zeigt Ihnen gerne viele interessante Mittel und Wege zu Ihrer ganz persönlichen Entfaltung. Und informiert über Finanzierungs- und Leasingangebote der Renault-Bank und den neuen Plus-Garantievertrag (3 Jahre ab Erstzulassung, max. 100.000 km). Schließlich ist jeder Renault nicht nur eine Klasse für sich, sondern ganz individuell auch eine für Sie. Bereits ab DM 20.200,– für den Renault 21 TL.
Unverbindliche Preisempfehlung ohne Überführung.
Renault in Btx * 25161 #.
RENAULT
Autos zum Leben.
Renault empfiehlt elf Motorenöle.

Für alle, die hoch hinaus wollen:
Nordica NR 955.
Der Nordica NR 955: Neuentwicklung mit Hintereinstieg. Programmierbar durch Multiflex-Regulator und dreifach verstellbaren Frontspoiler. Mit Nordica Retaining-System zur individuellen Anpassung im Rist-und Fersenbereich.
Bei Skischuhen macht uns niemand was vor. Eher was nach.
1) Frontspoiler zur Einstellung der Schaftbeugehärte.
2) Mechanische Ristplatte.
3) Vorrichtung zur individuellen Anpassung im Fersen- und Ristbereich.
NORDICA
Wir fahren an der Spitze.
NR 955

ernsthafte Theorie der Gegenwart gewinnen? Sie leisten für das Weitere genug, wenn sie helfen, die Suggestionen aufzubauen, aus denen sich unser nächster Schritt ergibt. Dieser geschieht so, daß wir für den Grundprozeß der Moderne offen heraus den Begriff *Mobilmachung* als zentralen Beschreibungs- und Erklärungsausdruck einsetzen. Ohne voreilige Rücksicht auf das unvermeidliche Erschrecken über eine solche Begriffswahl und die ihr inhärenten Konsequenzen geht es vorerst nur darum, die Evidenz zu stärken, daß Modernisierungen für uns stets kinetisch den Charakter von Mobilisierungen aufzeigen. Natürlich könnte man auch induktiv, diskret und mit sozusagen infanteristischen Methoden vorgehen und auf dem Weg einer langsamen Beweisaufnahme unzählige periphere Beschreibungen über den aktuellen *status-lapsus-quo* der Prozesse in der Bio- und Noosphäre sammeln. Daß die Zahl der Umsatz-Milliardäre sich vervielfacht; daß die Schmetterlinge unserer Kindheit nicht mehr da sind; daß die Kurven des Ferntourismus und der Rüstungsbudgets signifikant nach oben zeigen; daß die Populationen in den modernisierenden Ländern explodieren, während die in den modernisierten Ländern stagnieren; daß die Ozonlöcher über den Polen sich aggressiv ausbreiten; daß der Absatz von Laufschuhen floriert, der von Surfgeräten sinkt; daß die Bäume in den Mittelgebirgen sich verfärben und bürstenartige Kronen bilden; daß südafrikanisches Obst auf bayerischen Wochenmärkten präsent ist; daß die Flugzeit sowjetischer Nukleargeschosse vom Ural bis Bad Godesberg vierhundertzwanzig Sekunden betrüge; et cetera. Aber die Unendlichkeit solcher Protokollaussagen ergibt erst Sinn, wenn diese im Begriff Mobilmachung ihren gemeinsamen Nenner gefunden haben, der über die vielen separaten Prozesse zugleich eine Wesensaussage macht; was heute im wesentlichen geschieht, ist das Mobilisierungsgeschehen. Durch die Vielfalt unterschiedlicher Interpretationen hindurch ist die Moderne als Prozeß auf ein kinetisches Muster geprägt, das sich als das einer Mobilmachung identifizieren läßt.

Wer an der militärischen Konnotation des Ausdrucks Anstoß nimmt, empfindet zunächst richtig. Mobilmachung *ist* eine Kategorie der Kriegswelt, sie umfaßt die kritischen Prozesse, durch welche ruhende Kampfpotentiale zur Einsatzbereitschaft gebracht werden. Der Widerwille gegen die damit bezeichnete Vorstellung, erst recht der Ekel vor der wirklichen Sache dürfen uns nicht blind machen für den Umstand, daß das kinetische Grundmuster dieses Vorgangs – als Selbstaktualisierung auf den Einsatz hin – keineswegs eine militärische Spezialität ist, sondern das Grundprinzip sämtlicher moderner Selbstbewegungsunternehmungen ausdrückt. Der schöngeistige Schauder vor dem Wort könnte uns leicht zur Abkehr von dem einzigen Begriff verführen, der das dynamische Muster der Modernisierung namhaft macht.

In diesem Zusammenhang kommt man nicht umhin, gewisser berüchtigter Arbeiten Ernst Jüngers zu gedenken, der bekanntlich schon in den frühen dreißiger Jahren das Phänomen Mobilmachung aus seiner militärischen Spezialbedeutung herauslöste, um es auf den modernen Gesellschaftsprozeß im ganzen zu übertragen. Seit einem halben Jahrhundert liegen diese Aussagen ideengeschichtlich auf Halde – unbenutzt, skandalumwittert, inakzeptabel, vor allem aber: ungeprüft, eher verhaßt als widerlegt, eher diskriminiert als überholt. Die allgemeine Reserve gegen Jüngers faschismusverdächtige Reflexionen hat tatsächlich ihren Grund. Wer sich seine böskalte Optik zur Analyse der spätmodernen Prozesse auch nur probeweise zu eigen machen wollte, riskiert, ein geschichtsphilosophisches Damaskus

Machen Sie in einer erfolgreichen Bank Karriere. Teil 2

Hier erfahren Sie, wie wir Sie für eine Kaderposition fitmachen.

In einem gesunden Körper wohnt bekanntlich ein gesunder Geist. Nicht zuletzt deshalb haben wir für unsere Mitarbeiter eine Vielzahl attraktiver Sportmöglichkeiten geschaffen. Unsere Tennis-Anlagen, Fussballplätze und Leichtathletik-Parcours sind so grosszügig angelegt, dass es Spass macht, sich hier fit zu halten. Ob in unseren Sportsektionen oder im individuellen Training. Trainieren heisst regenerieren: Sport baut Spannungen ab und Energien auf. Eine gute physische Verfassung wirkt sich positiv auf die Psyche aus. Psychische Stärke wiederum hilft Ihnen, im Beruf neue, anspruchsvollere Aufgaben zu übernehmen. Wir bieten Ihnen zum Beispiel die Möglichkeit, sich gezielt für eine Kaderposition zu qualifizieren. Unsere Kaderausbildung umfasst zunächst eine intensivierte praktische Arbeit. Sie werden nicht nur in den Bankfachbereichen, sondern auch in den Stabsabteilungen unserer Bank eingesetzt. Sind Sie flexibel, werden Sie in verschiedenen Städten der Schweiz, nach Möglichkeit auch in unseren ausländischen Niederlassungen geschult. Zur Praxis kommt die Theorie. Sie besuchen interne Kurse und Seminare. An externen Schulen erwerben Sie weitere wichtige Spezialkenntnisse: wir entsenden Sie zum Beispiel in Management-Schulen, etwa zur INSEAD nach Fontainebleau. Möchten Sie sich im Bankverein für eine Kaderposition fitmachen? Wenn Sie ein Hochschulstudium, die HWV, eine Banklehre oder eine gute kaufmännische Ausbildung absolviert haben, vielleicht zusätzlich ein paar Jahre Praxis oder eine Fachausbildung mitbringen, nehmen Sie mit uns Verbindung auf. Sie finden uns überall.

Schweizerischer Bankverein
Ihre Chance.

zu erleben. Weit über Jüngers Intentionen hinaus kann die Kategorie Mobilmachung Einsichten freisetzen, die mit dem Schlaf der Gerechten im Projekt der Moderne nicht verträglich sind. Die ominöse Formel von der »totalen Mobilmachung« bereitet die nach wie vor skandalöse, ja fast unerträgliche Erkenntnis vor, daß es in der modernen Welt einen politisch-kinetischen Grundprozeß gibt, der die moralisch wichtige Differenz zwischen Krieg und Arbeit *de facto* tendenziell neutralisiert und den einstigen Unterschied zwischen Ruhestellung und Einsatz zunehmend außer Kraft setzt. Genau dies ist der unheimliche Mobilisierungsvorgang, der alles, was Kraftreserve ist, an die »Front« bringt, und alles, was Potential ist, zur Realisierung vorantreibt. Aus den zwielichtigen zeitdiagnostischen Exerzitien Jüngers – des bösen Mannes, den man aus großem Abstand, doch nie ohne Respekt vor seinem Wahrnehmungsvermögen zitieren wird* – entstand schließlich die bisher nirgendwo eingeholte Definition der neuzeitlichen Technik als der »Mobilmachung des Planeten durch die Gestalt des Arbeiters« – letzterer bezeichnet natürlich nicht das marxistische Geschichtssubjekt, das Proletariat, sondern das planetarische Subjekt der Mobilmachung, den vor Fitneß zitternden, schmerzgehärteten, neusachlichen Hochleistungstypus in seinem dezidierten Einsatz für das sich exaltierende, rüstende, nach vorn werfende, man sagt auch: in die Zukunft blickende Aktionssystem (ob dieses Betrieb, Klasse, Volk, Nation, Block oder Weltstaat heißt, ist auf diesem Aktionsniveau bereits gleichgültig).

Wollen wir nun, unter sehr veränderten Konstellationen, einen neuen Versuch unternehmen, den Begriff Mobilma-

* Als Exempel für freien Umgang mit einem anderen bösen Mann unseres Jahrhunderts, Carl Schmitt, dem Denker des Weltbürgerkriegs, mag die posthum erschienene kleine Schrift von Jacob Taubes, *Ad Carl Schmitt – Gegenstrebige Fügung*, Berlin 1987, dienen.

HEUTE VERGOLDEN
SICH DIE INVESTOREN
WIEDER IHRE NASEN.
Kapitalanleger haben es gut: Ihr Geld arbeitet für sie, ohne dass sie selbst Hand anlegen müssen. Ausser vielleicht zum Unterschreiben. Aber es braucht halt einen untrüglichen Riecher fürs Geld oder krisensicherer: fürs Gold. Und zur Sensibilisierung der Spürnase für die guten Geschäfte steckt man selbige am besten in eine Wirtschafts- und Handelszeitung, die über alle Seiten der Wirtschaft berichtet. Wie die SHZ z. B. In den neukonzipierten und umfangreichen Rubriken wie u. a. «Unternehmen und Märkte» steckt alles an Information, die der moderne Ausbeuter braucht. Heute am Kiosk. Oder schon bald im Briefkasten: Probe-Coupon einsenden an Schweizerische Handelszeitung, Seestrasse 37, 8027 Zürich. Oder rufen Sie an: 01/202 78 38.
Name
Firma
Strasse
PLZ/Ort
SCHWEIZERISCHE HANDELSZEITUNG.
DAS KAPITALISTISCHE MANIFEST.
$HZ

chung für eine Theorie der Moderne fruchtbar machen (freilich auf anderen Wegen als denen des Pour-le-Mérite-Trägers Jünger), so bleibt dies nur so lange aussichtsreich, wie wir das Unbehagen an dem Begriff wahrhaben und es für eine kritische Perspektive arbeiten lassen. Dieser Begriff wird die Erinnerung an den Gewaltkern der szientifischen, militärischen und industriellen Spitzenprozesse wachhalten – gerade zu einer Zeit, da diese in ein smartes Stadium eintreten, worin die Gewalt informatorisch, cool, prozedural und analgetisch wird. (Wie lautet das Kennwort der neuen Phase? Umsteigen von schwerer Industrie auf schnelle Information? – Übergang von der Arbeitsgesellschaft in die Lerngesellschaft? Die erste rußte wohl ein wenig, die zweite wird so sauber sein wie ein WC an Schweizer Autobahnraststätten.) Eben weil der Begriff Mobilmachung, seiner unheimlichen, ja verheerenden Bedeutungsanteile wegen, sich gegen eine völlige Positivierung sträubt (Jüngers starknerviger Versuch in dieser Richtung ist unwiederholbar), eignet er sich auch wie kein anderer dazu, einen »zivilisatorischen« Mechanismus zu beschreiben, der alle modernen Zuwächse an Können und Wissen, an Mobilität, Präzision und Wirksamkeit für Versteifungs- und Abtötungsprozesse ausnutzt, für Aufrüstungen, Expansionen, Selbstermächtigung und Zusammenhangsverletzungen. Mobilmachung als autogener Grundprozeß der Moderne führt zur Bereitstellung ständig wachsender Bewegungspotentiale zum Halten von Stellungen, die gerade durch die Voraussetzungen und Auswirkungen dieser Bereitstellungen sich als Stellungen unmöglich machen und ins Unhaltbare treiben. Hier eröffnet sich für eine alternative Kritik der Moderne das breite Feld der kinetischen Paradoxe. Somit wird Gesellschaftskritik zur Kritik der falschen Mobilität. Wenn es nach dem Debakel des Marxismus und nach dem zweideutigen Verklingen der Frankfurter Schulen noch eine dritte Version von kritischer Theorie anspruchsvollen Typs geben kann, dann wohl nur in Form einer kritischen Theorie der Bewegung. Ihr therapeutisches Kriterium bestünde in der Unterscheidung, falls sie genau zu treffen ist, zwischen richtiger Beweglichkeit und falscher Mobilisierung. Ihr offensiver Wahrheitsanspruch stützte sich auf die Erkenntnis, daß es in kinetischen Dingen ein Spektrum gibt, das vom Physiologischen bis ins Politische reicht. Durch eine kritische Theorie der Mobilmachung würde die Kluft zwischen dem Denkprozeß und dem Realgeschehen im Grundbegrifflichen überbrückt – es gäbe kein Denken »draußen« mehr, der Theoretiker müßte sich bei jedem Satz fragen lassen, ob das, was er selbst tut, dem Götzen der Mobilmachung opfert, oder ob es aus einer deutlichen Differenz zu dieser geschieht. Denn kritisch kann eine Theorie, egal was sie an kritischer Semantik transportiert, nur noch sein, wenn sie ihre kinetische Komplizenschaft mit der Bewegtheit des Weltprozesses in die schlimmste aller möglichen Richtungen kündigt. Darum muß es offenbleiben, ob es eine solche »dritte« kritische Theorie nicht nur dem Nennwert, sondern auch dem Vollzugssinn nach noch geben kann. Wäre sie möglich, dann vollzöge sie sich von Anfang an als Vorschule der Demobilisierung. Nur als ruhige Theorie der Bewegung, nur als stille Theorie der lauten Mobilisierung kann eine Kritik der Moderne noch vom Kritisierten verschieden sein – alles andere ist rationale Kosmetik des Mitmachens, bewußtes oder unbewußtes Anstoßen ohnehin fahrender Züge, Mimesis des Grundprozesses im Reflexionsprozeß.

Eine solche »stille« Kritik kann aber ihren eigenen Anfang, ihr Entspringen aus dem Drang, es anders zu machen, unmöglich selbst erzeugen. Daß sie dies nicht kann, ist eines der Rätsel, die sich im allgegenwärtigen Postmodernismusgerede kaschieren. Denn was *nach* der Moderne sein wollte, müßte wohl eine solche durchgemacht und zu Ende gebracht haben – kein Mensch kann beanspruchen, dies sei bei ihm in irgendeiner wesentlichen Hinsicht der Fall. Alles, was sich sagen läßt, ist, daß wir seit langem damit begonnen haben, Erfahrungen mit dem hier so genannten postmodernen Passiv zu sammeln, und daß nicht mehr viel zu dem Geständnis gehört, daß wir, vor allem prospektiv, auf die Leidensseite der Moderne geraten sind. In diesem Sinn trifft die Formel zu: je moderner, desto postmoderner. Für den Stil einer »dritten« oder postmodernen kritischen Theorie ist das von großer Bedeutung, weil diese, um zu wissen, wovon sie spricht, rückhaltlos ins moderne Handgemenge geraten sein muß – anders käme sie nie auf die Kehrseite der Dinge. Aber wie sie aus dem modernen Tempodrom heraus zu etwas wirklich Anderem findet, das wird sie uns erst erklären, nein, vormachen müssen. Die Frage nach der Möglichkeit einer realdifferenten, »dritten« kritischen Theorie läuft somit auf das klassische Rätsel hinaus, wie die Stille *im* Sturm für durch und durch zur Aktion verurteilte Wesen möglich sei.

Man begreift nun, was uns die Erinnerung an die Bewegung einbringt – die Annäherung an den epistemologisch abgründigen Punkt, wo eine Theorie ohne Weisheit nicht einmal mehr als Theorie etwas taugt. Sollte ausgerechnet die Kinetik zu einer Schule der Gelassenheit werden? Kaum vorstellbar, was Physiker und Metaphysiker dazu sagen werden. Aber was immer sie auch einzuwenden haben, hier soll damit begonnen werden, auf der Passivseite starker Selbstmobilisierungen, in eine Untersuchung des Prozeß-Progresses einzutreten, der *durch uns über uns* hinwegrast. So fragen wir angesichts dessen, was geschah, was es denn war, was dann ganz anders kam. Es kam so anders als gedacht, aber wie hätten wir es denken sollen?

BBS
JUST AS GOOD
AS FLYING
Rennfelgen
Competition Wheels
Leichtmetallräder
Light Alloy Wheels
Fahrwerkstechnologie
Suspension Technology
Aerodynamikteile
Aerodynamic Systems
BBS®
BBS Kraftfahrzeugtechnik AG · D-7622 Schiltach
die agentour, München

2. Skizze zum Grundriß einer Kritik der politischen Kinetik

Warum noch einmal eine kritische Theorie der Moderne? – und warum ausgerechnet jetzt, wo die meisten ihr Leben aus der Reichweite von Theorien gebracht haben? Und wenn ein Minimum an intellektueller Distanz zum sogenannten Bestehenden schon sein muß, warum dann nicht Marxismus wie immer? Warum kein Rekurs auf die ethischen Reserven der Menschheit? Warum nicht verfallsgetränkte Lyrik vor der Klagemauer des Faktischen? Warum nicht wenigstens fashionable Skepsis auf der neuliberalen Schaukel der Dinge? Das alles eben deswegen nicht, weil Marxismus, Appellethik, Lyrik und Skepsis solchen Typs nicht auf der Höhe des kritisch Möglichen und Nötigen stehen, weil sie selbst allenfalls als Agenten hilfloser Mobilisierungen wirken, doch nicht genug zum Verständnis des Mobilmachungsgeschehens im grundsätzlichen beitragen.

Das ist am Schicksal der marxistischen Gesellschaftskritik vor allem aufzuzeigen. Marx und seine Nachfolger waren zu ihrer Zeit der partiell berechtigten Meinung, das Movens der neuzeitlichen Weltumwälzung durch ihre Analyse der Kapitalbewegungen durchsichtig gemacht zu haben. Sie formulierten im Anschluß an ihre Kapitalanalyse eine revolutionäre Ethik, die in der politischen Kontrolle über die Kapitale das strategische Zentrum ihrer »Praxis« sah; von diesem aus sollte die Emanzipation der Menschheit zu einem Leben in allgemeinem Reichtum und grenzenloser Produktivität rigoros gesteuert werden. Somit setzten die Väter des Sozialismus offen auf eine Ethik der produktiven Mobilmachung in humanistischer Absicht. Sie ahnten freilich nicht, daß von ihrer Konstruktion nur *ein* Aspekt sich eher unfreiwillig bewahrheiten sollte, der nämlich, daß den Kapitalprozessen tatsächlich kontrollierende Instanzen entgegengesetzt oder eingebaut werden müssen, wenn man für die Menschheit im ganzen das Schlimmste verhüten will. Moderner gesprochen heißt das, daß ohne eine, sagen wir, »politische« Kybernetik der Kapitale der »Wirtsorganismus« Erde samt seinen historischen Gästen der Verwüstung ausgeliefert ist. Diese Kybernetik, sollte sie sich jemals einspielen, kommt auf längere Sicht weniger durch Verstaatlichungen zustande (weil diese allein lediglich zu dem Effekt: »das Gleiche, nur schlechter« führen) als durch eine konsequente ökologische Zügelung der Produktionsmotive und durch die Entmilitarisierung der Gewinne zugunsten festlicher Verausgabungen in einem allgemeinen gegenseitigen Mäzenat.*

Die alte sozialistische Linke hat in ihren selbstbewußteren Tagen ihre Forderung nach politischer Herrschaft über die Kapitalprozesse mit der Formel »Sozialismus oder Barbarei« moralisch auf den Entscheidungspunkt zu treiben versucht. An dieser Stelle aber ist nicht nur ihre Revolutionspolitik am realgeschichtlichen Befund zerschellt, auch die begriffliche Erfassung des Weltprozesses als Resultat der bloßen Kapitalbewegungen ist durchweg ins Zwielicht geraten. Nach den bisherigen Ergebnissen gibt es zwischen dem real existierenden Sozialismus und der Barbarei weniges, was auf gegenseitige Ausschließung deutet, jedoch ein breites Feld von Synonymien. Nun ist die Vermutung legitim, daß die realen Sozialismen nicht nur geschichtliches Pech hatten und in einer Welt von Feinden nichts Besseres als das Vorliegende zu erreichen vermochten. Ihr Malheur ist

* Man beachte, daß diese Sätze nicht im Geist der Utopie formuliert werden, sondern im Geist der Systemfunktionstheorie, von der bekannt ist, daß sie »konservativen« Interessen dient, hier freilich nur dem Minimum an Erhaltung, der Selbsterhaltung als Nichtselbstmord.

DAS KAPITALIST

Eine Prok
der Schwei

Die These stammt nicht von Marx (auch nicht von Groucho), aber veröffentlicht sei sie doch: Die Geschichte aller bisherigen Gesellschaften ist die Geschichte von Kassenkämpfen! Auch diejenige der Gegenwart.

Da stehen elegant gekleidete Männer in grossen Gebäuden im Kreise herum und schreien sich an, um den Wert von Papier in ihrem Sinne zu manipulieren.

Da werden von höchster Stelle – als Zahlungsmittel zum Zweck – tonnenweise Scheine bunt bedruckt und unter die Massen gebracht, um kurz darauf das Gegenteil zu tun, auf dass eben jenes Papier eben dieser Massen seinen Wert behalte.

Da wird die Produktion in Unternehmen modernisiert, um billiger produzieren zu können, um Geld sparen zu können, um damit die Produktion modernisieren zu können, um billiger produzieren zu können, um Geld sparen zu können, etc. Oder da verkaufen die Leute aus dem Land des Lächelns den Leuten im Lande des Gummikauens ihre Automobile billiger als die, die diese selber herstellen, was die Autofahrer zwar gut finden, die Lohnempfänger aber gar nicht, worauf die politisch Mächtigen ihr Machtwort sprechen, worauf die politisch Mächtigen auf der anderen Seite ihrerseits ihr Machtwort sprechen, was aber die Lohnempfänger ausserhalb der Automobilherstellung auf die Strasse treibt, worauf über die Machtworte nochmals wortreich verhandelt wird.

Wie sind solch merk- und denkwürdige Vorgänge zu deuten? Und vor allem: Wie kann der moderne Kapitalist Profit daraus schlagen?

Eine Möglichkeit ist die: Monetarier aller Länder, lest, nein, verschlingt die Schweizerische Handelszeitung! Regelmässig jede Woche!

Denn die SHZ, das wöchentliche Organ für angewandten Kapitalismus, hat viel Geist und – was schmerzt – auch viel Geld i
stiert, um ihr Produkt noch
seitiger und konsequenter z
gestalten. Diese Erneuerung
zog sich strukturell, konzep
und generell.

Strukturell: Die Schweizeri
Handelszeitung ist umfasse
gleichzeitig aber kompakter
übersichtlicher geworden. S
umfasst jetzt fünf klar stru
rierte Teile.

Erster Teil: Aktualität und
gement. Mit dem Report, de
aktuellen Interview, den jün
Konjunkturprognosen, den
mentaren zur Wirtschaftsp
sowie dem neuen Karrieret

Zweiter Teil: Geld und Fina
Mit erweitertem Anlageteil,
Allerletzten aus der Zürche
Bahnhofstrasse und den vie
achteten Tips für Kapitalan
von John's Dow.

Dritter Teil: Unternehmen u
Märkte. Das Wichtigste übe
Unternehmen und deren M
regional, national, internati

SCHE MANIFEST.

rneuerung
delszeitung.

er Teil: Das Magazin mit
vergewicht Kunstmarkt.

ter Teil: Die Fachteile zu
nen wie Ausbildung, Sicher-
stechnik, Kommunikation,
oder Tourismus.

erscheinen in regelmässiger
e die noblen Fach-Beilagen
Hochglanzpapier.

eptionell: Der Management-
ist um die Rubrik «Karriere»
itert worden. Und die ist
bloss für den Jungkapitali-
interessant. Denn darin
ittelt die SHZ regelmässig
Überblick über den Stellen-
t der verschiedenen
chen, zeigt Ihnen, wo Sie
en und vor allem – wie Sie
n ökonomischsten schaffen,
stehen zu bleiben.

eiteren ist die Rubrik «Geld
Finanz» noch ergiebiger
rden, was deren Ausbeutung
n Anleger aller Klassen be-
. Denn sowohl Umfang als
der Redaktionsstab für
Rubrik sind verdoppelt

worden. (Für die Schweizerische Handelszeitung schreiben somit insgesamt 35 Redaktoren und regelmässige Mitarbeiter. Inklusive einem eigenen Bundeshauskorrespondenten in Bern.)

Darum präsentiert sich der Kursteil jetzt vollständig. Die Zahlenberge werden zudem mit griffigen Kommentaren transparenter gemacht. Derart wichtige Rubriken wie die exklusiv in der SHZ veröffentlichten «Finanzanalysen» erscheinen wöchentlich. Und mit den Anlagetips hält es die SHZ noch konkreter: sie nennt Titel und Namen. Obschon sie sich auch bis dato eigentlich kaum je geziert hat, Empfehlungen auszusprechen, die der Anleger anfassen kann. Und dies, was die alljährlich durchgeführten Erfolgsrechnungen zeigen, mit beeindruckender Performance.

Und generell: Die neue SHZ wird noch treuer ihrer Maxime nachleben, die da lautet: Wer sich schon mit Zeitung lesen abarbeitet, der soll auch etwas davon haben. Nämlich möglichst viel.

Epilog: Viel profitieren übrigens all jene Leser, die ihren Chauffeur nicht jeden Donnerstag zum Kiosk schicken, sondern die SHZ einfach im Abonnement beziehen. Es kostet 122 Franken pro Jahr. Die Ersparnis liegt also bei etwa 17%. Wo realisiert man heutzutage noch derartige Renditen?

☐ Ich möchte die SHZ abonnieren.
☐ Ich möchte sie vorerst einige Wochen lang gratis kennenlernen.

Name/Vorname

Firma

Strasse

PLZ Ort

Schweizerische Handelszeitung, Postfach, 8027 Zürich. Oder aber per Telefon: 01-202 78 38.

$HZ

Schweizerische Handelszeitung.
Das kapitalistische Manifest.

auch dadurch bedingt, daß sie sich auf die unzulängliche Erfassung der neuzeitlichen Weltveränderungskinetik durch die Marxsche Analyse schicksalhaft eingeschworen haben. Marx war selbstverständlich nicht ohne Grund der Meinung, daß seine Rekonstruktion der modernen Arbeitsverfassung im Kapitalismus bereits das *allgemeine* Bewegungsgesetz der neuzeitlichen Klassengesellschaften aufgedeckt habe. Was auch immer sich in diesen Gesellschaften auf politischer, kultureller, psychologischer und ideeller Ebene bewegt – es kann nach ihm nichts anderes als eine Sekundärbewegung sein, die in letzter Instanz von der ökonomischen Primärbewegung regiert wird. Diese Primärbewegung weist seit dem 18. Jahrhundert, dem Zeitalter der Industriellen Revolution, eine besondere Gesetzlichkeit auf: seit die Tätigkeiten der Menschen zur »materiellen Reproduktion ihres Lebens« weitgehend vom Kapitalprozeß erfaßt worden sind, ist ein kategorial neuartiges Phänomen aufgetreten, das kcin vergangenes Zeitalter aufzuweisen hatte: das Phänomen der »Arbeit überhaupt«, die Kategorie der »Arbeit *sans phrase*«. Marx versteht darunter die Erfassung der menschlichen Tätigkeiten im materiellen Lebensprozeß durch die Wertschöpfung des Kapitals. Im Industrieproletariat bekommt die Kategorie der Arbeit *sans phrase* ihre soziale Gestalt. Zur »Arbeit überhaupt« wird menschliche Tätigkeit aber erst, wenn sie zu einer Produktionsform gehört, die ihrem Wesen nach stets erweiterte Möglichkeiten der Produktion produziert. Marx erklärt dieses außerordentliche Phänomen, indem er das anthropologische Motiv der Selbst-Produktion sowohl mit dem ökonomischen Motiv des Profits (bzw. der Kapitalrendite) verknüpft als auch mit dem agonalen Motiv der Konkurrenz. Aus der Allianz von selbsterhaltender Selbsterzeugung, Gewinnstreben und Wettlauf entsteht die explosive Motivmischung, die der Modernisierungsbewegung Schub verleiht. Der entscheidende Mechanismus in diesem neuen Arrangement ist tatsächlich die berüchtigte »Selbstverwertung des Werts« – jenes Alchemistenkunststück, eine Tätigkeit so zu organisieren, daß ihr Ergebnis in der Steigerung der Fähigkeit zur Ausübung der Tätigkeit besteht. Wo die moderne »Arbeit *sans phrase*« den Takt angibt, dort wird nicht nur eine gegebene Lebensform »ökonomisch« (sprich: haus- oder palastwirtschaftlich) reproduziert; sondern zum primären Produkt der Produktion rechnet ein Plus an Produktivität. Genau dies entspricht der kinetischen Formel der Mobilmachung. Die Selbstverwertung des Werts als Produktion von Produktivität ist eine von den zahlreichen Arten und Weisen, wie die neuzeitliche Mobilmachungsspirale sich als Bewegung zur Mehrbewegung zu drehen beginnt. Marx hatte recht, das um seine Selbstvermehrung kreisende Kapital wie eine demiurgisch prozessierende Größe zu beschreiben, die um ihrer selbsterhaltenden Selbstvermehrung willen die konkreten Lebensakte der Arbeitenden unter ihren abstrakten Rhythmus zwingt. Aber er schenkt dem kinetischen Grundprozeß der Neuzeit als allgemeiner Bewegung zur Mehrbewegung zuwenig Beachtung. Daß in »modernen Zeiten« sich alles weiter, schneller und intensiver bewegt, wird von ihm ganz auf die Dynamik der kapitalistischen Produktionsweise zurückgeführt und mit Hilfe des irreführenden Schemas von Primärbewegung und Sekundärbewegung, sprich Basis und Überbau, als Problem *sui generis* aus der Welt interpretiert. In Wahrheit wäre auch der Kapitalprozeß nie in Gang gekommen, wenn er nicht durch selbständige, nebenherlaufende und vorausgehende Strukturen der Selbstaktualisierung und Selbstintensivierung getragen würde. Nicht zufällig sind die marxistischen Interpreten frühneuzeitlicher Aufbruchsbewegungen vor dem Rätsel

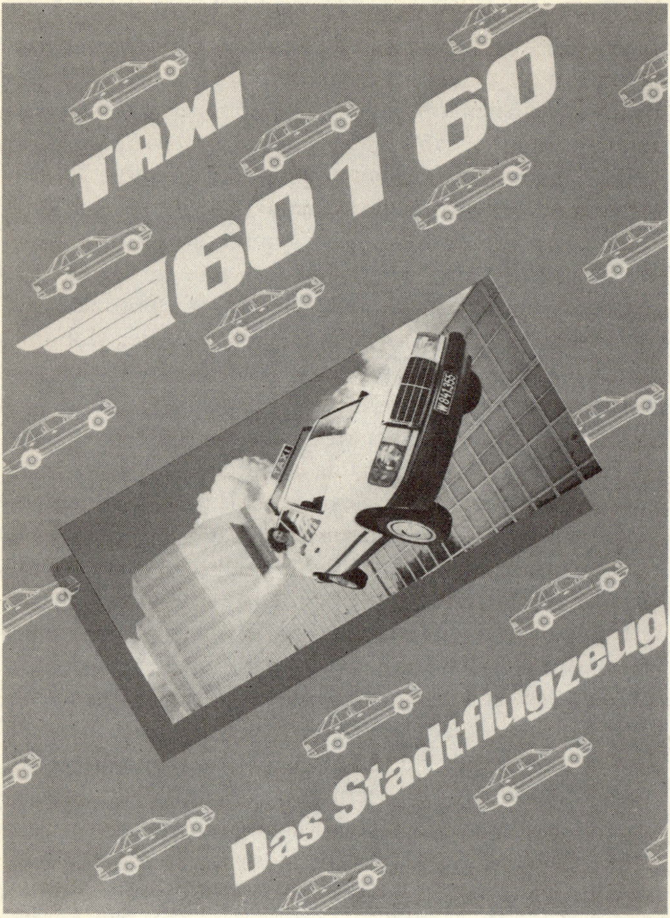
TAXI
60 1 60
Das Stadtflugzeug

601 60
TAXI
AUCH NACHTS

der »ursprünglichen Akkumulation« ratlos geblieben. Diese Ratlosigkeit muß fortbestehen, solange man darauf beharrt, den Akkumulationsvorgang in ökonomischen Ausdrücken zu erfassen. In Wahrheit führt das Problem der Akkumulation mitten ins Herz der neuzeitlichen Kinetik, welches wiederum, wir sagten es schon, unablösbar ist vom Geheimnis der Subjektivität. Man kommt auf eine fruchtbarere Spur, wenn man die Frage nach der ursprünglichen Akkumulation des Kapitals als eine falsch gestellte fallenläßt, um sich statt dessen der ursprünglichen »Akkumulation der Subjektivität« zuzuwenden – immer vorausgesetzt, daß wir recht haben, in dieser nicht nur ein »metaphysisches« Phänomen zu sehen (was sie in einem gewissen Sinn auch ist), und sie nicht bloß als Sitz der intelligiblen und kreativen Vermögen anzusprechen, sondern in ihr vor allem die so rätselhafte wie weltbewegende Agentur der Selbstbewegung zur Bewegung zu erkennen. Wir hätten es von da an mit der ursprünglichen Akkumulation einer »kinetischen Energie« zu tun, die, immer durch subjekthafte Initiativen vermittelt, sich von der Welt als erster Natur abstößt, um über dieser, die dann ganz Rohstoff, Energiequelle und Unterlage wird, eine Neue Welt aus mobilen Artefakten aufzubauen. (Wir werden später, im 3. Kapitel, die Anstrengungsnatur dieser kinetischen Subjektivität herausarbeiten und mit dem Spannungsverhältnis zwischen der Geburt durch eine Mutter und der Selbstgeburt durch eigene Anstrengung verbinden.)

Überall, wo sich das neuzeitliche kinetische Erfolgsmuster: Bewegung zur erhöhten Beweglichkeit, auf einem Tätigkeitssektor einspielt, entstehen eigensinnige Beiträge zu dem großen neuweltlichen Aufbruch, der zuerst Europa, dann weite Teile der übrigen Welt von ihren archaischen, antiken und mittelalterlichen Seinsweisen absprengt. Wahrscheinlich hat dieser Aufbruch ein wesentliches Vorspiel im klassischen Griechenland gefunden, wo sich Ansätze zur Versportlichung der Intelligenz in der Sophistik und zur kultischen Intensivierung der Leibesübungen in den olympischen Spielen finden lassen. Darauf scheint der kinetische Flaschengeist wieder für anderthalb Jahrtausende verkorkt zu sein, nur unterirdisch rumoren die Energien weiter, sie verbrauchen sich in Stammesfehden, Völkerwanderungen, Hunnenkriegen, Sachsenschlächtereien, Germanenmission, erster Reichspolitik, Ackerbau, Viehzucht, klösterlicher Versenkung, Eremitentum, einfacher Reproduktion. Dann die große Initialzündung. Es beginnt allem Anschein nach in den Klöstern des Hochmittelalters, wo die ursprüngliche Akkumulation der Subjektivität ihre eigentlichen Fabriken hat. Aber was hier in den Exerzitien asketischer Selbstintensivierung einsetzt – die autogene Bewegung zur Steigerung der Bewegung, die Konzentration auf Konzentration, die Versenkung in die Versenkung, das Gebet um Arbeit, die Arbeit am Betenkönnen –, das findet sein Analogon in vielfältigen sektoralen Bewegungen zur Steigerung selbstmächtiger Beweglichkeit: dort in der Akkumulation des wissenschaftlichen Wissens, das sich als Wissen, das gilt, nur erhalten kann, wenn es sich als Forschung, d.h. als kognitive Mobilmachung organisiert; dort in der Selbstexaltierung der neuzeitlichen Territorialstaaten, die bald als Verkehrsnationen transparent werden und als Nationalstaaten aufrüsten; dort in der Dynamik der militärischen Mobilisierung, die immer schon ein Wettrüsten, d.h. ein Kampf um ballistische und um kinetische Vorteile war; dort in der sportiven Selbstdramatisierung der Körper, die sich dem Rausch der Bewegungssteigerung fast kultisch hingeben; dort in der Selbsterotisierung der Sexualsubjekte, die sich in der Erregung ihrer Erregbarkeit üben; dort in der Selbstvergöttlichung des Individuums als Künstler, der sich in stetiger expressiver Mobilmachung um die Kreation seiner Kreativität dreht. In all diesen Feldern und Sektoren menschlicher Mobilität spielen sich jahrhunderteübergreifende Selbstmobilisierungen ab, deren willigstes Medium, eigenmächtigstes Movens und vielseitigster Komplize gewiß der wirtschaftliche Prozeß ist; in ihm kommt die Bewegung zur Mehrbewegung mit einer Unwiderstehlichkeit eigener Art auch in den industriellen und monetären Prozessen zur Durchsetzung. Aber der Marxsche »Wert«, der per Kapitalisierung Mehrwert erzeugt, ist in Wahrheit weniger ein ökonomisches als ein kinetisches Phänomen, und sein Parameter ist die Macht, deren Inhalt wiederum dem Vermögen, zu bewegen, gleichkommt.

Erst heute wird eine Perspektive auf die Mobilmachung als Grundprozeß der Neuzeit freigelegt, nicht weil irgend jemand klüger wäre als die großen Gesellschaftstheoretiker der vergangenen Jahrhunderte, sondern weil die »Sache selbst« jetzt ins Stadium der Erkennbarkeit fürs freie Auge eingetreten ist. Erst für uns ist, angesichts spätmoderner Beschleunigungseffekte, das Phänomen der reinen Mobilität erfahrbar und denkbar geworden. In Analogie zur Marxschen Vision der *Grundrisse* scheint für die Zeitdiagnostik des späten 20. Jahrhunderts ein kategorial neuartiges Phänomen auf: die »Mobilität überhaupt«, die »Selbstbewegung *sans phrase*«. Dies setzt nicht nur die dritte industrielle Revolution voraus, mit all dem, was Elektronik, Nukleartechnologie und Informatik aus der modernen Lebenswirklichkeit gemacht haben, sondern auch die moderne Politik mit ihren Aufrüstungsspiralen, ihren Massenbewegungen, ihren Initiativen von oben und von unten; es setzt auch den modernen Tourismus voraus und seine Konzeption von der Welt als Schalterhalle und Landebahn, auch die kabelver-

AUTOFLUG
VORSPRUNG
AUS
ERFAHRUNG
Martin-Baker Schleudersitze, Sicherheitssitze für Hubschrauber, Fallschirme, Flugzeugbremsschirme, Bergungssysteme für Flugkörper, Anschnallgurt-Systeme, Zentralschlösser, Sauerstoffausrüstung, Schlauchboote, Rettungsinseln, Schwimmwesten, Notfunkgeräte, persönliche Ausrüstung für Piloten, Kryogenik-Systeme für IR-Geräte, Außenlastträger und -schlösser, Luftfrachtgeräte, Fliegerhelme, Prüfgeräte sowie Luftfahrt-Logistik
AUTOFLUG
Autoflug GmbH · D-2084 Rellingen 2 · Bitte besuchen Sie uns auf der ILA '86, Halle A, Stand 401/405

DIE NEUEN
BÜROMÖBEL SIND DA!
ergodata total
DIE BÜRO
FORMEL 1
„INNOVATION
INKLUSIV"

sorgten Bildschirme, auch die neue Liebesunordnung mit ihrem großstädtischen Dispersionstheater, die mitternächtlichen Diskotheken, die Computerspielsachen in den Kinderzimmern, das Jogging im Park und die Athletikkulte in den Stadien, die Einwegflasche, Andy Warhols Factory und die *Captured Music*... Erst seit die Selbstbewegung *sans phrase* als reale Kategorie in die Lebenswirklichkeit aller unmittelbar eingedrungen ist, läßt sich, ohne daß der Diagnostiker als Prophet überlebensgroß aufstehen müßte, das dynamische Motiv einer Gesellschaft von sich selbst mobilisierenden Subjekten im Tonfall gelassener Kritik benennen. Erst heute sind wir auch in philosophischer Hinsicht gezwungen, zu bemerken, daß Marx und Nietzsche dasselbe gesagt haben – der Wille zur sich selbst aneignenden Selbstproduktion und der Wille zur Macht (als Initiative zur Durchsetzung einer Weltinterpretation) sind zwei alternative Formulierungen für den gleichen kreativen Großangriff des tätigen Geistes auf den »Stoff«, für den gleichen kinetischen Nihilismus, der das Seiende als Energiequelle und Baustelle erfaßt und als sonst nichts.

Am neuzeitlichen Grundprozeß der Mobilmachung, die inzwischen den gesamten Weltlauf an sich gezogen hat, lassen sich drei elementare Tendenzen oder Trendgruppen unterscheiden. Die große Selbstbewegung zur Mehrbewegung vollzieht sich, erstens, als Tendenz zur Motorisierung, zur Installation selbstläufiger Prozeßeinheiten und zur fortwährenden Beschleunigung derselben (Tachokratie); zweitens als Tendenz zur Entlastung, Analgetisierung und Ausschaltung der zu sensiblen, zu langsamen und zu wahrheitsorientierten Subjektfunktionen (Automation durch Desensibilisierung oder Kontextausschaltung); drittens durch die progressive Tilgung von Entfernungen und Unwägbarkeiten in Tateinheit mit der strategischen Aneignung des Fremden

(Logistik). In diesen drei Vollzugskomplexen wird die Welt als bisher träge Ressource für automobile System-Subjekte aufbereitet, codiert, verbrauchsfertig gemacht und entwirklicht. Entwirklichung ist das psychosoziale Resultat der systematischen »Selbstverwirklichung«, in welcher der veraltete Begriff »Wirklichkeit« logisch auf die Restfunktion des Noch-nicht-Mobilisierten einschrumpft. Amerikanische »Dekonstruktionisten« flüstern sich seit ein paar Jahren die neue Botschaft zu: *there is nothing outside the text**, nur die Naiven klammern sich noch an die vorsintflutliche Fiktion des »äußeren Referenten«. Auch epistemologisch ist der Kurzschluß zwischen Kinetik und Semiotik in Sicht – die Welt ist logisch reif für die Verdampfung.

Allein im Horizont einer allgegenwärtig gewordenen Mobilisierung kann sich die Idee melden, daß einer solchen Wirklichkeit nur eine Art von Kritik noch angemessen wäre, die sich zu einem durchdringenden Bewegungsbewußtsein voranarbeitet. Das ist wieder mißverständlich formuliert, weil die Arbeitsrichtung einer solchen Bewußtmachung nicht das Voran ist, sondern der Schritt zurück, das abstandnehmende Sichausklinken aus dem Beschleunigungsprozeß. Nur mit Zögern nennen wir die kritische Seite dieser Mobilmachungstheorie nach einem klassischen Muster: Kritik der politischen Kinetik.

Durch sie wird das häßliche, scheinbar nur physikalische und subhumane Thema Bewegung für die Wissenschaften vom Menschen, der Gesellschaft und der Geschichte mit grundbegrifflichen Ansprüchen reklamiert. Wenn man sich daran erinnert, mit welchen Mienen und Argumenten die marxistische Zumutung, den Begriff Arbeit als Basiskatego-

* Im Derridaschen Original – *il n'y a pas de hors-texte* – klingt dasselbe etwas kulinarischer, man hört die aufschiebende, in unserer Sprache: demobilisierende Funktion der These heraus.

rie einer historischen Anthropologie zu akzeptieren, von den Schönen Seelen des 19. Jahrhunderts quittiert wurde, dann läßt sich eine Vorstellung davon entwickeln, welcher Empfang einer Kritik der politischen Kinetik bevorsteht: nur daß diesmal die Marxisten mit den Schönen Seelen und den bürgerlichen Pragmatikern in der Großen Koalition der Mobilmacher zusammenstehen. Die Marxisten, weil ihnen als ersten einleuchtet, daß die Kinetikkritik nur von einem nachmarxistischen Standort aus möglich ist, wo man den »dialektischen Materialismus« als eine besonders welke Form moderner Mobilmachungsfolklore überblickt; die Schönen Seelen, weil sie bei ihrer Lieblingsbeschäftigung, dem Aufbruch ins Neue Zeitalter und dem *Human Potential Movement*, durch eine so häßliche Theorie zumindest nicht beflügelt werden; die Pragmatiker, weil sie ohnehin keinen Gedanken aufkommen lassen, der ihr Axiom des dreiprozentigen Wirtschaftswachstums pro Jahr auch nur von ferne in Frage stellt. Nun kann sich niemand darüber Illusionen machen, daß durch eine Kritik der politischen Kinetik mehr in Frage gestellt wird als nur die Wachstumsrate einer Industriezivilisation, die mit der Wucht eines jahrhundertelang beschleunigten Zuges ins Ungewisse rast. Wer die kinetische Frage aufwirft, der bringt nicht weniger ins Spiel als das Problem, ob und wie man diesen Nachtzug zum Stehen bringen kann – oder ob es wenigstens eine Umleitung für ihn gibt. Das ist nicht die Frage, ob einzelne aus ihm aussteigen können (natürlich können sie, wenn die einzelnen die Richtigen sind), sondern ob das moderne Ganze von der Seinsweise loskommen kann, die ontologisch durch die Formel Sein-zur-Bewegung bestimmt ist.

Diese Fragen sind zu fundamental, als daß man sie Fundamentalisten überlassen sollte. Daher exponiert die Kritik der politischen Kinetik einen Arbeitsrahmen, in den jedes Denken und jede Praxis sollte eintreten können, die, auf welche Weise auch immer, etwas zum Studium der Bewegung und zum Exerzitium richtiger Beweglichkeit beitragen können. Kritik der politischen Kinetik wird ein Arbeitstitel für die Studien einer transfakultativen post-universitären »Hochschule« sein. Diese kann ihre Übungen überall aufnehmen, wo menschliche und systemische Bewegungen auf ihre Richtigkeit hin befragt werden müssen. Wie alle bisherigen universitätsartigen Gebilde braucht auch die Transfakultät für Bewegungsbewußtsein machtneutrale Terrains, zu denen die Exekutive und die Interessenvertreter der Mobilisateure keinen Zutritt haben – das ist beste Theorieschutztradition seit dem europäischen Hochmittelalter. Aber da sich der Betrieb fast aller derzeit aktiven Universitäten auf der Erde zu Vorschulen der Mobilmachung und zu kognitiven Zulieferfirmen für den »Angriff der Gegenwart auf den Rest der Zeit« entwickelt hat, muß sich die Kritik der politischen Kinetik nach anderen Räumen umsehen, um ihre Studien abzuhalten. Ob das in den Neuen Sozialen Bewegungen sein wird, in den Zentren der Alternativkulturen, in paraakademischen Neugründungen – das bleibt vorerst Nebensache, im übrigen sind das auch keine exklusiven Alternativen. Wesentlich ist, daß die Transfakultät für Bewegungskritik polyvalente neue Gehirne der Gesellschaften ausbildet, in denen das Demobilisierungswissen vieler Gebiete sich inkarniert. Dieses Wissen wird für uns alle, die aus dem Mobilmachungsprozeß herkommen, etwas schwer Handhabbares, Unplausibles und Ärgerliches haben, weil die Kritik der politischen Kinetik unter keinen Umständen das Theoriegewissen einer »Praxis« sein kann. Es ist ihr bizarres, manche werden sagen, ihr absurdes Resultat, die Realprozesse so zu beschreiben, daß zunächst »nichts zu tun« bleibt – sofern sich alle sprungbereiten Täter vor dem, was zuerst zu tun ist,

Clarks
CHANTILLY £27.99

DON'T PUT A FOOT WRONG!

blamieren werden, vor dem Zögern, vor dem Zurücktreten in eine genauere Wahrnehmung, vor dem Aufhören mit dem immer schon Betriebenen, vor dem unmerklichen Freiwerden für die richtige Bewegung. Man kann garantieren, daß alles andere wieder blinde Mobilmachung ergibt, wie prächtig die Handlungsslogans auch klingen mögen.

Aus der postmarxistischen Grundstellung der Kritik der politischen Kinetik darf man nicht auf ihr destruktives Verhältnis zu den Einsichten der sozialistischen Tradition schließen. Was dieser gegenüber neu ins Gewicht fällt, ist zum einen die Erweiterung des Begriffsfeldes von der Produktion zur Mobilisation, zum anderen die Veränderung der kinetischen Vorzeichen. Man muß sich die Mühe machen, das *Kommunistische Manifest* noch einmal so zu studieren, wie der Text es längst verdient: als Magna Charta des offensiven kinetischen Nihilismus, in der die Neuzeit erstmals offen aussprach, was sie ist und will. Doch wird eine Kritik der Kinetik nicht mehr teilnehmen können an der Marxschen Euphorie angesichts der Beobachtung, daß in der kapitaldurchpulsten Welt »alles Ständische und Stehende verdampft«. In dieser Formel ist Marx ganz als der Mobilmachungsdenker in Aktion zu hören, der nicht umsonst für die Hälfte der Welt Rationalisierungen zum Geschichtemachen geliefert hat. Er ist Mobilmachungsdenker auch deswegen, weil seine große Begriffsmaschine, besonders die Dialektik von Produktivkräften und Produktionsverhältnissen, nur aufgebaut wird in der Absicht, die Sprengbarkeit der trägen Verhältnisse zu demonstrieren, die der Entfesselung der produktiven Produktion und der letztgültigen Bestandsverdampfung noch Widerstände entgegensetzten. Worauf sich seine arbeitsmessianische Vision richtet, ist der Zustand einer Gesellschaft, in der das Tätigsein der produktiven Selbste es nur noch mit sich selbst zu

Your friendly headline.
Im auto touring finden Sie 825.000*) Leser, die Jahr für Jahr ihr Reisefieber kurieren. Zu ebener Erde und im ersten Stock. Keine andere Zeitschrift hat mobilere Leser. Leser, die weiter wegfahren und aus Haushalten, die dafür auch mehr Geld zur Verfügung haben: im Schnitt um 4.100,– pro Monat mehr.*)
Zu erreichen im auto touring. Wo auch Ihr Inserat abhebt.
auto touring

tun hat – Abtragung des Realwiderstands, Totalappropriation des Entfremdeten, vierundzwanzig Stunden selbstaneignende Selbsterschaffung am Tag. Eine Kritik der politischen Kinetik wird, auf ihre Weise, zwar ebenfalls eine »Dialektik« kennen, die von Bewegungskräften und Bewegungsverhältnissen; nur wird sie nicht beklagen, daß die Verhältnisse den vollen Einsatz der Kräfte »noch« hemmen, sondern allenfalls trocken notieren, daß die Bewegungskräfte auch ohnedies nicht mehr weit davon entfernt sind, alle Verhältnisse zu »verdampfen«, in denen herkömmliche Bewegungen unsererseits möglich waren. Auch die Kinetikkritik wird – ihrer Herleitung des Postmodernismus aus Effekten zweiter Passivität gemäß – darauf hinweisen, daß es eine wachsende organische Zusammensetzung der Selbstbewegungsmassen gibt und folglich auch einen tendenziellen Fall von Beweglichkeitsvorteilen, aber es wird ihr nicht einfallen, aus diesen Beobachtungen eine »revolutionäre Situation« zu prognostizieren; auch katastrophile Spekulationen über Zusammenhänge zwischen Systemkollaps und Massenerhebung liegen ihr fern. Was sie betont, ist nicht mehr und nicht weniger als die krisenbedingte Chance einer evolutionären Zurücknahme falscher Mobilmachungsvorstöße.*

Wie im Kapitalprozeß der Anteil des fixen Kapitals sich proportional permanent vergrößert, so schwellen auch in der weltweiten Mobilmachung der Systeme die toten selbstläufigen Schwungmassen fortwährend an und steigern ihr Übergewicht über die Gesten lebendiger Beweglichkeit ins Erdrückende. Dasselbe gilt im übrigen auch für die entfes-

* In diesem Kontext muß man auf das zu wenig rezipierte Werk von Dieter Claessens, *Das Konkrete und das Abstrakte, Soziologische Skizzen zur Anthropologie*, Frankfurt 1980, aufmerksam machen, das ohne Konzession an romantische Technikverteufelung die Frage nach dem Eingriff einer evolutionären Klugheit im Sinne von »Zurücknahme unhaltbarer Stellungen« aufwirft.

selten wissenschaftlichen Forschungsbetriebe, in denen die Selbstbewegung der theoretischen Apparate dafür sorgt, daß das Denken im Verhältnis zum Gedachten so gut wie keine Rolle mehr spielt. Diese außerordentlich unheimlichen Vorgänge werden von dem Begriff Automation ebenso unzulänglich bezeichnet wie von dem Begriff Entfremdung – unser klassischer Wortschatz läßt uns angesichts der jüngsten prozessualen Realitäten weitgehend im Stich. Die Bewegung ist das große Ungedachte in unseren Sprachen.

Nach all dem dürften sich die Umrisse dessen ahnen lassen, womit eine Kritik der politischen Kinetik es zu tun hat. Sie arbeitet auf eine kritische Theorie der Neuzeit zu, in der die problematische Aufhebung der altweltlichen Bestände durch Mobilmachung in Bewegungsausdrücken beschrieben und durch Demobilisierungsübungen kritisiert werden könnte. Ob dergleichen gelingen kann, dafür gibt es, wie gesagt, keine Indizien – außer das Gelingen selbst, für welches sich Kriterien unzweifelhafter Natur wiederum nicht dekretieren lassen. Ausgangspunkt dieser Kritik ist in jedem Fall die Beobachtung, daß der Aufbruch der Moderne ins selbsttätige bewußte Leben aller sich weithin in einer eher blinden kinetischen Weiterwälzung der einmal angestoßenen Prozeßmassen verloren hat. Die großartigen Gewinne an modernen Selbstbewegungs- und Selbstaktualisierungsmöglichkeiten in vielen Bereichen werden mit einer unkalkulierbaren und zunehmend unerträglichen Selbstauslieferung an selbstläufige, selbstabgleitende Folgeprozesse bezahlt. Wenn wir recht haben, uns die unmittelbare Zukunft als eine Zeit vorzustellen, in der sich steigernde Katastrophenrisiken rapide aktualisieren, dann deshalb, weil sich bereits jetzt das kinetische Grundschema aller möglichen Maximalunfälle formulieren läßt: sie werden das hete-

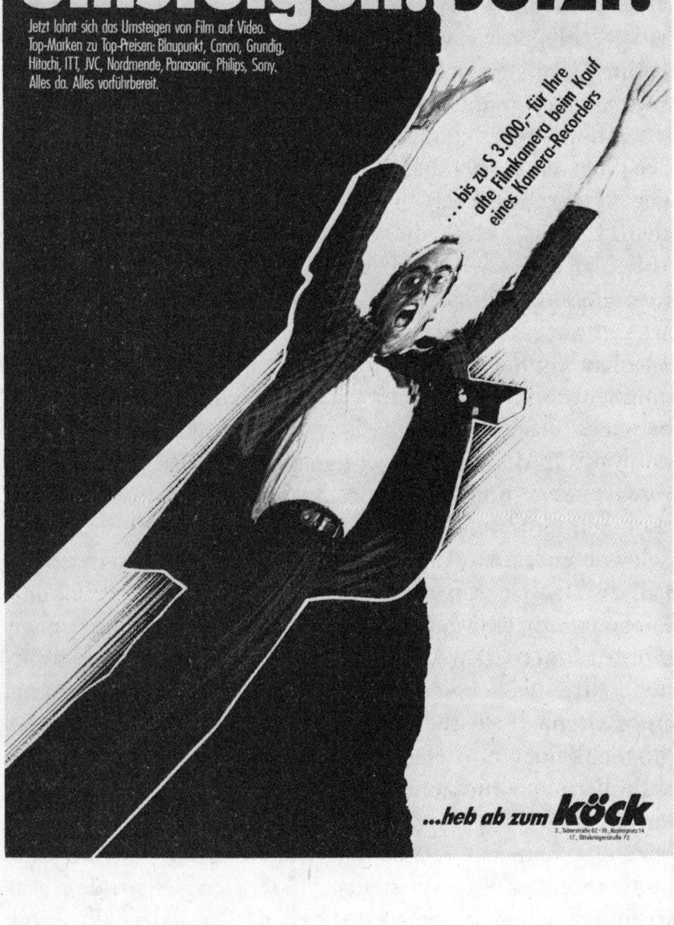

Umsteigen. Jetzt!
Jetzt lohnt sich das Umsteigen von Film auf Video. Top-Marken zu Top-Preisen: Blaupunkt, Canon, Grundig, Hitachi, ITT, JVC, Nordmende, Panasonic, Philips, Sony. Alles da. Alles vorführbereit.
... bis zu S 3.000,- für Ihre alte Filmkamera beim Kauf eines Kamera-Recorders
...heb ab zum köck

romobile Resultat unzähliger Selbstmobilisierungen sein. Aus der Interaktion der zahllosen Selbstläufigkeiten geht eine einzige dunkle Zwangsläufigkeit hervor. Was unsere vielbeschworene Zukunft in systemischer Hinsicht anbelangt, so liegt deren Geheimnis ganz in den Varianten dieser Großzwangsläufigkeit. Zwei extreme Versionen lassen sich unter ihnen typisierend herausstellen: die eine führt zu einer relativen Ruhigstellung der Gesamtmobilmachung durch gegenseitige Abbremsung der Teilprozesse (ein großes Lob den Hindernissen?); die andere entgleitet in die Potenzierung der Mobilisationen durch Interaktion bis ins ökologisch-kinetische Inferno. Und unser Prozeß-Bewußtsein? Was spielt es in diesem Welttheater für eine Rolle, die des Helden, des Narren oder nur noch die des ohnmächtigen Zuschauers? Wenn wirklich alles auf einen fatalen Schluß zustrebt, dann darf sich unser bewußtes Selbst mit der Auskunft trösten, daß es alle Rollen im Endspiel zugleich innehat, indem es sich bei seiner dramatischen Wandlung vom Mobilmachungshelden zum Prozeßnarren selber zuschauen kann, bis der Vorhang fällt. Bei der relativ gutartigen Variante hingegen stünde den Subjekten eine bemerkenswerte Erfahrung mit sich selbst bevor. In einer Zeit, in der die Moderne sich vor sich selbst gerettet hätte, hätten auch die Subjekte aufgehört, sich als die ontologischen Agenten der Bewegung zur Mehrbewegung zu rühren. Sie wüßten dann aus ihrer veränderten Seinsweise, daß sie nicht die Täter der Mobilmachung sind, sondern die »Hüter« der richtigen Bewegung.

3. Die Chance einer asiatischen Renaissance: Zur Theorie des Alten

> Überall, wo der europäische Geist dominiert, tritt ein Maximum an Bedürfnissen in Erscheinung, ein Maximum an Arbeit, ein Maximum an Kapital, ein Maximum an Ertrag, ein Maximum an Ambition, ein Maximum an Macht, ein Maximum an Veränderung der äußeren Natur, ein Maximum an Beziehungen und Austausch. – Dieses Ensemble von Maxima macht Europa aus, oder das Bild Europas.
>
> Andererseits hängen die Bedingungen dieser Geistesbildung mitsamt ihren erstaunlichen Ungleichheiten offenkundig zusammen mit der Qualität der Individuen – der mittleren Beschaffenheit des *Homo Europaeus*. Bemerkenswerterweise definiert sich der europäische Mensch weder rassisch noch durch Sprache und Brauchtum, sondern durch Wünsche und Spannweite des Willens...
>
> Paul Valéry, *La crise de l'esprit*

Es ist unter Kennern ein offenes Geheimnis, daß seit mehr als hundert Jahren ein großer Teil der westlichen Intelligenz, wie man so sagt, »asiatisiert«. Man könnte darin ein ironisches Spiel des Erkenntnisobjekts mit seinem Subjekt sehen. In der Welt der Intelligenzen bleibt es nicht aus, daß der Entdecker sich einer Gegenentdeckung durch die Entdeckten exponiert. Für die bürgerliche Welt zwischen dem 17. und dem 19. Jahrhundert hatte das Interesse am Osten im Zeichen des Kolonialismus begonnen, der bald einen geistigen Welthandel nach sich zog. Es war die frühromantische Generation, durch die die Asienimporte erstmals auf ein theoretisches Niveau gehoben und in eine großzügige Synopse der Weltkulturen einbezogen wurden. Weltgespräch über Weltliteratur hieß das heitere Leitbild eines romantischen Ökumenismus, in dem man persische Lyrik und Upanishadenübersetzungen herumreichte als Beweisstücke für die eigentlich metaphysische Tätigkeit der Weltseele.

Aber es blieb nicht bei einem philologischen Flirt. Für den wirklichen Osten erwies sich sein Entdecktwordensein durch einen anderen Geist als Begegnung mit seinem Schicksal. Was als Entdeckung, dann als Eroberung, Mission und Unterrichtung des Ostens durch den bereits hochmobilisierten Westen einsetzte, riß alsbald den alten Osten in die Mobilmachung des Planeten mit hinein. Japan hat der Welt das Modell einer formvollendeten Selbstliquidierung geliefert und ein Seppuku zugunsten von Industrie und Geschichte begangen, das für immer verblüffend bleiben wird. Wahrscheinlich wird das alte Asien im Zuge einer epochalen Selbstkolonisation eines Tages vom Erdboden verschwunden sein, es überlebt wohl nur in den Bibliotheken der westlich inspirierten Indologie, Sinologie, Japanologie, nicht anders als das alte Europa nur in altphilologischen und mediävistischen Seminaren überlebt hat – und in Kostümfilmen.

Man muß diesen Vorgang überscharf formulieren, um den westlichen Asienkult in seiner Merkwürdigkeit richtig einzuschätzen. Während der reale Osten sich in die industrielle, szientifische, politische und militärische Mobilmachung stürzt, um seine alten Denk- und Seinsweisen hinter sich zu lassen, erlebt der Westen eine kulturelle Asiatisierung, für die es keine historische Parallele gibt – es sei denn, man wollte die Durchdringung des römischen Imperiums mit griechisch-hellenistischen Bildungsinhalten als Analogon akzeptieren. In diesem Fall muß man wohl das kynische

Schlacht im Pazifik 1945: Ein japanischer Torpedobomber fliegt durch das Abwehrfeuer eines US-Flugzeugträgers.

Motiv von der Eroberung des Eroberers zitieren; den letzten Humanisten liegt auch das horazische *Graecia capta ferocem victorem vincit* noch auf der Zunge – immerhin beweist der Vers (»das bezwungene Griechenland besiegte den wilden Sieger«), wie sehr schon in der römischen Szenerie der Vorgang auffiel, daß ein Sieger sich vor der Überlegenheit des Besiegten verbeugte.

Dennoch ist der Topos Eroberung des Eroberers nicht geeignet, die Inflation asiatisierender Motive im aktuellen westlichen Kulturbetrieb zu deuten. Wenn wir uns im historischen Arsenal nach einem Muster für das gegenwärtige Geschehen umsehen, so ist das einzige Phänomen, das dem okzidentalen Asienenthusiasmus gerecht wird, das einer

(See-Luftschlacht bei den Midway-Inseln im Juni 1942: Japanische Torpedo-Flugzeuge beim Angriff auf einen US-Flugzeugträger)
»Der ›Dandy-Krieger‹ des Faschismus ... verkoppelt seinen eigenen Körper mit einem technischen Material ... Die japanischen Kamikaze werden diesen synergetischen Traum räumlich verwirklichen, indem sie sich – in pyrotechnischer Apotheose – samt ihrer Fahrzeug-Waffe zerlegen, denn die letzte Metapher des Geschwindigkeits-Körpers ist seine Zerlegung qua Explosion (für den Arbeiter/Soldaten, den Menschen der TOTALEN MOBILMACHUNG gilt: ›Das letzte Stadium des metaphysischen Willens zur Macht, das Wesen der Technik ist der Nihilismus.‹ [Heidegger]).« (Paul Virilio, *Fahren, fahren, fahren*, Berlin 1978, S. 16)

kulturellen Renaissance* – wir werden gleich Argumente dafür bieten, daß das Phänomen »unserer« großen Renaissance am Ende des Mittelalters wahrscheinlich erst im Licht des heutigen Asienkults transparent wird.

* Der französische Indienkenner Raymond Schwab hat u. W. erstmalig die Abenteuer der Indologie mit den philologischen Sensationen der Renaissancehellenistik parallelisiert. Vgl. *La renaissance orientale*, Paris 1948.

Renaissancen sind Vergegenwärtigungen alter Kultur unter neuem Vorzeichen. Eine Renaissance erweist darin ihre Genialität, daß sie unter dem Schutz ihrer Begeisterung für ein maßgebliches Altertum die Kraft zum Schritt in etwas nie Dagewesenes findet. Inspiriert von einem überragenden Vorbild, kann sich gerade das vorbildlose Neue hervorarbeiten – es scheint, als seien begeisterte Wiederholungen das große Vehikel der Innovation. In dieser Hinsicht verdanken Renaissancen ihre Fruchtbarkeit immer einem leidenschaftlichen Mißverständnis des Alten durch das Neue, das seinen Namen noch nicht sagt. Erst durch eine intensive Verkennung werden die Altertümer zu neuem Leben erweckt, das aber nicht ihr eigenes ist, sondern die Fluoreszenz des sich noch notwendig selbst verkennenden aktuellen Lebens.

Was die Graecomanie des Quattro- und Cinquecento, dann wieder die des späteren 18. und des gesamten 19. Jahrhunderts für die Selbstformierung der neuzeitlichen bürgerlichen Gesellschaft bedeutet hat, liegt inzwischen kulturgeschichtlich offen zutage. Aber was es mit der jüngeren Asiomanie auf sich haben könnte, ist für die meisten Zeitgenossen ein unentsiegeltes Geheimnis – viele bringen es soweit, das Phänomen, das immerhin auffällt, für eine Mode oder für einen episodischen Exotismus zu halten. Sie machen, scheint es, auf diese Weise Gebrauch von ihrem Grundrecht, an den Hauptereignissen ihrer Zeit vorbeizuleben. Das ändert nichts an der Tatsache, daß in den asiomanischen Phänomenen der Gegenwart Dinge ausgehandelt werden, die an den Nerv des Weltprozesses – sofern wir darüber etwas wissen können – rühren. Indem sich der Westen in einen versunkenen Osten hineinträumt und eine asiatische Antike als maßgebliches Kulturmodell des gegenwärtigen Lebens heraufbeschwört, sucht er in einer fremden Vergangenheit nach Möglichkeiten einer eigenen Zukunft.

Nichts anderes geschah, scheint es, damals in der großen europäischen Renaissance, die wohl nur selten ahnte, durch welche abgrundtiefen Differenzen sie von ihren altgriechischen Leitbildern getrennt blieb. So taucht auch die heutige asiatisierende Renaissance in die altöstlichen Weisheitswelten ein, um der Spätmoderne, deren Korruption bedrohlich, wenn nicht unheilbar erscheint, Wege ins Neue, Niegewesene, Unzugängliche zu bahnen. Asien ist für viele die Chiffre, die einer Vorstellung des für uns Unvorstellbaren Obdach bietet.

Daraus lassen sich zunächst vier Folgerungen ziehen: erstens, daß in der westlichen Hemisphäre eine nachchristliche Ära begonnen hat, die in den heiligen Schriften der jüdisch-christlichen Überlieferung unmöglich noch die Begriffe findet, die unsere Zeit zu einer kompetenten Selbstverständigung nötig hätte; der jungkonservative Zeitdiagnostiker Otto Petras hat – seinerseits auf den Spuren des Junghegelianers Bruno Bauer – diese Sachlage 1935 zu dem noch immer eindrucksvollen Vorsatz zusammengefaßt, »darzustellen, daß das Christentum, die bisher gewaltigste geschichtsbildende Bewegung unseres Planeten, seine gestaltende Kraft erschöpft hat und daß wir in einem tieferen Sinne als dem des Kalenders *post Christum* leben«.*

Zweitens, daß die sich selbst überlassene Moderne, wenigstens nach der Überzeugung skeptischer Interpreten, ihre moralischen Reserven verbraucht hat und aus sich keine Gegenkräfte mehr freizusetzen vermag, um ihre fatale Drift

* Otto Petras, *Post Christum, Streifzüge durch die geistige Wirklichkeit*, Berlin (Widerstands-Verlag) 1935, S. 11. Man vergleiche in unserem Schlußaufsatz (S. 280ff.) die Bemerkungen zu Paulus als dem Initiator der Heiligen Mobilmachung zur christlichen Weltgeschichte. Beide Verweisungen, die auf Petras wie die auf Paulus, gehen auf Anregungen zurück, mit denen Jacob Taubes dem Verfasser einen Begriff von der Spannweite jüdischer Geschichtstheologie vermittelte. Vgl. J.T., *Abendländische Eschatologie*, Bern 1947.

Die Rennmaschine
ATOMIC ARC
TEAM BIONIC RS
TEAM BIONIC RS
ATOMIC SKI

abzufangen; der aufgeklärte Säkularismus mit seinem Doppelengagement für Selbstbestimmung und Großtechnologie verabschiedet sich, wie es scheint, vor unseren Augen in einer globalen Verwahrlosung – die Dinge laufen jetzt, wie sie wollen, Anfangsabsichten sind nicht mehr von Belang. Drittens, daß die Versuche der letzten mitteleuropäischen Generationen, aus germanischen, keltischen, griechischen und lateinischen Religionsaltertümern lebbare Formen von Neopaganismus heraufzubeschwören, sich als Strohfeuer erwiesen haben, die manchmal mit barbarischem Qualm und selten auf einem höheren Niveau als dem von spirituellen Partyunterhaltungen abgebrannt sind; somit ist es jedem Interessenten zumutbar zu wissen, daß mit der hausgemachten alteuropäischen, vorchristlichen Substanz unter heutigen Bedingungen vielleicht eine Landkommune, aber kein Staat mehr zu machen ist. Viertens, daß mit der Wendung zum Osten (für die Amerikaner ist es ohnehin keine Wendung, sondern ein Weiterziehen auf ihrem alten Westkurs, nur im nassen Element) nicht weniger als die weltkulturelle Alternative zum griechisch-jüdisch-christlichen Weg ins Spiel kommt, die auch dann noch ihre Qualität als Alternative bewahrt, wenn die reale zeitgenössische östliche Hemisphäre sich durch Annahme westlicher Mobilisierungstechniken bis zur Unkenntlichkeit modernisiert.

Worauf deutet es nun, daß in die Krise der spätmodernen westlichen Welt dieses Phänomen eingeflochten ist, das hier als eine asiatische Renaissance bezeichnet wird? Wenn es tatsächlich eine Logik der Renaissancen gibt, so müßte die neue Asiomanie als Zeichen dafür zu lesen sein, daß kreative Teile der nachchristlichen Zivilisation sich über sich zu verständigen hoffen, indem sie wieder einmal ins Antike greifen – diesmal aber so, daß dieses nicht als *eigenes* Altertum angenommen werden kann, sondern als Antike in fremder

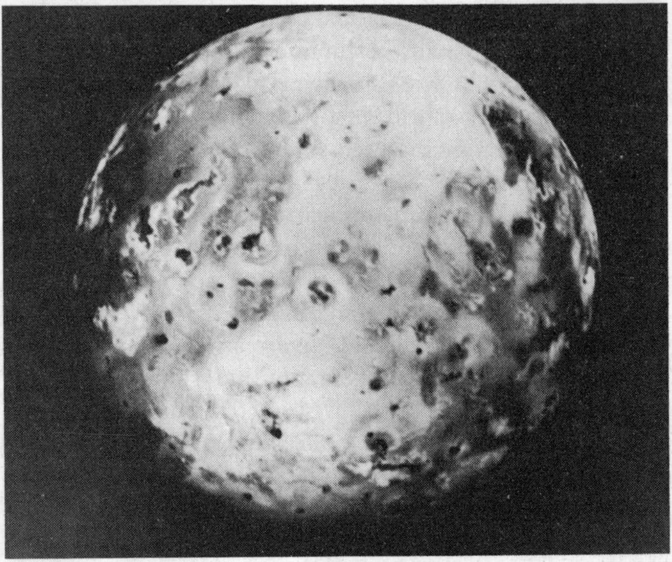

Der Jupitermond Io, Aufnahme der Voyager 1

Gestalt. Diesmal wird nicht die Illusion einer »Erinnerung« an ein einstmaliges Eigentum bemüht. Wenn heute eine asiatische Antike in den Rang des Vorbildlichen aufsteigt, dann geht es, jenseits von Eigenem und Fremdem, um den Geist des Alten als solchen. Man kann das auch so formulieren: Wir sind uns durch unsere Modernisierung selbst so unheimlich geworden, daß die altfremden Töne des Fernen Ostens uns auf einmal so anzuheimeln beginnen wie ein altvertrautes Idiom. Und wenn es auch eindeutig keine Muttersprache ist, die uns dabei so suggestiv berührt, so könnte es doch, vielen Wendungen nach, eine Schwestersprache der Muttersprache sein. Noch einmal anders gesagt: Die Destruktion unserer eigenen Überlieferungen durch die moderne Analytik hat unser Leben bis auf die Stümpfe abgetragen, das heißt bis auf das anonyme Bewußtsein des faktischen Sichvorfindens in einer zugleich eigenen und fremden Welt. Dieses Bewußtsein, das auf seine entwürfemachende Geworfenheit ins Da-Sein zurückgebracht ist, kann nun, um sich seine seltsame Lage klarzumachen, ebensogut die Sprache Buddhas wie die Sprache Platos lernen – sofern ihm jede Sprache eine Fremdsprache ist. Es kennt sich nun für immer als das, was sich nicht kennen und nennen kann – und wenn doch, dann in einer nichtwegdenkbaren Selbstverkennung, in einer unbedingten Theatralität. Vom Anonym dieser anarchischen Existenz ist der Weg zu Lao Tzu oder Tschuang Tzu nicht weiter als der zu Parmenides oder Augustinus, der Aufstieg zu Plotin und Hegel nicht steiler als der zu Nâgârjuna und Shankara, der Weg durch Aristoteles nicht trockener als der durch Patañjali, der Eintritt in die Seinsweise von Meister Eckhart nicht geheimnisvoller als der in die von Meister Dogen. Gleich ob sie östlicher oder westlicher Herkunft sind, schwebt über diesen alten Namen und Doktrinen die gleiche anstrengende Unwahrscheinlichkeit, die gleiche faszinierende Befremdlichkeit. Weil eben die Modernisierung unsere alteuropäischen Überlieferungen und Identitäten durch progressive Mobilmachung verdampft hat, ist uns das fremdeste Alte nicht mehr fremder als das bis vor kurzem noch Eigene.

Von hier aus wird die Pointe der asiatischen Renaissance im modernen Westen klar: sie bringt für uns die Frage nach den altweltlichen Voraussetzungen des Unternehmens Neuzeit so zugespitzt vors Bewußtsein, daß sie zwar unterschätzt, mißverstanden, bekämpft und mißachtet werden kann, sich aber bis zuletzt nicht mehr abschütteln läßt. Solange die Zeiten moderne Zeiten sein werden, solange werden sie heimgesucht von der Frage nach der Vereinbarkeit von menschlichen Lebensprozessen und Modernität. Da die menschliche Kultur erwiesenermaßen sehr alt ist und die Moderne sehr neu und unbewiesen, ist es nicht nebensächlich, zu erfahren, ob die Moderne die Überbietung des Alten mit den Mitteln des Neuen ist, oder ob ihre Neuheit dem Alten ein letztes Ende bereitet. Diese Frage ist so dringend geworden, daß der Unterschied zwischen Eigenem und Fremdem in diesen Dingen keine große Rolle mehr spielt. Seit uns das Fremdeste nicht mehr fremder ist als das alte Eigene, wird deutlich, wie sehr unser Weg ins Beispiellose *alle* altweltlichen Natur- und Kulturreserven zur Disposition gestellt hat. Weil es inzwischen unleugbar eine sich planetarisierende Moderne als »Mobilmachung überhaupt« gibt, drängt sich uns das Problem einer »Antike überhaupt« fast gewaltsam auf. Denn was nehmen wir vom Alten mit auf diese Reise ins Unerhörte? Welche Mitgiften aus der Alten Welt stiften noch einen Zusammenhang zwischen dem Gewesenen und dem Kommenden? Von welchen Provianten werden die folgenden Generationen auf ihrem weiteren Exodus zehren? Wie bleiben die Fähren in den modernen Welträumen mit den antiken Bodenstationen in Kontakt?

In diesen Fragen deutet sich an, daß die asiatisierende Renaissance weit über das hinausgeht, was in der graecisierenden Renaissance der frühbürgerlichen Mobilmachungszeit geschah und daß sie mehr und anderes ist als ein Kulturzitat, das unter Hinweis auf das maßgeblich Alte etwas beispiellos Neues entfesseln will. Weil sie bereits *nach* diesen Entfesselungen auftritt und einen Eindruck von dem, was Moderne sein kann, schon besitzt, stellt sie die Frage nach dem Alten auf viel radikalere Weise, als die Renaissance des 15. und 16. Jahrhunderts es tat, und sie stellt sie so, daß nach dem Alten nicht mehr nur als einem Vorwand fürs Neue gefragt wird.

Seit dem Neuen ohnehin die Welt gehört, ist der Moment gekommen, sich nach den Chancen des Alten als Altem zu erkundigen. Eine Renaissance ist die moderne Asiomanie in eben dem Maß, wie sie Partei für jenes Alte ergreift, das als Altkultur und als Altnatur auch für alle neuweltlichen Abenteuer die Voraussetzungen stellt. So macht die neue, asiomanisch verschlüsselte »Renaissance überhaupt« die Maßgeblichkeit des Alten in zweifacher Hinsicht geltend: sie betont zum einen, daß es die Moderne nicht gäbe, wenn diese sich nicht, als Benutzerin und Verbraucherin vormoderner Ressourcen, auf etwas stützen könnte, was von ihr, auf letztlich selbstdestruktive Weise, nur ausgebeutet, aber nicht regeneriert wird; sie beweist zum anderen, daß das neuweltliche Unternehmen die altweltlichen Vorgaben grundsätzlich überfordert, da die Moderne dem Antrieb folgt, auf einer endlichen Basis ein unendliches Projekt durchzuführen. Sie gehorcht diesem Antrieb, sofern sie sich metaphysisch als Sein-zur-Bewegung konstituiert hat. Dieses aktualisiert sich durch uns in der Produktion erweiterter Produktivität, im Willen zum höhergreifenden Willen, in der Vorstellung gesteigerter Vorstellbarkeiten, in der Kreation umfassender Kreativität, kurzum in der Bewegung zur Bewegung, *ad infinitum*. Als Sein-zur-Bewegung ist die Moderne als »Mobilmachung überhaupt« ausgezeichnet, das heißt als Sein-zur-Selbstvernichtung.

Die »Renaissance überhaupt«, die wir in den asiatisierenden Umtrieben des sensibleren Westens am Werk sehen, kommt nicht weniger als einem Wechsel des ontologischen Vorzeichens gleich.

Denn wenn es einen gemeinsamen Nenner für die Strömungen des altasiatischen Denkens gibt, dann diesen, daß sie den Sinn von Sein als Sein-zur-Ruhe-in-der-Bewegung fassen. Selbst wo, wie im Yoga, mit höchsten Mobilisierungen von Kräften im Sinne einer mystischen Physiologie gearbeitet wird, liegt der Fokus des Bewußtseins immer im Aufstieg zur Stille in der Kraft. Die asiatisierenden Tendenzen im Westen sind vielleicht nur ungeschickte Tastversuche in dieser Richtung – sie drücken die Ahnung aus, daß weniger als ein ontologischer Vorzeichenwechsel nicht genügen wird, um aus den »Modernisierungsprozessen« den fatalen Schub herauszunehmen. Wer heute nach einer Sprache der Demobilisierung sucht, der findet diese am ehesten im altöstlichen Raum, wo für die Kinetik des Lebenswillens andere Dramaturgien ausgebildet wurden als in der westlichen Mobilisierungszivilisation. Und nur durch Anleihen bei solchen Sprachen, die uns durch ihre ärgerliche Weisheit irritieren, läßt sich, wie unbeholfen auch immer, etwas von dem andeuten, was jetzt mitten in der weltweiten Bewegung zur Bewegung gesagt werden muß. Die unausdenkbare Zumutung, die in altasiatischen »quietistischen« Tonarten an moderne Ohren tönt, zielt auf die kinetische Demission der mobilisierenden Systeme und Subjekte. Aber können wir uns im Ernst unsere De-Automobilisierung denken? Ist uns eine Seinsweise vorstellbar, in der die System-Subjekte nicht mehr von ihren Selbststeigerungspropellern vorangetrieben würden? Gibt es für uns überhaupt eine Aussicht darauf, daß aus den Kräften des Subjekts etwas anderes würde als außenweltliche Beschleunigung, Bereicherung, Forschung und Ermächtigung?

Diese Fragen enthalten keine nachträglichen Dementis der Moderne aufgrund schlechter Erfahrungen mit dieser. Sie sind so alt wie die prononcierte Moderne selbst, ja sie waren untrennbar von dem superben frühromantischen Aufschwung, in dem ein offensiver Modernismus, getragen vom Elan der Selbstüberbietung, in seinen philosophisch besten Augenblicken über sich hinausfragte. Der Satz des Novalis

– »Man irrt sehr, wenn man glaubt, daß es Antiken gibt. Erst jetzt fängt die Antike an zu entstehen« – enthält schon den Schlüssel zu den postmodernen Renaissancen. Was aus den neuen Antiken heraufsteigt, sind die Schatten, die zum Licht der Moderne gehören. Je moderner, desto postmoderner – an dieser Formel führt kein Weg vorbei. Von dem Impuls der modernen Selbstmobilmachung ins Unendliche kann jenseits einer unmerklichen Grenze nichts unverwandelt überleben, es sei denn in der grenzenlosen Generosität postmoderner Mäzenate zugunsten von »Renaissancen« überhaupt.

Aus: *Les très riches heures* du Duc de Berry

II. Die andere Veränderung
Zur philosophischen Situation der Alternativbewegungen

»... einer ist ein Narr, zwei eine neue Menschheit.«
Robert Musil, *Die Schwärmer*

Jedes Zeitalter hat seinen eigenen Stil, mit der Welt unzufrieden zu sein. Jede selbstbewußt gewordene Unzufriedenheit mit der Welt trägt den Keim zu einer Kultur in sich.

Die heutige Unzufriedenheit mit der Welt zeigt unverkennbare panische Züge. Wer die Panik nicht spürt, ist nicht auf dem laufenden, vermutlich lebt er im Abseits vom Betrieb, in einer ungleichzeitigen Höhle, verschont, sich schonend, privatisierend, vielleicht auch glücklich, entrückt in eine Provinz, wohin keine Nachrichten gelangen. Um sich von der Panik fernzuhalten, müßte man fähig sein, an einem kleinen Glück zu bauen. Man müßte noch das alte psychische Immunsystem haben, das sich durch naheliegende Sorgen vor großen Fragen schützt. Aber Immunität gegen Panik ist zur Seltenheit geworden – genauso wie glaubhafte Weltfremdheit. Wer Zeitung liest und Pilze ißt, ist schon kontaminiert. Auch die konstruktiven Gemüter können es im Grunde nicht mehr weiter bringen als bis zu einer kleinen Positivität vor panischem Hintergrund. Der gute Wille hat keinen gemeinsamen Nenner mehr mit dem Weltlauf.

Das alles sagt, daß Panik keine massenpsychologische Fehlreaktion, auch keine persönliche Nervensache darstellt. Sie ist, um klassisch zu reden, eine Verfassung des objektiven Geistes, sie artikuliert eine adäquate Beziehung des Intellekts zu den Sachen, und wenn der Geist angesichts dessen, was ihm aufgeht, außer Fassung gerät, so hat er in der Sache recht. Dem panischen Geist geht es wie Vater Galotti: wer über gewissen Dingen den Verstand nicht verliert, der hat keinen zu verlieren. Panik erweist sich als die obligate Seinsweise des Bewußtseins, das ganz in seine Zeit eintaucht – in unsere Zeit. Man kann die Panik darum nicht annehmen oder ablegen wie einen äußerlichen Code, nur scheinbar ist es möglich, sie aufzustacheln oder zu beschwichtigen, ihrer Natur nach entzieht sie sich der Manipulation, weil sie älter ist als alle Kalküle – Panik entspringt letztlich nicht aus der Panikmache, sondern Panikmache schon aus der Panik.

In der Panik geht uns ein Grundzug der Wahrheit über den gegenwärtigen geschichtlichen Augenblick auf, mehr noch, ein Aspekt der Wahrheit über die brüchige Geschichtlichkeit zeitgenössischer Existenz. Wenn die Panik uns erfaßt, so ist uns deutlich geworden, wie die geschichtliche Zeit in uns vergeht: derart, daß an ihrem Ende so gut wie nichts geschehen sein wird. Unsere Geschichte – alles, was wir sind und haben – wird eines nicht allzu fernen Tages für niemanden mehr geschehen sein. Deswegen kommt Panik auf – und ist, sofern sie aufkommt, die intelligente Tönung des Augenblicks, in dem uns aufleuchtet, wie für uns die Zeit ins So-gut-wie-nicht-Gewesene verrinnt. Geschehen wäre mit uns nur dann etwas, wenn es eine Zukunft gibt, die ihre Vergangenheit – unsere Gegenwart – als ihre Herkunft festhält. Solches Festhalten war bisher die große Arbeit der zivilisatorischen Einbildungskraft, die dafür sorgte, daß das Gewesene »geschehen blieb«. Geschehen bleiben heißt: in Gedächtnisse eingehen. Weil wir aber das Ausbleiben einer Zukunft, die sich an uns erinnert, nicht ausschließen können, dringt die Panik als unvermeidlicher Zug in die Signatur der Gegenwart ein. Vor der panischen Weltansicht zerfällt

Das Jüngste Gericht. Photogravure nach einem Gemälde von Peter Paul Rubens

der ganze geschichtliche Zusammenhang, und aus der herkömmlichen Vergänglichkeit der Dinge wird mit einemmal eine panische Vergänglichkeit. Das ist, als ob sich in der Zeit ein schwarzes Loch öffnete, in dem alles verschwindet, was in der Zeit geschah. Ein Schwindelgefühl im Hintergrund, ein Riß im Film der Vorstellungen, ein Geschmack von Unwirklichkeit und Leere – und Panik wird zu der Art und Weise, wie das Ende der Zeiten für den einsichtigen Zeitgeist von jetzt an »da« ist. Um es ungeschminkt zu sagen: Panik ist die nachchristliche, die neopagane Version der Apokalyptik; sie kommt gleichzeitig mit der Reaktualisierung griechischer Motive aus dem antiken Fond herauf und besetzt den Raum, den die zurückweichenden jüdisch-christlichen Deutungen letzter Dinge offenlassen. Seit für den historischen Messianismus die Zeit abgelaufen ist, schlägt wieder die Stunde der panischen Welterfahrung.

Dies ist die Lage, die erklärt, warum der heutige Stil der Unzufriedenheit mit der Welt nicht anders kann, als ein panischer zu sein. Nicht geklärt ist damit, ob ein zur Selbstaffirmation durchgedrungenes panisches Bewußtsein auch zum Stilprinzip einer nachchristlichen Kultur taugt. Noch weniger ist etwas darüber gesagt, ob die Bewegungen, die sich als alternative geben, genügend geistige Substanz und Lebenskunst besitzen, um aus ihrer neuen Stellung zur Welt eine alternative Kultur hervorzubringen, in der Lebenshaltungen und Daseinsdeutungen für die bevorstehende Jahrtausendpassage Gestalt annähmen. Sicher ist nur, daß der makabre Unterton in der Formel panische Kultur seinen Grund in der Sache hat.*

* Es gibt u. W. nur einen nennenswerten Versuch, den Begriff Panik philosophisch ernst zu nehmen, jenen, den Hermann Broch in seiner »Massenwahntheorie – Beiträge zu einer Psychologie der Politik« unternahm. Dieser Versuch entstand unter dem Eindruck des Faschismus. Broch diagnostiziert, daß die Realängste, die nach dem Ersten Weltkrieg weite Teile der mitteleuropäischen, besonders der deutschen

Er deutet nicht nur den Wechsel von der religiösen Apokalyptik zur nachreligiösen Panik an, er läßt auch mit unangenehmem Realismus ahnen, daß die bevorstehende Ära eine Art von irdischem Purgatorium sein wird, in dem die noch rettbaren Sünder fatale Kuren durchzumachen haben. Denn die fälligen Lernprozesse der Gattung auf dem Niveau der großen sozialen und politischen Systeme lassen sich wohl nur in Ausdrücken einer diabolischen Autodidaktik beschreiben. Der geschichtlich bewegte Planet erscheint in dieser Sicht wie ein Mittelding zwischen Hölle und Volkshochschule, wo die armen Seelen in einem katastrophenreichen Selbststudium sich die Bedingungen ihres Überlebens einprägen müssen.

Im Anschluß an diese skandalträchtigen Reflexionen verwickeln wir die Engagierten an der alternativen Front in ein

Bevölkerung befielen, prä-panische Zustände auslösten. In diesen kündigen vollpanische Energien bereits ihre Eruption an. Vollpanik bedeutet die negative Ekstase; in ihr wird eine metaphysische Verzweiflung erlebt, das heißt Einschnürung des Ichs in Weltverlust, Untergangsnot, tödlicher Isolation. Menschliches Handeln ist unter dem Einfluß »paniköser« Zustände zum Schlimmsten fähig – vor allem, wenn die panische Energie sich in wahnhafte Programme eines Durchbruchs nach vorn kanalisiert. Die einzige Gegenmacht, die es mit diesen Energien aufnehmen kann, ist, nach Broch, die rationale Ekstase, in der sich das Individuum zu der Einsicht: Ich bin die Welt, entgrenzt. Für Broch ist es ein Kriterium authentischer Religion, daß sie die existentielle Urangst in rationalen Ekstasen überwindet, während es für dämonische Erweckungsbewegungen typisch ist, zu destruktiven Berauschungen zu verführen. Nur aus rationalen Ekstasen können Menschen Lebensbündnisse angesichts des Todes schließen: einen zuerst religiösen, dann sofort auch politisch-moralischen Sozialvertrag mit allen Mitlebenden. – Diese Spekulationen lassen sich heute geburtspsychoanalytisch weiterführen. Was nottut, ist eine politische Perinatalistik. Der Augenblick des Zurweltkommens ist für Menschenkinder zugleich ein Moment der Todesangst; in ihm liegt ein lebenslang wirksames panisches Reservoir. Bei steigendem gesellschaftlichem Krisendruck kann sich die Vernichtungsangst der Menschheit in kollektiven Negativekstasen entladen: Selbstmordprogramme aus panischer Todesangst. In einer Kultur des Zurweltkommens, die politische, therapeutische und religiöse Motive ins richtige Verhältnis zueinander bringt, würde die Panik des Weltverlusts zur Ekstase des Zurweltkommens transformiert. Wo diese Arbeit bewußt unternommen wird, kann von panischer Kultur die Rede sein – sie muß so heißen, weil man bei der anfänglichen brisanten Affektsituation anzufangen hat und nicht bei erbaulichen Zielvorstellungen.

historisches Gespräch. Warum? Weil zu zeigen ist, wie die militantesten Unzufriedenheiten mit der aktuellen Welt an einer sehr alten Geschichte des Unzufriedenseins mit dem Stand der irdischen Angelegenheiten Anteil haben. Die aktuellen Alternativen sind zum Teil die Partner, zum Teil die Erben von epochalen Alternativbewegungen, deren Anfänge bis in die Zeit des »Aufstiegs« der Hochkulturen zurückgehen. Daraus folgt, daß wir es heute nicht nur mit trivialen Bemühungen um die Reform übler Weltzustände zu tun haben, wie sie die Geschichtsbücher füllen, sondern mit einer ganz neuartig gedrehten und gefalteten Alternative zu einer vorausgehenden Alternativbewegung. Die Ökologen, die Autonomen, die Fundamentalisten, die Neureligiösen, die Grünpazifisten verfangen sich allesamt in einer von sehr weit her kommenden Geschichte von Revolten und Revolutionen, in denen sich ältere Unzufriedenheit mit der Welt schon ihren klassischen Ausdruck geschaffen hat. Um den philosophischen Ort der heutigen Alternativen positiv offenzulegen, müssen wir zwei Typen von Alternativität unterscheiden – den Ersten oder metaphysischen Typus von Differenz mit der Welt, der auf transzendente Überwelten oder utopische Gegenwelten zielt, und den Zweiten oder poietischen Typus von Differenz mit der Welt, der im Wirklichen selbst die Spur sieht, die ins Freie zeigt.

1. Panische Kultur – oder: Wieviel Katastrophe braucht der Mensch?

Beginnen wir mit einer lapidaren These: die Alternativen von heute sind bereits die Kinder der Katastrophe. Was sie von früheren Generationen unterscheidet und als erste Kandidaten für eine Panikkultur empfiehlt, ist ihre expertenhafte

Einstellung zu den Katastrophenpotentialen, von denen sie umgeben sind. In geschichtlicher Perspektive sind die Alternativen vermutlich die ersten Menschen, die ein nicht-hysterisches Verhältnis zur möglichen Apokalypse entwickeln. Zum ersten Mal geschieht es, daß man den Teufel nicht selber an die Wand malen muß, um die Flammenschrift auf ihr zu lesen. Dafür ist durch die Verhältnisse als solche schon ausreichend gesorgt. Die Apokalypse macht heute von selber auf sich aufmerksam wie die Leuchtinschriften am Broadway. Mit trockener Professionalität erstellt sie ihren eigenen Ankündigungstext. Apokalyptischer Alarm setzt keinen religiösen Seelensturm mehr voraus, Warnungen vor Untergängen implizieren nicht, daß prophetische Individuen sich zum Sprachrohr transzendenter Enthüllungen erklären. Das aktuelle Alternativbewußtsein zeichnet sich durch etwas aus, was man als pragmatisches Verhältnis zur Katastrophe bezeichnen könnte. Das Katastrophische ist eine Kategorie geworden, die nicht mehr zur Vision, sondern zur Wahrnehmung gehört. Heute kann jeder Prophet sein, der die Nerven hat, bis drei zu zählen. Ohnedies bedarf die Katastrophe weniger der Ankündigung als der Mitschrift, sie hat sprachlich ihren Platz nicht in apokalyptischen Verheißungen, sondern in den Tagesnachrichten und Ausschußprotokollen. Die Schrift an der Wand erscheint in *ordinary language*, und zu modernen Menetekeln gehören außer einer Sprühdose nur empirische Daten, etwa solche über die Ereignisse des Jahres 1986, das mit seinen Serien fataler Unfälle schon symbolische Eigenschaften erlangt hat.

Was kann der Ausdruck panische Kultur bedeuten? Läßt panisches Erleben Kultur überhaupt zu? Setzt Kultur, in dem Maß, wie sie auf Erwartungen, Wiederholungen, Sicherheiten und Institutionen aufgebaut sein muß, nicht die Abwesenheit, ja die Ausschließung des panischen Elements

Die Verdammten des Jüngsten Gerichts (1505). Fresko von Luca Signorelli im Dom zu Orvieto (Ausschnitt)

voraus? Wir votieren dafür, daß das Gegenteil der Fall ist. Nur durch die Nähe zu panischen Erfahrungen sind lebendige Kulturen möglich – erst die gelegentlich erlebte Gegenwart des Maßlosen legt einen gemäßigten menschlichen Bezirk frei, in dem sich die Dinge kultivieren lassen, für die wir zuständig sind. Der griechische Pan war mit einem seiner Attribute der Gott der Mittagsstunde, wenn die Schatten am kürzesten sind und wenn die vom Licht zu Boden geschmetterte Welt unter seiner Gegenwart den Atem anhält. Der moderne Panikbegriff vergißt diesen Zusammenhang zwischen Gegenwart, Offenbarung und Schrecken – woran er sich erinnert, ist nur das kinetische Motiv der blinden Flucht. Er weiß vor allem das Wichtigste nicht mehr: daß erträgliches menschliches Leben immer eine Insel im nicht

Erträglichen ist und daß die Existenz von Insulanern nur durch die Diskretion des hintergründig gegenwärtigen Ozeans gewährleistet ist. Die Welt, die uns sicher ist, ist darum immer auf eine entweder (judäochristlich) apokalyptische oder (heidnisch) panische Folie gesetzt. Die Moderne aber will Gegenwart ohne Tränen. Für sie ist Kultur der Zustand, wo sich die Frage nach der Herkunft von Wasser durch die Existenz von Wasserhähnen beantwortet, genauso wie sich das Problem der Herkunft von »Wahrheit« durch das Geschäft von Wissenschaftlern erledigt. Eine panische Kultur würde man sofort an ihrem Respekt vor Wasserhähnen erkennen; es könnte doch sein, daß man an einem dreht, und der Ozean kommt heraus. Auch mit den Wissenschaften ginge es ihr nicht anders, zumal aus diesen seit langem Dinge herauskommen, unter denen sich die Welt mit demselben Recht zusammenducken dürfte wie einmal Menschen und Tiere unter dem panischen griechischen Mittagslicht.

Einige Fragen sind jetzt unvermeidlich. Braucht somit die Alternativkultur die Katastrophe? Ist sie, wie manchmal geargwöhnt wird, insgeheim mit den Katastrophen im Einverständnis? Muß sie nach Unheil süchtig sein, weil nur dieses ein Klima schafft, in dem alternative Ideen Zulauf gewinnen? Ist die Katastrophe für die Einleitung einer anderen Entwicklung unentbehrlich, so wie eine Lehrmeisterin unentbehrlich sein kann, die auch die widerspenstigsten Gemüter zuletzt von ihren Lektionen überzeugt? Brauchen Menschen überhaupt die Katastrophe, weil sie erzogen werden müssen, und können sie nur erzogen werden, indem sie durch die Schule des Schlimmsten gehen? Sind folglich nicht die realen Hoffnungen der Alternativbewegungen an katastrophendidaktische Kalküle geknüpft – sofern es wahr ist, daß nur noch der Anschauungsunterricht des Schlimmen eine Wendung zum Besseren einleiten kann?

Was Katastrophendidaktik bedeutet, ist für den Autor erstmals in den Tagen des Reaktorunfalls von Harrisburg auf Three Mile Island 1979 einschneidend deutlich geworden. Während damals der außer Kontrolle geratene Reaktor kochte und man den Atem anhielt, ob die Höllenmaschine in die Luft fliegen würde, beobachtete er bei sich selbst und vielen anderen ein unheimliches Phänomen. Natürlich konnte sich niemand über die Verwüstungen im unklaren sein, die eine Explosion des Meilers nach sich gezogen hätte, auch konnte niemand garantieren, daß die Vorstellung sicherer räumlicher Entfernung vom Geschehen bei Unfällen solchen Typs ihren herkömmlichen Sinn behalten würde. Dennoch: Es lag in den Tagen von Harrisburg eine Option *zugunsten* der Katastrophe in der Luft, man verspürte eine listige Sympathie mit den explosiven Substanzen in dem Reaktorgehäuse. Es war, als ob die tödlich strahlenden Massen nicht nur eine physikalische Größe darstellten, sondern auch eine kulturkritische Botschaft enthielten, die es verdient hätte, freigesetzt zu werden. Die kleine immoralistische Neurose angesichts des defekten Atommeilers war darum nicht nur eine milieuspezifische Perversität, nicht nur Zeichen von Pyromanie oder Beleg für die makabre Neigung des menschlichen Nervensystems, sich durch immer stärkere Reize Erregungsgewinne zu verschaffen. In ihr kam eine ganze Denkweise mit ihrer schillernden Fragwürdigkeit zutage. Die Option für den Knall war ja ihrer Logik nach nichts anderes als eine pädagogische Hypothese über die didaktischen und gesinnungswandelnden Energien, die von *wirklich geschehenden* Katastrophen ausstrahlen.

Erst Tschernobyl brachte die unterschwelligen katastrophenpädagogischen Implikationen von Harrisburg an den Tag. Wenn nämlich das Schlimmste faktisch eintreten muß, bevor ein Umlernen einsetzen kann, so war der Vorfall von

Das Jüngste Gericht. Fresko von Michelangelo (Ausschnitt)

Harrisburg unter dieser Optik »nicht schlimm genug«. Weil die große Explosion ausblieb, konnte die Harrisburgkatastrophe nicht das Niveau erreichen, auf dem die Katastrophendidaktik ihre düsteren Kalküle entwickelt. Es ist das Niveau, auf dem man glaubt, zwingende Zusammenhänge zwischen Unglück und Einsicht knüpfen zu können. Solche Zusammenhänge entstehen, dieser heiklen Logik zufolge, durch eine ins Riesenhafte gesteigerte Anwendung des Grundsatzes, daß, wer nicht hören will, fühlen muß. Tatsächlich birgt das katastrophenpädagogische Denken das Versprechen, daß sich auch größtes Unheil durch anschließendes Lernen auf ein menschliches Maß beziehen – das heißt in den Bereich vernünftiger Maßnahmen zur Verhinderung seiner Wiederholung bringen läßt. Folgerichtig machte nach Harrisburg das Wort Warnkatastrophe im Vokabular der Alternativen Karriere – ein Wort, das die Hoffnung zusammenfaßt, Katastrophen möchten in sonst unbelehrbare Bewußtseine wie Sonden vordringen und in ihnen neue Einsichten entzünden.*

Diese verzweifelte Lerntheorie wirft ein Licht auf den Stand des Unternehmens, das sich seit dem 18. Jahrhundert Aufklärung nennt. Diese begann als Utopie der zwanglosen Hinführung zur besseren Einsicht. Sie wollte gerade durch die sanfte Stringenz des selberdenkenden Hinhörens auf die »Stimme der Vernunft« die Gewalt außer Kraft setzen, die uns ins Fleisch schneidet, wenn's ans Fühlen geht. Inzwischen sind aber auch gutgesinnte alte Aufklärer nicht mehr weit davon entfernt, sogar die Katastrophe als letztes päd-

* In wenigen Jahren ist dieses Denkschema offizialisiert worden. Auf dem Berliner Seminar des Aspen-Instituts über »Perspektiven für das 21. Jahrhundert« sagte Bundespräsident Richard von Weizsäcker mit Blick auf den New Yorker Börsenkrach im Oktober 1987, er sei »eine jener kleinen Katastrophen, die wir so dringend brauchen, um zu verstehen, wie wir große Katastrophen abwenden können«. Zitiert nach: Die Presse, 29. Okt. 1987, S. 2.

agogisches Mittel in den Lehrplan der Menschheit aufzunehmen, wenn wirklich nur an ihr noch etwas gelernt werden kann. So verrät sich, wie die klassische Aufklärung mit ihrem auf Argumentation gegründeten Wahrheitsbegriff kläglich in die Defensive geraten ist. Kein Mensch glaubt im Ernst, daß sich auf dem Weg des Hörens noch Wesentliches erreichen läßt. »Und das Fühlen sei willkommen / Denn das Hören hat versagt.« Nicht wenige von den Unermüdlichen aus der alten Aufklärungstruppe wären heute schon froh, wenn wenigstens eine Kur des Fühlens angesichts von ins Fleisch schneidenden Katastrophen im letzten Augenblick ein wenig zur Wahrheitsfindung im »zivilisatorischen Prozeß« (ah, dieses Wort, diese Löcher in den Wangen) beitrüge. Daher der seltsame affektive Zug zum *real geschehenen* Verhängnis. Die Katastrophe wird es *ihnen* zeigen! Das real gegenwärtige Unheil schließt allem Anschein nach die Lücke zwischen dem Argument und der Offenbarung, sie überbrückt den Abstand zwischen dem Appell ans vorstellende Bewußtsein und der Überwältigung durch anwesende Evidenzen. Die Katastrophe ist somit die schlagende Umkehrung eines Wunders –: kein Wunder, und warum keines? Weil schnurgerade Konsequenz dessen, was die verblendeten Aktivisten treiben. Der real gegenwärtigen Katastrophe kommt somit eine gewaltige wahrheitstheoretische Funktion zu: sie ergänzt das bloße Argument und bringt das sonst nur Vorgestellte massiv in die Anwesenheit. Indem sie das Evidenzgefälle zwischen Hören und Fühlen überbrückt, ordnet die didaktische Katastrophe die epiphanische Ereigniswahrheit der diskursiven Vorstellungswahrheit über. Damit führt das Problem des Lernens an Katastrophen ins logische Zentrum von Aufklärung und Moderne. Die Moderne ist ja das Unternehmen, in welchem die menschliche Intelligenz sich nicht damit begnügen kann, richtige Sätze über die Welt zu äußern; sie kann sich erst dann für befriedigt erklären, wenn sie selbst aktiv dafür gesorgt hat, daß mit der Welt im ganzen das Richtige geschieht. Dieses aktive Sorgen fürs Richtige steckt aber in der radikalsten Krise. Denn wenn jetzt auch noch die menschengemachte Katastrophe zum Lernen, wie man es richtig macht, beisteuern soll, so bezeugt dies auf fatale Weise, wie die Moderne an ihrer Konzeption erlernbaren richtigen Handelns unter der Führung von Erfolg und Wahrheit irre geworden ist.*

Die Hoffnung auf ein Lernen am Schlimmsten in letzter Minute läßt sich nur noch schwer von der Verzweiflung an der Möglichkeit des Lernens überhaupt unterscheiden.

Vier kurze Anmerkungen werden im folgenden die Risiken und Grenzen des katastrophendidaktischen Denkens illustrieren. Erst aus dem Scheitern dieser desperaten Lerntheorie wird plausibel, warum Alternativkulturen nur als Kultur der Panik möglich sein werden. Diese Anmerkungen liefern Kommentare zu einer Frage, die jedem Zeitgenossen auf den Lippen liegt: was noch passieren muß, bevor etwas geschieht? Praktisch gewendet könnte das auch heißen: Welche Größenordnung müßte eine Katastrophe haben, ehe von ihr der erwartete allgemeine Erkenntnisblitz ausstrahlt? Von welchem Punkt an wären Katastrophen Evidenzgründe für radikale mentalitätsverwandelnde Einsichten? Wie schlimm muß es kommen, bevor es besser kommen kann? Muß es überhaupt schlimm kommen? Ist der unterstellte Zusammenhang zwischen Unglück und Einsicht gültig?

* Ein Monument dieses Irrewerdens ist Martin Heideggers Aufsatz *Vom Wesen der Wahrheit* aus dem Jahr 1930. In ihm durchschlägt die Krise der Vernunft-die-es-richtig-macht den klassischen Bezirk der Wahrheit, sofern diese als Richtigkeit, Adäquation und (Mit-)Teilbarkeit vorgestellt worden war. Hinter ihm öffnet sich nun ein Raum von (Un-)Wahrheitsereignissen, die sich als seinsgeschichtliches Ent-(ver)bergungsgeschehen in souveräner Kriterienlosigkeit vollziehen.

Hendrick Goltzius, *Ikarus* (1588). Kupferstich nach Cornelis van Haarlem

Wie problematisch eine Antwort auf diese Fragen sein muß, ja wie problematisch die Fragen selbst schon sind, wird von der ersten Anmerkung an deutlich. Es gibt offenbar kein *quantitatives* Maß, das als »didaktisch« zureichende Größe des Unglücks angenommen werden könnte. Menschliche Bewußtseine besitzen auf vielfache Weise die Fähigkeit, gegen katastrophische Evidenz immun zu bleiben. Vermutlich hält sich die stumme Mehrheit immer außerhalb des möglichen Wirkungsradius großer Unglücke auf. In der Moderne kommt hinzu, daß die Bürger dieser Epoche ihre Zeit längst wieder als schicksalartiges Geschehen erfahren, das sich auf keinen vernünftigen Willen abbilden läßt. Der zweite Fatalismus, der allenthalben erwacht, gehört zu einem Bewußtsein, das merkt, wie sehr auch heute die Dinge anders kommen, als man denkt. Im übrigen haben die mächtigsten Gruppen der modernen Gesellschaften politisch, ideologisch, unternehmerisch und vital so viel in die gefährlichsten Mobilmachungstechniken investiert, daß selbst Unfälle größten Ausmaßes keine prinzipiellen Zweifel am Kurs und an der Gangart des zivilisatorischen Prozesses auslösen dürfen. Es gibt in diesen Kreisen massenhaft irreversibel auf Mobilmachung geeichte Mentalitäten, die im Bunker ihrer Reflexe jeder Erschütterung standhalten. An solchen Strukturen prallt die Evidenz der auch real anwesenden Katastrophe ab. Für sie findet die Offenbarung nicht statt. Zuletzt sind Bewußtseine härter als Tatsachen, und wer nicht hören wollte, als Hören noch möglich war, der wird sich auch gegen das Fühlen unempfindlich machen.

Treffen diese Überlegungen zu, so wird die Unterstellung, Harrisburg sei noch nicht schlimm genug gewesen, um etwas Entscheidendes daraus zu lernen, in ihrer Fragwürdigkeit doppelt durchschaubar. Offensichtlich wird hier die Katastrophe wie ein Quantum konzipiert, das nach allopathischen Prinzipien in höheren Dosierungen stärkere Wirkungen hervorruft. Mit dieser Logik gerät man sofort in die peinlichste Eskalation. Noch lange werden die Opfer von Tschernobyl in fürchterlichen Agonien liegen, da wird sich die eifrige Didaktik wieder melden und sagen: auch Tschernobyl war nicht schlimm genug, weil ja die Internationale der Weitermacher entschlossener denn je zusammenhält.

Hans Bock d. Ä., *Engelssturz?* (1582)

Die unerbittliche Konsequenz hieraus kann nur sein, daß noch mehr passieren muß – bis wohin?

Die Pädagogisierung der Katastrophe scheitert schließlich auch an einer ästhetischen Subversion. Weil in der Moderne eigentlich keine metaphysischen oder moralischen Sinngebungen für große Unglücksfälle mehr möglich sind, kann man die Katastrophenbilder nicht mehr ohne weiteres mit moralischen Legenden versehen. In dem Maß, wie die »Lesbarkeit« der Katastrophen endet, wird ihre phänomenale, ästhetische Sichtbarkeit offengelegt. Der Autor hat am Tag nach dem Challenger-Unglück im Januar 1986 an der Kunstakademie von Karlsruhe einen Vortrag über Kriterien postmoderner Ästhetik gehalten, dem sich eine Diskussion mit dem Publikum anschloß. Dabei meldete sich ein nicht mehr ganz junger Student in schwarzem Hemd und grauem Hut zu Wort und bekannte sich in fast triumphierendem Ton dazu, daß er die Fernsehbilder von der explodierenden Rakete genossen habe. Nach dieser Konfession saß man einen Augenblick lang mundtot da – man befand sich plötzlich im Auge des Zyklons, man wußte, daß dies aus dem Zentrum der modernen Kinästhetik gesprochen wurde, in der die Welt zu einer Flucht von »Bildern« verwirbelt wird. Mit solchen Erinnerungen wird man skeptisch bleiben gegen die Aussicht auf Erleuchtung durch Katastrophenevidenz. Im günstigsten Fall kommt dabei ein dämonischer Kantianismus zustande, der den Begriff des Erhabenen aus der *Kritik der Urteilskraft* auf Reaktorexplosionen und auf den Anblick biologisch toter Ozeane übertrüge.

Die zweite Anmerkung zur Katastrophendidaktik knüpft bei dem Topos »Durch Schaden Klugheit« an. In ihm ist die älteste Lerntheorie der Menschheit aufbewahrt. Er enthält die Einsicht, daß nur gebrannte Kinder das Feuer begriffen haben. Weil Intelligenz zunächst keine theoretische Größe

Saturn, Aufnahme der Voyager 1

ist, sondern eine Verhaltensqualität von umweltoffenen Lebewesen darstellt, muß sie durch die Schule des Feuers gehen. Ohne praktische Verbrennungen kein überlebenstüchtiges Verstehen. Die Welt tut nicht überall gut und toleriert nicht alle Möglichkeiten des Verhaltens. Um die von der Welt vorgezeichnete Selektivität zuverlässig zu verkörpern, muß sich ein Warnschmerz ins Nervensystem eingravieren. Menschliche Weisheit ist von alters her an die Engramme des Leidens gebunden. Hierdurch scheint das katastrophendidaktische Denken zunächst gerechtfertigt, denn dieses geht von der Annahme aus, die Menschheit könne in einem epochenübergreifenden Lernprozeß aus Atomschaden klug werden. Dieses Klugwerden wäre identisch mit dem uns bevorstehenden

Akt im »Drama der Gattungsgeschichte«. Weil die Menschheit ihren Weg ins Niedagewesene als ein Schüler ohne Lehrer betritt, müßte sie sich selbst beibringen, was sie von keinem anderen lernen kann. Sie muß es aushalten, sich zur Autodidaktik auf Leben und Tod verurteilt zu sehen. Ihr Studienziel klingt märchenhaft: sie soll sich aus eigener Kraft von der Zwangsgemeinschaft der tödlichen Dummheit in eine Ökumene der Intelligenzen transformieren. Offenbar werden an ihr autodidaktisches Genie unerhörte Anforderungen gestellt. In einem opferreichen Selbststudium wird sich erweisen, ob die Menschheit sich über sich selbst und ihre planetarische Lage belehren kann, oder sie sich weiterhin als lernbehindertes Subjekt herausstellt.

Mit der Frage nach der Lernfähigkeit der Gattung wird der kritische Punkt berührt: die Menschheit ist *a priori* lernbehindert, weil sie kein Subjekt ist, sondern ein Aggregat. Wenn wir von »der Menschheit« reden, so bilden wir einen Allgemeinbegriff, der nur als allegorisches Subjekt durch spekulative Sätze geistern kann – Sätze, von denen das Zeitalter der Aufklärung einen sorglosen Gebrauch gemacht hatte. Was heute als Krise des aufklärerischen Universalismus erscheint, ist in der Sache der Übergang vom Stadium der humanistischen Gattungsallegorien in das einer harten Ökologie lokaler Intelligenzen. Diese Ökologie beginnt erst nach vollzogener Einsicht, daß die Menschheit kein Ich hat, keine intellektuelle Kohärenz, kein zuverlässiges Wachheitsorgan, keine lernfähige Reflexivität, kein identitätsstiftendes gemeinsames Gedächtnis.*

Darum kann die Menschheit nicht klüger sein als ein einzelner Mensch – ja, sie kann als ganze nicht einmal so klug

* Alle diese Negationen gelten historisch: bisher nicht. Es bleibt abzuwarten, ob aus der Wahrnehmung dieser Mängel ein Äquivalent für das bisher Fehlende entstehen kann.

werden wie ein Individuum, das am eigenen Leib gelernt hat. Das Aggregat, das wir Menschheit nennen, hat keinen eigenen Leib, an dem es etwas lernen könnte, wohl aber einen fremden Leib, ihren Wohnort, die Erde, die nicht klug wird, sondern sich in eine Wüste verwandelt. An diesem Tatbestand scheitert das klassische Modell des Lernens aus Schaden. Alle künftigen Lernprozesse auf Gattungsebene werden von einem fast unlösbaren Transmissionsproblem belastet sein – der Frage, wie sich erworbene und verkörperte Intelligenz von klug Gewordenen auf Unkluge übertragen läßt, allgemeiner gesprochen, wie sich individuierte Einsichten in soziale Institutionen und technische Systeme einbauen lassen. Nur Individuen können weise sein, Institutionen sind im günstigsten Fall gut konzipiert.

Die dritte Bemerkung betrifft nicht die Subjektlosigkeit der »Menschheit«, sondern die Subjektlosigkeit der Katastrophe – wenn die Redeweise erlaubt ist. Eine Ahnung davon verrät der Alltagsverstand, wenn er seiner Gewohnheit folgt, große Unglücke fatalistisch zu interpretieren. Die Fatalität wird unter dem Schema des anonymen Ereignisses gedacht. Hingegen ist es für die Katastrophendidaktik entscheidend, noch das massivste Desaster unter dem Schema der persönlichen Handlung aufzufassen. Die Katastrophe als Ereignis hat nicht die gleiche Grammatik wie die Katastrophe als Handlung. Von der ersten sagen wir: *es* ist passiert, *es* ist über uns hereingebrochen; von der zweiten: *jemand* hat es getan, *jemand* hat es soweit kommen lassen. Nur wenn die Katastrophe ein Subjekt hat – man kann auch sagen einen Schuldigen –, ist es sinnvoll, sie als Stimulus für selbstkritisches Umlernen zu deuten. Damit nach Katastrophen ein Lernen möglich wird, ist ein Subjekt zu unterstellen, das die Katastrophe als die *seine* versteht und sie als eigene Tat auf sich bezieht. Nur »begangene« Katastrophen

Hendrick Goltzius, *Phaeton* (1588). Kupferstich nach Cornelis van Haarlem.

können diesen Reflexionsbogen ausbilden, der den Täter auf dem Umweg über das Ereignis mit sich selbst konfrontiert. Nur die Katastrophe als Handlung erzeugt diesen Rückprall, der das scheinbar unpersönliche Unheil einem bestimmten Subjekt als seine bisher verborgene »wahre Wirklichkeit« vor Augen stellt. Die Katastrophe verstehen heißt demnach, eine Art von ödipaler Ermittlung in Gang zu setzen: nur insofern das geschehene Unheil ein indirektes Verbrechen ist, mutet sie einem unbewußten oder hybriden Täter die Metanoia, das Umdenken, die Umkehr zu. Somit sind hier wie in jedem moralisch urteilenden Denken die Auslegung des Ereignisses als Tat und die Identifizierung eines Täters unentbehrlich.

Es bleibt aber fraglich, ob ein Unfall wie der von Tschernobyl in der Zurechnung zu einem Täter aufgehen kann. Ist Tschernobyl, von den betriebstechnischen Aspekten und allgemeinen Pannenrisiken abgesehen, nicht auch auf eine anonyme und nicht zurechenbare Weise ein Resultat von epistemologischen und soziokulturellen Entwicklungen, die, auf jahrtausendealten Prämissen aufbauend, in Nukleartechnologie münden? Kann man in Prozessen solcher Größenordnung noch Schuldige suchen und Verantwortung zumessen? Man hätte ein Recht hierzu dann, wenn es gelänge zu zeigen, daß diese gesamte Entwicklung das Geschehen ist, in dem der okzidentale Menschentypus seinen unverkennbar eigentümlichen Willen zur Macht theoretisch ausgearbeitet, technokratisch realisiert und in Form einer planetarischen Naturverknechtungspolitik durchgesetzt hat. Der Täter ließe sich dann als das Subjekt der westlichen Verstandes- und Willenskultur identifizieren und sich bis in jeden einzelnen Bürger der Moderne zurückverfolgen, sofern jeder von uns sich aus einer objektiven Komplizenschaft mit diesem imperialistischen, naturverbrauchenden Ego verhält. Alle Teilhaber der Moderne wären demnach Mitglieder seiner Urhorde, die durch das gemeinsam begangene Verbrechen des Muttermords zusammengeschweißt würden.

Nehmen wir für einen Augenblick an, es könne sich so verhalten, wie diese Spekulation es unterstellt. Müssen wir dann die Ermittlungen nicht erst recht weiterführen und dem modernen Täter-Ich in das Schicksal seiner Ichwerdung folgen?

Wodurch wurde in diesem Täter der Wille zur Naturbeherrschung geweckt? Wer oder was gab ihm die Waffen zu seiner Tat in die Hand? Durch welche Geschichte konnte dieses naturbeherrschende Subjekt am Ende auch Herr des nuklearen Feuers werden? Wie wurde der Wille zur Herrschaft in ihm in Stellung gebracht, und welche Umstände der Machtergreifung haben seinen Weg in genau dieses Wollen und dieses Können ermöglicht? Ist vielleicht diesem Willen zur Macht ein Zwang zum Wollen vorgeordnet? Ist vielleicht eine gewisse Ichwerdung ihrem Wesen nach etwas ebenso Katastrophisches wie eine Reaktorexplosion? Stößt das naturzerstörungsmächtig gewordene Ich nicht auch sich »selbst« zu wie ein anonymes Verhängnis? Und steht darum nicht auch das potente Tun und Können der Moderne zu sich selbst im Verhältnis eines Leidens und einer Ohnmacht?

Diese Fragen werden gestellt, um zu zeigen, daß sich auch die »begangene« Katastrophe in letzter Instanz nie in den Horizont von Tat und Täter einschließen läßt. In ihnen wird die Grenze überschritten, die eine Logik des verantwortbaren Handelns von der Logik der tragischen Handlung trennt. In der tragischen Handlung ist nicht nur die Tat das Produkt des Täters, sondern der Täter selbst das Ergebnis des Geschehens. Das dramatisch-tragische Bewußtsein kristallisiert sich erst am Ereignis selbst aus – und es folgt darauf kein »Lernprozeß«, weil an der tragischen Handlung deutlich wird, daß die Katastrophe und ihr Täter aus derselben Substanz gemacht sind. So könnte Tschernobyl in die Tragödie des Könnens und Wollens gehören, in der die Täter und ihre Katastrophe aus demselben Geschehen hervorgehen – aus der Geschichte der kognitiven Mobilmachung des Subjekts und des Planeten.

Die vierte Anmerkung gilt dem Verhältnis von Wahrheit und Katastrophe selbst. Wenn Katastrophendidaktik ein

Licht auf die Agonie der Aufklärung wirft, dann ist zugleich eine Agonie der Wahrheit im Spiel. Tatsächlich kann uns der Gedanke, daß die Katastrophe »etwas enthüllt«, nur darum so suggestiv berühren, weil wir Wahrheit immer schon mit Enthüllung – griechisch Apokalypse – in Zusammenhang gebracht haben. Seit jeher wird Wahrheit, sofern sie »erscheint«, als Ans-Licht-Kommen oder als Offen-zutage-Liegen vorgestellt. Insofern enthält jede Art von Aufklärung ein Drama des Lichts oder der Beleuchtung – ohne dieses photologische Element wüßten wir nicht, was Wissen überhaupt bedeutet und wieso es stets die Lichtseite der Dinge ist, die dem Erkennen zugekehrt ist. Sofern für uns die Möglichkeit einer Erkenntnis von »Wahrheit« an den Hervorgang von zuvor dunklen Sachen ans Licht gebunden ist, hat auch die jüngere Aufklärung als photophorischer Prozeß weitreichende Investitionen in dieses Lichtungsmodell von Wahrheit gemacht.

Doch wir erleben eine Agonie der Wahrheit. Die alte Allianz zwischen Licht und Wahrheit – der photologische Pakt der okzidentalen Rationalität – ist zerrissen, seit wir das Lichtbringende als das Todbringende einsetzen können. Die Kernwaffen machen auch philosophisch Geschichte. In photologischer Sicht vollzieht sich Wahrheit als Aufdekkungsgeschehen auf einer dreistufigen Skala: diese steigt von der natürlichen oder künstlichen Beleuchtung dichter Körper, die durch ihre autarke Reflexion zur Sichtbarkeit kommen, über die aktive und invasive Körperdurchleuchtung bis zur finalen Umwandlung von Körpern in Licht auf. Die photologische Aufklärung erfaßt alle möglichen Gegenstände unter dem Gesichtspunkt ihrer Beleuchtbarkeit, Durchleuchtbarkeit, Verlichtbarkeit. Wenn Aufklärung in sich selbst eine dramatische Finalität hat, dann liegt diese darin, die anfängliche Differenz von Licht und Materie, wie sie bei einfacher Beleuchtung auftritt, in einer terminalen Verlichtung der Materie zu tilgen. Solange die Aufklärung noch im mittleren (analytischen) Stadium der Durchleuchtungslogik operierte, war das Ende ihrer Bewegung zum Licht für sie selbst nicht absehbar – transparent wurde die lichtkinetische Dimension des Prozesses erst in dem Augenblick, als die moderne Nuklearphysik das Niveau der radikalen Verlichtung von Materie erreicht hatte. Die photokratischen Spitzentechnologien ziehen die Konsequenz aus dem photologischen Prozeß, indem sie Materie direkt in »Licht« verwandeln – heller als tausend Sonnen. Was kann man aber in diesem Licht noch erkennen? Wäre denn das Licht der Nuklearexplosion eines, unter dem die Welt etwas über ihre Lage lernt? Oder wird nicht dieses Licht selbst zum letzten Faktum: zum Verschwinden der Dinge im Lichtsturm? Statt Licht in die Angelegenheiten zu bringen, schafft das verlichtende Licht die Sachen gemeinsam mit denen, die sie erkennen wollten, aus der Welt.

Etwas von diesen Paradoxien kommt auch in den Spekulationen der Katastrophendidaktik zur Auswirkung. Wer auf das Lernen an der Katastrophe setzt, erwartet von der Explosion, daß sie Licht ins Dunkel der Köpfe bringt. Die Warnkatastrophe soll selber die Katastrophenwarnung sein. Die real geschehende Verlichtung soll das Licht sein, das unseren zivilisatorischen Prozeß kritisch durchleuchtet. Wer in dieser Logik zu Ende denkt, kommt zu einem fatalen Schluß: nur der real geschehende Weltuntergang wäre eine überzeugende Warnung vor dem Weltuntergang. Nur das real vollzogene Desaster brächte den Beweis für eine Wahrheit, die apokalyptisch und gegenwärtig zutage treten muß, um ganz wahr zu werden. Somit wäre die einzige Katastrophe, die allen einleuchtet, die Katastrophe, die keiner überlebt.

Wenn sämtliche Möglichkeiten, die Katastrophe zu pädagogisieren, durchgespielt und in ihrem notwendigen Scheitern begriffen wurden, sind dem geschichtemachenden Reflex der Flucht nach vorn die Wege verbaut. Die Kräfte, die die Katastrophe produzieren und sich zugleich vor ihr retten wollen, stauen sich auf einmal in sich selbst. Nicht: rette sich, wer kann!, sondern: erkenne die Lage! wird zum Epochenkennwort. Damit entsteht eine Situation, in der das panische Bewußtsein sich zur Kultur entwickeln könnte. Zuvor bleibt alles Biedermeier mit Raketen. Erst die durchlebte Panik befreit von den didaktischen Illusionen – sie ist die Brücke zu einem Bewußtsein, das sich auch von der Katastrophe nichts mehr erhofft, schon gar keine zivilisationskritischen Offenbarungen. Panische Kultur beginnt dort, wo die Mobilmachung als permanente Flucht nach vorn endet. Darum würde die »Geschichte« einer panischen Kultur in einem chronischen Ende der Geschichte spielen – die kinetischen Motive, die bisher Geschichte gemacht haben, würden in ihr durch eine explizite Kultur gezähmt, deren Anstrengung darin bestünde, den Einbruch neuer geschichtemachender Impulse aus präzisem posthistorischem Wissen über die Katastrophe der geschichtlichen Mobilmachung zu verhüten. Dadurch wird eine bisher esoterische Bewußtseinsform, die im spirituellen Jargon Erleuchtung heißt, zur öffentlichen Angelegenheit. In einer panisch-ekstatischen Kultur vollzögen ganze Populationen den Akt, der früher nur von versprengten einzelnen geleistet wurde – den Sprung des Bewußtseins ans Ende der Zeiten inmitten der Zeit und den Austritt des Subjekts aus der Kausalität von Flucht und Hoffnung. Damit wäre die posthistorische Kultur der Panik die einzige Alternative zu der Kultur der historischen Mobilmachung, die bereits jetzt keine Geschichte mehr vor sich hat, nur noch einen Countdown.

2. Die Erste Alternative – Metaphysik

Alternativkulturen entstehen, wenn Menschen eine unaufhebbare Differenz mit der Welt haben. Deswegen können die Alternativen von heute nicht als Erfinder der Alternative gelten. Sie sind nicht die ersten, bei denen das Nichteinverständnis mit dem Stand der Welt selbstbewußt und grundsätzlich geworden ist. Wer wissen will, was Alternativkultur in einem radikaleren Sinn bedeutet, muß in abgesunkenen Schichten unserer Ideentradition graben. Wenn wir einige Jahrtausende zurückgehen, wird die archäologische Suche nach Spuren eines alten Protests gegen die Welt fündig. Dort stoßen wir auf Sedimente, in denen die Anfänge der Hochreligionen und der metaphysischen Weltauslegungen zutage kommen. Was Metaphysik als philosophisches Phänomen darstellt, steht hier nicht zur Diskussion, auch ihre grundbegrifflichen Strukturen und die Varianten ihres Aufbaus gehen uns im Augenblick nichts an. Metaphysische Äußerungen von Menschen interessieren uns hier nur insofern, als sich ein entscheidendes Kapitel in der Urgeschichte der Unzufriedenheit mit der Welt an ihr Auftauchen knüpft. Wir deuten die Erscheinung metaphysischer Denkformen als ein Indiz für den weltgeschichtlichen Zuwachs an Harmonie- und Abstraktionsbedarf angesichts steigender sozialer und existentieller Dissonanz. Insofern wären Metaphysiken untrennbar von ihrer Pathogenese aus dem Unbehagen in den Hochkulturen. Um sich davon zu überzeugen, genügt es, darauf zu sehen, wie sich unter dem Gewebe der metaphysischen Grundworte – das Eine, Substanz, Grund, Gott, Logos, Kosmos, Seele, Unsterblichkeit, Idee, Ordnung – die schmerzlichsten Grunderfahrungen der menschlichen

Existenz verbergen, Erfahrungen freilich, die im reinen Text der Metaphysiken immer schon als überwundene erscheinen. Der reine Text hat den Sinn, den Erfolg metaphysischer Harmonisierungsanstrengungen zu melden. Aus ihm sprechen schon die logischen Siege des Bewußtseins über die dunkle, kränkende Welt.

Als Menschen von heute können wir die Texte solcher Siegesmeldungen nicht mehr ohne weiteres verstehen, weil wir inzwischen unsere Gefechte gegen den Weltschmerz mit anderen Waffen führen als die alten Metaphysiker. Doch können wir uns vergegenwärtigen, wodurch Metaphysiken als Kerne der ersten Alternativkulturen hervorgerufen wurden, wenn wir in die Grunderfahrungen zurückgehen, an denen sie sich einst kristallisierten. Diese Erfahrungen sind für die heutigen Alltagsbewußtseine wohl zunächst verstellt, stehen aber auch dem zeitgenössischen bewußten Leben offen, spätestens dann, wenn es in Lagen kommt, in denen die Mittel aus der Apotheke der Moderne nicht mehr helfen. Ironischerweise schließt uns die Krise der Moderne unfreiwillige Zugänge zum metaphysischen Weltbewältigungsversuch auf – denn wir beobachten mit einer Ratlosigkeit, die eher Urvölkern als Spätkulturen anstünde, wie auf der Passivseite des modernen Alleskönnens ein Zeitalter der zweiten Hilflosigkeit heraufzieht. Dadurch hat sich in der Gegenwart, die sich philosophisch auf ihre postmetaphysische Grundstellung einiges einbildet, eine pikante Erfahrungsgemeinschaft mit den alten metaphysikstimulierenden Weltverhältnissen hergestellt. Von den Drohungen aus, die die Welt am Ende der Metaphysikära überschatten, wird auch deren Anfang wieder verständlich – so sehr, daß Restaurationen unvermeidbar erscheinen. Ein Blick auf die nordamerikanische und mitteleuropäische New-Age-Szenerie weckt den Eindruck, es mit einem gigantischen *remake* zu tun zu haben. Diesseits und jenseits des Atlantiks ist eine holistische Bewußtseinsindustrie entstanden, die von metaphysischen Plagiaten lebt. Man kann das auch freundlicher sagen: Unzählige zeitgenössische Menschen zitieren spontan aus frühmetaphysischen Quellen, um Aspekte ihres jetzigen Weltgefühls zu artikulieren. Sie meinen, Jahrtausende überspringen zu müssen, wenn sie Antworten finden wollen, die ihren eigenen Fragen entsprechen. Ein Teil der Moderne muß in archaische Reden ausweichen, um Dinge zu sagen, für die es keine brauchbaren modernen Wörter gibt.

Von welchen Fragen ist die Rede? Es soll hier nur von zweien gesprochen werden, ohne die der Aufschwung des Denkens zur Metaphysik unmotiviert geblieben wäre: von der Ungleichheit der Lebensschicksale und vom Schrecken der allesfressenden Zeit. Was die erste dieser Erfahrungen angeht, so ist sie von dem jungen Hugo von Hofmannsthal in klassischen Versen zur Sprache gebracht worden, man könnte auch sagen mit dem milden nachtwandlerischen Zynismus, der manchmal das Privileg der Lyriker ist.

> »Manche freilich müssen drunten sterben
> wo die schweren Ruder der Schiffe streifen
> andere wohnen bei dem Steuer droben,
> kennen Vogelflug und die Länder der Sterne«

Die lyrische Meditation geht darauf aus, die Ungleichheit der Schicksale in einem metaphysischen Welthaushalt auszugleichen. Weil auf jener *höheren Ebene*, die der Schauplatz metaphysischer Bewegungen ist, alles mit allem zugleich *eng* und *irgendwie* zusammenhängt, fügt sich aus dem Elend der einen und dem Glück der anderen ein sublimer Akkord.

> »Doch ein Schatten fällt von jenen Leben
> in die anderen Leben hinüber,
> und die leichten sind an die schweren
> wie an Luft und Erde gebunden: ...«

Neuartige Rolltreppe auf der 34. Mustermesse in Mailand 1956.

Durch Zusammenhangsbewußtsein wird für den Metaphysiker Musik, was nach natürlichen Maßstäben zum Himmel schreit. Dieses verzweifelte Musikbedürfnis wird von der Evidenz angetrieben, daß Menschenschicksale unaufhebbar ungleich sind und daß es für ihre Ungleichheit auf menschlicher Ebene keine Entschädigung gibt. Ohne Zweifel deutet diese Erfahrung auf das Entstehen hierarchisierter Großgesellschaften und auf die Trennung der Schicksale derer da oben von denen derer da unten. Die soziale Welt erscheint von da an wie eine verzauberte Galeere, auf der die Rudersklaven unter Deck zugrunde gehen, während oben die Ganzheitsbetrachtung blüht. In dieser wird das Elend der anderen in die Harmonie des Ganzen umgebucht.

> »Viele Geschicke weben neben dem meinen,
> durcheinander spielt sie alle das Dasein,
> und mein Teil ist mehr als dieses Lebens
> schlanke Flamme oder schmale Leier.«

Der metaphysische Impuls verlangt vom Denken diesen Aufstieg aus der Ungleichheit und Verworrenheit des Lebens in ordnende Betrachtung, und insofern Ordnungsleistungen dieser Art zum Wesen des Denkens schlechthin gehören, sind metaphysische oder »kosmisierende« Anteile an der Tätigkeit des Geistes nie ganz zu eliminieren – es sei denn, diese Tätigkeit wäre bereit, so unübersichtlich und verworren zu werden wie die Wirklichkeit, an der sie arbeitet – dann aber entfiele die Differenz zwischen Geist und Wirklichkeit und das konfuse faktische Leben gäbe dem Verstand keine Arbeit mehr auf. Manche Mystiker sind tatsächlich diesen indifferenten Weg gegangen. Dem metaphysischen Denken jedoch ist seine Aufgabe unzweideutig: dem verworrenen Leben Wege zur Ordnung zu weisen. Für uns scheitert der Geltungsanspruch der alten metaphysisch-kosmischen Ordnungsideen an einer simplen logischen Unterscheidung: eine ordnende Betrachtung ist nicht *per se* die Betrachtung einer Ordnung. Aber weil der Wille zur Ordnung am Anfang des gesamten Aufschwungs steht, erheben sich Musik und Metaphysik gegen die lärmende Physik des Lebens als unaufhaltsame erste Alternativen. Das metaphysische Studium kehrt sich von der desolaten »Oberfläche« der Dinge ab und blickt in eine Tiefe hinunter oder eine Höhe hinauf, von wo aus intelligible Ordnungen zu uns herüberleuchten, sofern wir bereit sind, vom Allzusichtbaren abzusehen und den aufdringlichen Schein zu durchschauen. Um zu solchen Ordnungen vorzustoßen, müssen das noch nicht vergeistigte Auge und das noch nicht spiritualisierte Ohr auf abstraktere Formen von Hören und Sehen umgestellt werden – auf Sehen mit dem dritten Auge, auf Hören mit dem dritten Ohr. Dieses alternative, metaphysische Hören und Sehen ist immer schon auch ein Übersehen und Überhören, ein Durchsehen und Durchhören, ein Wegsehen und Weghören, ein Zurechtsehen und Zurechthören, ein Nachinnensehen und Nachinnenhören. Der metaphysische Bruch mit der »oberflächlichen« Erscheinungswelt erfaßt zuerst die Wahrnehmungsorgane: diese müssen sich, um den Effekt Ordnung sicherzustellen, vergeistigen und von der grobsinnlichen Turbulenz des Anwesenden und Vorhandenen zurückziehen. Damit ist der erste Schritt in eine »Aufklärung« getan – er führt in eine Kultur der Transparenz, in der alles Seiende vom Zustand naturwüchsiger Beleuchtung oder Verschattung in den der logischen Durchleuchtung versetzt wird. Auf diese Weise geht der analytische Mythos in seine invasive Phase über. Ihm erscheint die Welt nicht mehr als souveränes Spiel von Licht und Dunkel auf beleuchteten nichtleuchtenden Objekten. Sie wird zum Gegenstand einer Dauerdurchleuchtung, in der ein permanentes Geistlicht durch flüchtige Erscheinungen hindurch auf ewige Strukturen fällt und sie in definitive Feststellungen bringt. Es gibt Gründe zu der Vermutung, daß die Geschichte des Nihilismus mit dem Aufkommen solcher Durchleuchtungsontologien einsetzt. Sie wäre dann identisch mit dem Schicksal der analytischen Rationalität, die die Tatsachen auf ihren Grund, die Erscheinungen auf ihr Wesen und die Strukturen auf ihre Funktion hin durchschaut. Diese Vermutung widerspricht dem vulgären Nihilismusbegriff, der das Phänomen für eine moderne Angelegenheit hält und es aus dem *Zerfall* der metaphysischen »Sphäre« herleitet. In Wirklichkeit könnte das, was seit hundert Jahren Nihilismus heißt, nur die letzte Explikation des basalen Nihilismus sein, der den durchleuchtenden, zurückführenden und vom gegenwärtigen spürbaren Schein absehenden Weltrationalisierungen von ihrer Entstehung an innewohnt.

Neben den unheilbaren Kränkungen des Denkens durch die Rätsel der Ungleichkeit und der Dissonanz spielt für die Heraufkunft der Metaphysik die Erfahrung von Tod und Zeitlichkeit alles einzelnen Lebens eine entscheidende Rolle. Im Grunde bilden beide nur einen Komplex, und Zeit und Tod sind nicht zwei verschiedene Erfahrungen, sondern eine einzige, deren Schwerpunkt in der Zeitlichkeit liegt. Daß alles individuierte Leben stirbt, ist schon in dem Umstand enthalten, daß alles Wirkliche »in der Zeit« zu sein scheint und daß nichts, was lebt, dem Ruin durch die ablaufende Zeit entrinnt. Was von der Zeit erfaßt wird, leidet von der Krankheit des Werdens und Vergehens Schaden. Wer in der Zeit geboren wurde, ist der Natur einen Tod schuldig. Der griechische Mythos von Kronos, der seine Kinder frißt, hält diese Anschauung in ihrer durchdringenden Morbidität fest. Er spricht vom zeitgebundenen Leben als einer schicksalhaften Selbstverzehrung. Diese Zeitanschauung hat den

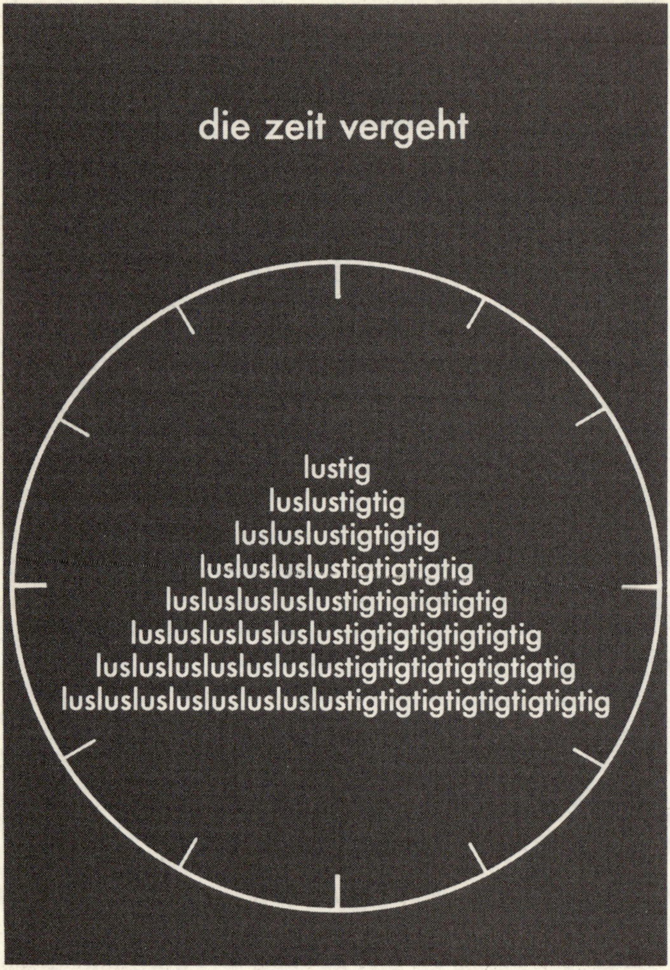

Ernst Jandl, *die zeit vergeht* (aus: *Sprechblasen*, © Luchterhand Verlag)

westlichen »Zivilisationsprozeß« (ah!) geprägt, und die Neuzeit hat den von der alten Metaphysik zuerst registrierten »Sturz in die Zeit« zu einer vollendeten Chronolatrie – um Massimo Cacciaris barocke Formel für den modernen Zeitkult zu zitieren – vorangetrieben. Was aber durch das zeitgenössische Diktat der Uhren verdeckt wird, lag in der frühmetaphysischen Zeiterfahrung grell zutage: Chronos*, die ablaufende Zeit, ist von Grund auf Leidenszeit, Zeit des Mangels, Zeit der Verfehlung, Frist für den unvermeidlichen Ruin des Lebens.

Über die Tatsache, daß die Zeit des Chronos geradewegs todwärts abläuft, war sich das ältere metaphysische Denken im klaren. Die Metaphysik, die christliche vor allem, wußte, daß wir als Sterbliche Zombies sind, lebende Tote, die in der eigenen Leiche herumlaufen mit dem gräßlichen Anspruch, am Leben zu sein. Tatsächlich zwingt sich einem Denken, das die Verfallenheit des individuellen Lebens an die allestilgende Zeit begriffen hat, diese Perspektive auf. Wer sich das Leben in der Zeit vorstellt und die Zeit als unbeugsamen Ablauf versteht, der sieht sich nicht nur fortwährend sterben, sondern er muß sich *schon jetzt* als den vorstellen, der gestorben sein wird. Er fällt mit seinem physischen und moralischen Sein ohne Rest dem Chronos zum Opfer – nicht nur im Rückblick, sondern von vornherein. Mit diesem Skandal muß das Leben zurechtkommen, dem die Kategorie der ablaufenden Zeit in ihrer Universalität eingeleuchtet hat. Seither lautet eine der Grundfragen des bewußten Lebens, wie es mit seiner Irreversibilität zurechtkommen kann. Voll Schrecken sieht der, der den Zeitablauf auf die eigene Existenz bezogen sich vorzustellen vermag, das eigene Fleisch von den eigenen Knochen fallen – Fleisch, Knochen, die

* Die Verschmelzung des kannibalischen Titanen Kronos mit Chronos, der ablaufenden Zeit, ist schon in der Antike vollzogen worden.

schon jetzt nicht mehr wirklich eigene sind, sondern uns von vornherein vom gefräßigen Chronos enteignet wurden. – An eine solche Erschütterung durch den Anblick des Vergänglichen erinnert die buddhistische Legende vom ersten Ausgang des Gautama aus dem schützenden Palast des Vaters, auf dem der Jüngling die leidende Natur des zeitverfallenen Lebens in Gestalt des Kranken, des Bettlers und des Toten zum ersten Mal mit eigenen Augen sieht. Der Schock reichte so tief, daß dieser Mann von da an keine »eigenen« Augen mehr haben mochte, die ihn an das tödliche Schauspiel fesselten, und daß er sich loslösen wollte vom Blick und vom Angeblickten zugleich.

Ein Zeuge dieser Empfindungsart in unserer Zeit ist E.M. Cioran. In einem Text, der den Titel *Paläontologie* trägt, hat er das Erschaudern eines unerlösten Metaphysikers vor dem Fleisch protokolliert.

»Der Zufall eines Wolkenbruchs trieb mich eines Herbsttages für einige Augenblicke ins naturwissenschaftliche Museum. Dort verweilte ich aber eine Stunde, zwei Stunden, drei, vielleicht. Monate sind seit diesem unvorhergesehenen Besuch vergangen, doch vergesse ich nicht so bald diese Augenhöhlen, die einen beharrlicher als Augen anblikken, diesen Jahrmarkt der Schädel, dieses mechanische Grinsen auf allen Ebenen der Zoologie.

Ich weiß keinen Ort, wo die Vergangenheit gegenwärtiger wäre... Man gewinnt den Eindruck, als habe sich das Fleisch von seinem Anbeginn an verflüchtigt, als habe es in Wahrheit nie existiert, als sei es ausgeschlossen, daß es diesen so feierlichen, so sehr von sich selbst durchdrungenen Knochen je verhaftet war. Es wirkt hier wie ein Betrug, eine Mogelei, wie eine Verkleidung, die nichts bedeckt. War es denn bloß das? Und wenn es nicht mehr bedeutet, warum vermag es mir Abscheu oder Schrecken einzuflößen? Stets hatte ich eine Vorliebe für jene, die von der Nichtigkeit des Fleisches bedrängt waren, und für jene, die mit ihm viel Wesens gemacht haben: Baudelaire, Swift, Buddha... Es ist so augenfällig und dennoch so anormal: je mehr man es betrachtet, desto mehr wendet man sich mit Entsetzen davon ab, indem man es wiegt, ist man unterwegs zum Mineral, versteinert man es. – Um seinen Anblick, seine Idee zu ertragen, braucht es mehr als Mut: Zynismus. Es heißt, sich über seine Natur täuschen, wenn man es mit dem Wort eines Kirchenvaters *nächtlich* nennt... es ist weder sonderbar noch düster, es ist *vergänglich* bis zur Obszönität, bis zum Wahnsinn, es ist nicht nur der Sitz der Krankheit, es ist selbst Krankheit, unheilbares Nichts, eine Fiktion, die zum Unheil ausgeartet ist. Meine Vision des Fleisches ist diejenige eines von Metaphysik angehauchten Totengräbers... Das ist der Grund, warum ich mich in diesem Museum zu Hause fühle, wo alles zur Euphorie eines vom Fleisch gereinigten Universums einlädt, zum Jubel des ›Nach dem Leben‹.« *Die verfehlte Schöpfung*, 1979, S. 39/40.

Fleisch und Knochen stehen zueinander in ontologischer Opposition. Während das Fleisch obszön verfliegt, gehört zum Wesen des Knochens das Versprechen ewiger Dauer. Mit zynischer Selbstgenügsamkeit tragen die Knochen die Absage der Metaphysik an das Zeitliche vor, grinsend verheißen sie ein Jenseits von Fleisch und Vergänglichkeit. Nur aus entleerten Augenhöhlen fällt ein Blick, der die Krankheit des Lebens unerschüttert betrachtet. So entstehen Metaphysik und Zynismus aus demselben Impuls, die erste als Überwindung des Zeitlichen durch den Aufstieg ins Zeitlose, der zweite als sarkastisches Verweilen des Bewußtseins beim Nichtigen, Vergänglichen. Gemeinsam sprechen Zynismus und Metaphysik über dieses lächerliche Leben mit dem Humor der Vernichtung.

Das Knochensymbol zeigt, wie die Metaphysik ihre Alternative zum Vergänglichen gewinnt. Sie schaut durch die unheilvolle Fiktion des Fleisches hindurch bis zur knöchernen Substanz, bis aufs Gerippe des Seienden, das sich als zeitüberlegenes Residuum erhält. Doch stehen die Knochen nur als Gleichnis für die letzten Prinzipien. Da auch sie »bloße« Erscheinungen sind, können sie reduziert und ihrer Nichtigkeit überführt werden. Früher übernahm das Feuer

Karnak, Säulensaal Ramses II. im Ammonstempel

die Arbeit der metaphysischen Alchemie, vergängliches Leben von unvergänglichem abzuziehen. Was durchs Feuer gegangen ist, hat diese letzte Analyse bewältigt. Was übersteht, ist unvergängliches Wesen. Von den lebenden Körpern dauert am Ende nichts als Asche und Geist, Staub und Schwerelosigkeit, Mineral und Licht. Aus solchem Stoff ist die Ewigkeit gemacht. An ihren letzten Destillaten scheitert die Gefräßigkeit der Zeit. Durch eine extreme Reduktion ist das Unvergängliche aus den trüben und flüchtigen Elementen gefiltert worden.

So zeigt sich, wie die alte Metaphysik mit dem irreversibel todwärts gerichteten Ablauf des Lebens zurechtzukommen suchte: sie gab auf die Frage nach dem Gegengift zur Vergänglichkeit die Antwort Ewigkeit, auf die Frage nach der Überwindung des Todes die Antwort Unsterblichkeit. Diese Antworten zwangen sich auf, als die Irreversibilität der Lebensprozesse nicht mehr durch die älteren zyklischen Ideen kompensiert werden konnte, die für mythische Weltauslegungen ausreichend waren. Zyklisches Denken hat nur in den Lebensformen eine Chance, wo die Weltveränderungen in der linearen Zeit durch Naturmythen für ungeschehen erklärt werden können. Nur unter dem mythischen Naturkreis wird das Leben jedes Jahr wiedergeboren, als sei nichts Unwiderrufliches, Unumkehrbares, Nichtwiedergutzumachendes geschehen. In den geschichtlich mobilisierten Kulturen ist der Pfeil der Zeit aber unwiderruflich nach vorn abgeschnellt. In ihnen werden die Unversöhnbarkeit der Schicksale und die Vergänglichkeit von Lebensverhältnissen übermächtig evident. Sie können nur noch durch metaphysische Strategien verarbeitet werden.

Die metaphysische Alternative, von der noch die meisten Bestände der Modernität imprägniert sind, birgt die Urgeschichte menschlicher Unzufriedenheit mit der hinfälligen, der Zeit verfallenen Welt. Die radikale Metaphysik wußte, daß gegen diese Wirklichkeit nur eine radikale Überwindung Abhilfe schafft. Allein was dieses Leben übersteigt, macht dieses Leben noch erträglich. So antwortete die Metaphysik auf die Krankheit des Lebens mit einer geistvollen Selbsteinäscherung. Leidenschaftlich suchte sie die Reduktion des Wirklichen auf seine zeitüberlegenen Residuen in der Materie oder im Geist. Sie stellte dem kränklichen Fleisch das heitere Skelett entgegen, der brennenden Wunde den kühlen Stein. Vor allem im Aufrichten von Steingebilden hat sich die metaphysische Alternative vollendet ausgedrückt. Hoch aufragende Werke aus Stein – Menhire, Pyramiden, Tempel, Tore, Obelisken, Säulen, Türme – vergegenwärtigen materiell die Ideen von Gesetz, Dauer und göttlicher Endgültigkeit. Etwas von diesem Ägyptizismus steckt noch in den Wolkenkratzern von New York, Chicago und Hongkong. In ihren Architekturen illustriert die Metaphysik die These, daß die Wunde Zeit nur durch den ewigen Stein geheilt wird. Im Stein gewinnt das Physische selbst metaphysischen Gehalt. Unaufhörlich arbeitet das metaphysische Exerzitium einer Mineralisierung der Seele entgegen. Erst wer die reglose Weisheit der Steine in sich selbst entdeckt, hat den Stein der Weisen gefunden.

So bringt die Sehnsucht nach Versteinerung den eleatischen Zug im metaphysischen Bedürfnis zur Geltung. Für Menschen, die mit der Vergänglichkeit unter keinen Umständen Frieden schließen können, gibt es kein größeres Erlösungsversprechen als das, das in der Entdeckung des Unbeweglichen liegt. Gott heißt darum philosophisch der unbewegte Beweger. Um ihm ähnlich zu werden – oder um eine verlorene Ähnlichkeit mit ihm wiederherzustellen –, war den Radikalen unter den ersten Alternativen auch das unmögliche Mittel recht. Ob sie in die Wüste gehen, um im Einsam-

Karnak, Großer Ammonstempel mit den beiden Obelisken
von Thutmosis I.

keitsrausch zu einem Sandkorn der Ewigkeit zu werden; ob sie sich lebendig einmauern lassen, um mit der letzten Absage an die Bewegung den Stillstand im Absoluten zu erzwingen; oder ob sie mit niederschmetternder Logik beweisen, daß der fliegende Pfeil in der Luft stillsteht: jedesmal ist der eleatische Affekt im Spiel, der Wunsch, die falsche Bewegung zu durchschauen, um in die wahre Immobilität einzugehen. Die authentische alte Metaphysik verabscheut das Bewegte, Wimmelnde, Vermischte, Kreisläufige, vor allem den abscheulichen Nahrungszyklus, der Bewegung und Gewalt in erster Linie bedingt. Fressen und Gefressenwerden, diese bestialische Makrobiotik ist es besonders, gegen die die metaphysische Bewegungsphobie Abhilfe sucht. Nur eine statische Alternative befreit das Dasein von seiner todwärts führenden Bewegtheit. Darum läßt sich das Elend des Lebens nur mit seiner Bewegtheit zugleich überwinden. Kaum ein genuiner Metaphysiker alten Typs würde vor der These zurückschrecken, daß nur Unbewegtes gut sein könne, während alles, was Gier, Unfreiheit, Angst, Elend, Gewalt und Verwüstung ist, sich bewegt, auf Beinen, auf Rädern, durch Ichtriebe, mit Motorantrieb.

Seit wenigen Jahrhunderten erschöpft sich in Europa der immobilistische Affekt. Dadurch ist Metaphysik älteren Typs zur Unmöglichkeit geworden. Seit das Sein als Verbum und das Subjekt als Aktivität gedacht werden, ist Ontologie in klassischer Form nicht mehr »haltbar«. Auch die neuzeitliche Wissenschaft hat sich, ihrer Betriebsform nach, einem Bewegungsbegriff, dem der Forschung, verschrieben, und bei Hegel hat die suspekte Bewegung die Metaphysik selbst erobert und der Ewigkeit Beine gemacht. Inzwischen frißt Chronos nicht nur seine eigenen Kinder, sondern auch die zeitlosen Größen, von denen man früher glaubte, sie entgingen seinem Appetit. Wir wohnen einer so durchdringenden

Entewigung und Mobilmachung bei, daß wir einen Gegenbegriff zu den herrschenden Bewegungs- und Ereignisbegriffen nicht einmal mehr spekulativ zu denken imstande sind. Zwei Jahrhunderte haben genügt, um die immobilistischen Reserven eines Weltalters aufzubrauchen. Ein geschichtlich vorbildloser Bewegungskult hat das neuzeitliche Denken und Handeln überzogen. Für ihn macht sich lächerlich, was stillsteht, festhält, auf sich beruht und ungenutzt rastet. Als müßte sie sich von einer langen Krankheit erholen, hat sich die Neuzeit von ihrer in die Starre verliebten Vorwelt abgesprengt und genießt ihre neue Macht, »alles Ständische und Stehende« zu verdampfen. An Immobilien glauben heute nur noch die Makler.

Doch über die große Dynamisierungsepoche wirft die abgeschaffte Ewigkeit einen langen Schatten. Seit die Modernisierung sichtbar die altweltlichen Lebensgrundlagen angreift und den elementaren Lebensabläufen durch steigende Mobilisierung ebensoviel Gewalt antut wie die wütendste Stillstellung, erwächst aus dem »Zivilisationsprozeß« ein Unbehagen, das neue Alternativen hervorruft. Kommt damit die Metaphysik zurück? Haben die ägyptischen und eleatischen Motive wieder eine Chance? Suchen die Abtrünnigen der Moderne erneut den Ausstieg aus der irdischen Konfusion in kosmologische Ordnungen? War der Zusammenbruch der alten Metaphysik unter dem Angriff moderner Aktivitätsbegriffe nicht endgültig? Oder war vielleicht jene erste statische, metaphysische Alternative nicht die einzige Möglichkeit, mit der Welt nicht einverstanden zu sein? Gibt es eine andere Alternative, die nicht in den Stein, in die Reinheit, in die Selbstmortifikation geraten muß, um mit der Vergänglichkeit des Lebens zurechtzukommen?

Fridhelm Klein, *Säule und Netz im Hof der Glyptothek*, München 1987

3. Die Zweite Alternative – Poiesis

Es herrscht noch keine Klarheit darüber, daß ein philosophischer Diskurs der Moderne nur als kritische Theorie der Mobilmachung möglich ist. Mit der nötigen Schärfe gesagt: es gibt in der Sache noch gar keine Frankfurter kritische Theorie, sondern nur eine Freiburger. Denn wenn Mobilmachung der Grundprozeß der Neuzeit ist, dem gegenüber eine kritische Theorie sich als Diagnostik und Therapeutik profilieren muß, dann besitzt die Frankfurter Theorie *kein* kritisches Prinzip, weder als Ästhetische Theorie noch als Theorie des kommunikativen Handelns. Als negative Ästhetik verfehlt sie das kritische Moment, indem sie latent weltlos argumentiert; als Handlungstheorie gibt sie die Differenz zu ihrem Gegenstand auf, insofern kommunikatives Handeln manifest als Mobilmachungsprinzip wirkt.* Im Gegensatz hierzu hat die Freiburger Theorie in dem Begriff Gelassenheit ein kritisches »Prinzip« gefunden, das eine scharfe, wenn auch nicht unmißverständliche Differenz zur Mobilmachung ausspricht. Die Schärfe dieser Differenz besteht darin, daß sie die Kinetik des modernen Prozesses als aktiven Absturz in die Selbstläufigkeit illusionslos beschreibt und danach das moderne Tunkönnen gelassen als Leiden am Können zu übernehmen empfiehlt. Ihre Mißverständlichkeit rührt daher, daß diese Übernahme sich leicht zum Einverständnis mit dem fatalen Weltlauf verzerrt – es ist vom *intellectus fati* zum *amor fati* nur ein Schritt, und zwischen der Positivität des seinsgeschicklichen Verstehens und der Affirmation des im Geschick mitgesetzten Unheils liegt nur eine kleine falsche

* Dieses Fehlen einer Differenz zum Kritisierten ist der neomarxistischen Kritik mit dem klassischen Mobilisierungsmarxismus durchweg gemeinsam.

Bewegung. Dennoch birgt allein die Gelassenheit, richtig verstanden, die Differenz, die imstande ist, eine Theorie des Weltprozesses zur kritischen zu machen – sie wirkt nicht als Movens einer alternativen Mobilmachung, sondern als Alternative zur Mobilmachung, sie bringt keine anderen Bewegungen auf den Weg, sondern befreit die richtige Beweglichkeit von den Trugbildern des Wegs.

Eine kritische Theorie der Mobilmachung kreist um den Punkt, wo die Kinetik der Metaphysik in die Kinetik der Moderne umschlägt. Alte Metaphysik als Leidenschaft der Stillstellung und Selbstvertiefung ist die ursprüngliche Akkumulation der Subjektivität, die sich in der Moderne als leidenschaftliche Mobilmachung nach vorn wirft. Die Modernisierung vollzieht sich als das Werk der Kräfte, die uns aus dem Zeitalter der Ersten Alternative herauskatapultieren – als Aktion der großen Wissenschaft, der großen Kapitale, der großen Technik, der großen Medien. Diese sind die wesentlichen Träger des neuweltlichen Prozesses – und man verstellt sich die Einsicht in ihre Qualität, solange man sie unter dem Titel Produktivkräfte diskutiert. In Wahrheit sind Produktivkräfte Mobilisierungskräfte. Mobilisierung ist die neuzeitliche Antwort auf die Vergänglichkeit des Lebens und die Ungleichheit der Schicksale. Durch sie geht der Prozeß der Unzufriedenheiten gegen die Welt in die zweite Instanz. Die großen Mobilisatoren der Moderne bergen das Versprechen, die Endlichkeit und Vergänglichkeit menschlicher Verhältnisse durch die entgrenzende Mobilmachung der endlichen und vergänglichen Verhältnisse selbst zu besiegen.* Die rasche planetarische Durchsetzung dieses Im-

* Hierzu Baudelaire als Kronzeuge der ästhetischen Moderne: »In jeder Minute zermalmt uns die Vorstellung der Zeit. Es gibt nur zwei Mittel, diesem Alpdruck zu entrinnen – ihn zu vergessen: das Vergnügen und die Arbeit. Das Vergnügen verbraucht uns. Die Arbeit kräftigt uns. Wähle.« – »Nur indem man sich ihrer bedient, kann man die Zeit vergessen.« *Mein entblößtes Herz*, Tagebücher, 17. Blatt.

pulses macht die Zwanghaftigkeit deutlich, mit der das Leben in nachmetaphysischer Zeit seine Irreversibilität im todwärts gerichteten Ablauf zu bewältigen sucht. Dabei bringt es anstelle der unplausibel gewordenen Verewigungsanstrengungen neuzeitliche Dynamisierungsstrategien ins Spiel. Wir schauen nicht mehr durch Schall und Rauch hindurch auf Urbilder und Urklänge, sondern haben gelernt, Bilder mit Bildern und Klänge mit Klängen zu vertreiben. Durch die vereinte Wirkung der Mobilisatoren bildet die Moderne das Bild einer umgekehrten metaphysischen Kultur. Dem Schrecken der irreversiblen Bewegung antwortet nicht mehr die Flucht ins Unbewegte, sondern die Flucht ins Flüchtige. Seltsamerweise hat der neuzeitliche Immanentismus mit seiner Absage an Hinterwelt und Jenseits keine solide Diesseitigkeit hervorgebracht, sondern das Diesseits in einen Spuk verwandelt und bis zur Verdampfung mobilisiert. Heinrich Heine würde seine großzügigsten Verse widerrufen: seit man den Himmel wirklich den Engeln und den Spatzen überläßt, wird die Erde immer unwirklicher. Ein dionysisch-kinetischer Nihilismus hat den metaphysischen abgelöst. In ihm wird die Welt nicht eternistisch überwunden, sondern aktualistisch revolutioniert und durch Beschleunigung der Veränderung zum Verschwinden gebracht. So scheinen sich die altweltliche Metaphysik und die neuweltliche Technik darin einig, die angetroffenen vergänglichen Bestände nicht ernst zu nehmen, sondern sie zugunsten von Überwindungs- und Veränderungsfeldzügen zur Disposition zu stellen. Der alte eleatische Immobilismus besitzt hierin im neuen funktionalen Dynamismus seinen engsten Verbündeten, der Nihilismus der Transzendenz wird von dem der Immanenz fortgeführt und überboten. Man könnte vermutlich demonstrieren, daß die neunihilistische Mobilmachung sich zuerst und mit besonderer

Heftigkeit in den Weltteilen durchgesetzt hat, wo altnihilistische Metaphysiken und Religionen den Boden in den Subjektivitäten vorbereitet hatten. Unter dieser Optik wird ein nihilistischer Meridian erkennbar, der von Alteuropa, von Athen, Rom, Jerusalem, Paris ausgehend, Rußland, Japan und Nordamerika durchquert. Ohne tausendjähriges Weltüberwindungstraining keine moderne Weltverdampfung. Wo dieses Training nicht stattgefunden hat, läßt sich die Modernität offenkundig nur sehr mühevoll implantieren, weil die Anschlüsse in den Mentalitäten fehlen. Man muß die Dinge dieser Welt durchschaut und als auf ihren »Grund« zurückführbar erfahren haben, bevor man daran Geschmack findet, sie in der kinetischen Revolution der Moderne zum Tanzen zu bringen.

Erst jetzt wird klar, was mit der Frage nach der Möglichkeit einer Zweiten Alternative gemeint ist. Sie erkundigt sich nach den Chancen einer nicht-nihilistischen Stellung des bewußten Lebens zu seiner Irreversibilität, einer Stellung, die dem todwärts führenden Ablauf der vorgestellten Zeit weder den alten Ewigkeits- und Substanznihilismus noch den neuen Veränderungs- und Mobilmachungsnihilismus entgegensetzt.

Unter Alternativkulturen verstanden wir Abhilfen gegen die so unvermeidlichen wie unerträglichen Anlässe zur Unzufriedenheit mit der Welt – insbesondere gegen die unannehmbare Vergänglichkeit, die an allem Leben haftet, das unter die Herrschaft der Zeitvorstellung geraten ist. Eine nicht-nihilistische Alternative zu diesem Unannehmbaren kann nur von einer anderen Zeitauffassung ausgehen. Da durch die Herrschaft des Chronos als Ablaufzeit das nihilistische Weltvorstellen hervorgetrieben worden ist, müßte eine nicht-nihilistische Alternative vor allem eine sein, die dem Chronos nichts schuldet. Dies ist nur möglich, wenn

Der Innenraum des Kolosseums in Rom

eine präsentische, gelebte Zeit die vorgestellte Zeit in sich zurücknimmt. Die vorgestellte Zeit, sagten wir, ist die ruinöse Zeit der Sterblichkeit. Sie spannt sich aus zwischen dem Vorlauf ins Ende und dem Rückgang in den Anfang – diesen beiden Gesten, die den Vorstellungsraum der Ablaufzeit im Subjekt aufklaffen machen. Es gibt aber keinen Grund, warum diese Gesten unser bewußtes Leben zwanghaft und irreversibel beherrschen sollten. Die präsentische Existenz ist weder dazu verurteilt, in ihr vorgestelltes Ende vorauszustürzen, noch muß sie sich unbedingt an den Ideen eines Ursprungs, einer »Natur« oder eines anfänglichen Wesens festklammern. Solange sie frei beweglich bleibt, kann sie ihr gelegentliches Vorlaufen in Endvorstellungen und ihr momentanes Zurückgehen in Ursprungsvorstellungen immer wieder an den Schwebepunkt in der Gegenwart zurückbringen. Das Leben im Augenblick bleibt daher diesseits des Zwangs zur Metaphysik und außerhalb des Fluches der Geschichte; denn es muß weder die Gesamtheit von vergänglichen Abläufen in historischen Übersichten zusammenfassen, noch fühlt es sich genötigt, hinter derartige Vorstellungen zurückzugehen zur Vorstellung des nichtablaufenden Unvergänglichen. Der lebendige Augenblick verrät sich auch nicht an die suggestive Vorstellung eines unendlichen Werdens und Vergehens, dem er als flüchtiger Zeitpunkt eingeordnet wäre. Denn auch was ein Punkt in temporalen Linien und Kreisen ist, hätte seinen Augenblickscharakter verloren und wäre als Präsenz schon ruiniert.

Was folgt hieraus? Nicht weniger als eine Kritik der geschichtlichen Existenz von milder Radikalität. Wenn die zweite Alternativkultur tatsächlich aus präsentischen Motiven entsteht, so trägt sie sämtliche Weltaufbauten ab, die in den Vorstellungsraum der Ablaufzeit gestellt worden sind: die mythische Ursprungswelt, die utopische Zukunftswelt, die Welt als geschichtliche Unternehmung, die Welt als Mission und Mobilmachung.

Wird aber von einem solchen Präsentismus nicht alles beiseite geschoben, was an der menschlichen Existenz als *interessant* gilt? Löst die Zurücknahme der vorgestellten Zeit in die Gegenwart nicht alle Spannungen auf, die das Leben bisher von seiner Lebenswertheit überzeugt und ins Abenteuer der Geschichte hinausgetragen haben? Ist dieser alternative Präsentismus nicht ein dumpfer nirvanischer Fundamentalismus, der in einer unschöpferischen Indifferenz verdämmern muß?

Das ist unter Voraussetzungen des vorstellenden Denkens gut gefragt. Aber wenn diese Fragen nicht Erkundigungen bleiben, sondern sich zu Thesen verfestigen, so taugen sie nur dazu, das Unverständnis dieses Denkens für das Wesen der Präsenz zu illustrieren. Wer glaubt, daß dauernde Gegenwart Langeweile ist, der stellt Gegenwart hartnäckig als Zeitpunkt vor. In Wahrheit gehört Gegenwart nicht zu den Zeitbegriffen. Sie ist, richtig verstanden, eine Bewegungs- oder Dramenkategorie. Gegenwart bezeichnet die kinetische Struktur, durch die uns das Anwesende als etwas aufgeht, das in den Begegnungsraum eintritt. Präsenz ist Bewegung im Sinne eines Ankunfts-, Hervorbringungs- und Eintrittsdramas. Präsenzerfahrung gehört zu den Auszeichnungen der menschlichen Existenz, weil Menschen die Ankunfts- und Eintrittswesen *par excellence* sind – prädisponiert zum Erwachen, Herauskommen, Hervorbringen und Anfangen. Präsenz gibt es nur, wo es menschliche Existenz gibt, und Existenz gibt es nur, wo es menschliches Zurweltkommen gibt. Präsenz ist der Stachel der unvollendeten Geburt.

Sofern die Menschen in der ruinösen Zeit leben, wissen sie, daß sie Sterbliche sind – Wesen, denen es zukommt, in jedem Augenblick ihrem Verfall entgegenzutreiben. Mit melancholischer Korrektheit haben sie sich, solange die Ära der Metaphysik dauert, ausdrücklich so benannt. Sofern aber Menschen an der Präsenz teilhaben, sind sie Geburtliche – Wesen, in denen die Bewegung des Zurweltkommens weitergeht. Präsenz als dramatischer Begriff schließt somit eine zweifache Bewegung ein: das Aufklaffen der Welt als Von- außen-Ankommen und das Sichhinaushalten des Subjekts in die Welt als Ankunftsraum. Präsenz ist darum immer vom Bewußtsein eines doppelten Glücks und eines doppelten Schreckens begleitet. Das eine Paar von Glück und Schrecken geht vom Einbruch äußerer Gewalten und von der Ankunft unverhoffter Geschenke aus, das andere von der Euphorie und von dem Schmerz des menschlichen Exodus selbst.

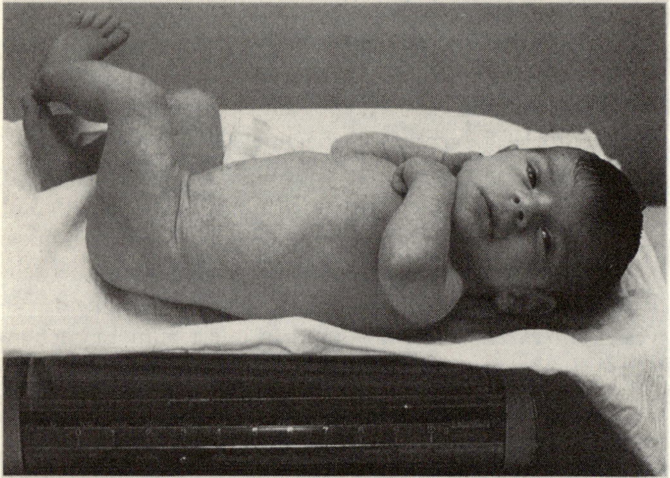

Nikolo statt Christkindl. Advent heißt Ankunft. Meinrad nimmt das wörtlich. Der Sohn des Bergbauern will schon am 6. Dezember auf die Welt kommen. Und nicht, wie erwartet, zu Weihnachten. Die Wehen der Bäuerin setzen 3 Wochen zu früh ein. Und sie ist allein am Hof. Ein Geburtshelfer muß her – das Leben von Mutter und Kind steht auf dem Spiel. Doch der Arzt ist den ganzen Tag in den Bergen unterwegs. Von Hof zu Hof. Kaum eine Chance, ihn zu erreichen. Ein Wettlauf mit der Zeit beginnt.

Da hilft nur ein Stoßgebet? Nein. Die Schrack Hotline, das Mobiltelefon von Schrack. Denn damit ist der Arzt ständig erreichbar. Nicht nur im Auto. Selbst wenn er in der „Grünen Linde“ sein Schnitzel ißt. Ein Handgriff genügt, und alle seine Anrufe werden von der Hotline zum Gasthof umgeleitet. So auch diesmal. Die Bergbäuerin erreicht ihn gerade noch rechtzeitig. Meinrad kann ohne Komplikationen entbunden werden. Der Jungbauer erblickt gesund das Licht der Welt.

SCHRACK

„Wer an Utopien nicht glaubt, muß sie realisieren.“ (E. Harald Schrack)

Schrack Elektronik AG, A-1121 Wien, Pottendorfer Straße 25-27, (0222) 85 01-0*

Theater in Epidaurus

Weil präsentisch, steht die Zweite Alternative ganz unter dem Zeichen der *Geburtlichkeit**. Der geburtliche Präsentismus kann dem Motiv des Vorlaufens in den eigenen Tod keinen Kredit geben; darum ist er seiner Grundbewegung nach von dem ruinösen Sein-zum-Tode metaphysischen oder existentialistischen Typs radikal verschieden. Präsenz als Aufenthalt im Offenen entsteht ja erst durch die Bewegung des menschlichen Zurweltkommens, und wo immer

* Dieser Ausdruck, der scheinbar etwas Selbstverständliches benennt, gehört *nicht* zum Wortschatz der Philosophie – ein verräterisches Faktum. Als Neologismus ist er ein Kunstwort aus der zweiten Hälfte dieses Jahrhunderts, er findet sich u.W. zuerst bei Hans Saner in dem Buch *Geburt und Phantasie. Von der natürlichen Dissidenz des Kindes*, Basel 1979, wird jedoch vorbereitet durch Hannah Arendts Meditationen über menschliche »Natalität« in ihrem Hauptwerk *The Human Condition*, Chicago 1958, deutsch: *Vita activa oder Vom tätigen Leben*, München 1967.

diese Bewegung einsetzt, bekommen das Geburtliche, das Präsentische und das Offene in ein und demselben Vorgang ihr Profil. Präsentisch ist das Leben, das merkt, daß es etwas »vor sich« hat. Die Metaphysik hat die menschliche Position, die das Etwas-vor-sich-Haben bedingt, als Sterblichkeit aufgefaßt – was nur eine andere Art ist, zu sagen, daß sie das Offene-»vor«-uns als Zeit, genauer als Zukunft interpretiert hat. An diese Interpretation knüpft noch die moderne Auslegung der menschlichen Existenz als »Geschichtlichkeit« an. Doch das Ergebnis dieser historischen Modellierung des Offenen-vor-uns ist die gegenwärtige Welt mit ihren abschüssigen Steigerungen und ihrem Widerschein in unserer Nervosität – eine Welt, von der niemand wagen wird, zu behaupten, daß sie noch viel Zeit vor sich habe. Es ist das Privileg spätmoderner Zeitgenossenschaft, zu wissen, daß der Horizont der Welt als Geschichte nicht mehr offen ist. Man muß nicht unbedingt eine deutsche Jammerseele sein, um die endzeitliche Klaustrophobie begreiflich zu finden, die den unumgänglichen Abschied der Moderne von der progressivgeschichtlichen Ausfüllung des Offenen umwittert.

Aber wenn das Offene vor uns nicht Zeit und Zukunft ist, was ist es dann?

Nun ist der Augenblick gekommen, wo sich der Autor von seinem Publikum verabschieden muß. Solange er allein das Wort hat, kann nicht zu fairen Bedingungen ermittelt werden, was das Offene ist. Sein Monolog müßte wie eine Attrappe wirken, die das Thema mit Aussagen über es versperrt. Was tun? Schweigen wäre ebensowenig eine Antwort wie das Ausstreichen der folgenden Sätze durch darübergedruckte Kreuze – man hat Heideggers hilflos vielsagende Durchkreuzung des Wortes Sein in unguter Erinnerung. In solcher Lage bleibt nur der Rückzug der Aussagen in die Asozialität. – Von dieser Zeile an marschiert der Autor allein, er kritzelt, von der Tradition und vom Publikum verlassen, auf das leere Stück Papier vor sich einige Sätze, die über das Offene sprechen, als wäre es eine greifbare Größe.

Zu fragen bleibt jetzt: Wenn das Offene vor uns nicht als Zeit oder Zukunft vorgestellt werden darf, was bleibt dann zu seiner Kennzeichnung noch zu sagen?

Am naheliegendsten ist der Gedanke, es sei dann eben der *Raum* vor uns, der sich vor unserem Auge, unserem Griff als Blick- und Aktionsfeld öffnet. Aber offensichtlich ist auch der Raum nicht *per se* das Offene, weil erstens Raum als Raum von seinen Elementen oder Inhalten ausgefüllt wird, so daß von einem Offenen an ihm nicht ernstlich gesprochen werden kann, zweitens weil wir nicht der Gefahr erliegen dürfen, das Offene als Vakuum zu denken, in das die erstbeste Füllung einfließen kann, um es zu besetzen. Was bleibt dann übrig? Ist das Offene nicht die Zeit-vor-uns als Zukunft und nicht der Raum-vor-uns als Blick- und Aktionsfeld, so muß es als etwas verstanden werden, was schon aufklafft, bevor es räumliche und zeitliche Orientierungen gibt. Die orientierende Vergewisserung ist bereits sekundär.

Daß man im Offenen »steht«, merkt man zuerst daran, daß man in ihm unsicher ist. – Das Offene gibt sich dadurch zu erkennen, daß man in ihm »existiert«. Das Offene wäre demnach die Spannung oder das Kraftfeld, das sich um die exzentrische menschliche »Positionalität« aufbaut. Im Offenen zu sein hieße dann, der existentiellen Ekstase als angeborener Verlegenheit innezuwerden. Vergeblich entweicht unsere ekstatische Abundanz und Qual seit jeher in die Räume und Zeiten, um ihrem Unbehagen an sich selbst zu entkommen. Die großen Aufbrüche und Fluchten der Menschheit in die historische Zeit und den geographischen Raum haben aber zu atembeklemmenden Verknappungen von beiden geführt – und zu der Gewißheit, daß, wenn heute noch etwas offen sein sollte, es gewiß nicht der geographische Horizont und nicht die historische Zukunft sind, sondern allein die Kraftfelder des präsentischen Lebens.

In diesen Kraftfeldern ist das zu Hause, was die Neuzeit »Kunst« nennt und was in der klassischen Tradition Poiesis heißt. Zur Kunst können nur die Tätigkeiten gehören, die etwas so herstellen, daß es im Offenen »steht«. Der Ort der Kunst als Poiesis ist die Präsenz – das geburtliche Kraftfeld. Die schon sehr alte *Unterscheidung* zwischen Kunst und Technik erinnert aber daran, daß es in den Herstellungsarten radikale *Unterschiede* gibt. Während die Technik die Gekonntheit unterstreicht und Herstellen als methodisch beherrschtes Vorliegenmachen eines Produkts betreibt, ist in der Poiesis eine Spur vom geburtlichen Hervorgehen in die Anwesenheit am Werk. Tatsächlich besitzen beide Aktivitäten Herstellungscharakter und beruhen in gelingender »Kunst« – aber sie unterscheiden sich ihrem existentiellen Gehalt nach von Grund auf. Denn die Poiesis ist, indem sie etwas *hervor*, das heißt nach-vorn-ins-Offene, bringt, die Aufnahme der Naturproduktivität durch das exzentrische humane Subjekt. Dessen Dichtung führt das hervorbringende Gebären des natürlichen Lebens fort, ja sie ist Dichtung nur in dem Maß, wie sie eine solche Fortführung ist, und sie kann Fortführung nur in dem Maß sein, wie ihr die Grundgebärden des Geburtsdramas, Zur-Welt-Kommen und Zur-Welt-Bringen, gelingen.* Was die Poiesis »richtig

* Der Akzent liegt hier darauf, daß *beides* gelingen muß, damit die Natur-Poiesis-Kontinuität bestehenbleibt. Weil die beiden Gebärden im vorherrschenden geschlechtsontologischen System voneinander getrennt werden, sind die sexuellen Designs von Mann und Frau jeweils mit verstümmelten ontologischen Zügen ausgestattet: was »Mann« ist, kommt zur Welt und bringt nichts zur Welt, was »Frau« ist, bringt etwas zur Welt, aber kommt nicht zur Welt. Dieser Skandal reicht tiefer als die Geschlechtertrennung, von der der platonische Androgynenmythos erzählt; das Skandalöse daran wird darum auch nicht durch Erotik oder sexuelle Vereinigung

macht«, das führt sie dadurch zum Erfolg, daß sie es »in die Anwesenheit« stellt, also nicht nur irgendwie »her«, sondern genau her*aus*, nach vorn, ins Offene und Öffentliche (woraus sich, nebenbei, eine ontotopologische Definition von Öffentlichkeit als Nicht-Uterus ergibt, das heißt als Raum geburtlicher »Entbergungen« und als ontologisches Glacis des Ankunftsfähigen, so daß es, immer noch nebenbei, unausweichlich ist, das Öffentliche ebensosehr von einer Heideggerschen »Lichtung« her zu begreifen wie von einer Habermasschen »Aufklärung«).

Durch die Poiesis gewinnt der Geist, auch wenn er zufällig männlich sein sollte, mütterliche Kompetenzen. Dies kann nicht anders sein, weil menschliche Produktionen am naturalen Hervorbringungskontinuum anknüpfen müssen, um die Natur als Altgeburtlichkeit in die Kultur als Neugeburtlichkeit fortzuführen. Jedoch schlägt die Kultur als neugeburtlicher Prozeß einen phantastischen Fächer auf und stellt »her«, was der alten Natur hervorzubringen nicht eingefallen wäre. In seinen riskanten Neuherstellungen erfindet das vom Talent zum Heraustreten stigmatisierte Menschenwesen sich selbst und seine Welten. Daher ist die Poiesis kein Thema der Ästhetik, wie man sie neuzeitlich versteht, sondern eines der philosophischen Gynäkologie, falls der Ausdruck erlaubt ist. Ihr Springpunkt ist die *natura naturans*, die im menschlichen Herstellen zum kulturellen Drama wird, und ihr Axiom lautet, daß die Wahrheit zwar kein Weib ist, aber die Poiesis eine »Mutter«. Als Lehre vom Hervorbringen handelt die Poietologie nur von einer Kunst in allen Künsten – vom Zurweltkommen, oder *ars nascendi*, vom Zurweltbringen oder *ars pariendi* und vom gelassenen Lebenlassen oder *ars vivendi*.

beigelegt – sondern nur durch poietische Ergänzung: dadurch, daß Frauen das Zurweltkommen und Männer das Zurweltbringen lernen.

Pompeji, Amphitheater

Unnötig zu sagen, daß das nicht die Gangart des modernen Zivilisationsprozesses ist (jetzt hat das Wort die Wangen durchgeätzt, wie bei Leprösen liegen Zähne und Kiefer gespenstisch frei, man wird die Vokabel aus dem Verkehr ziehen müssen). Diesen »Zivilisationsprozeß« treibt die Flucht der Technik vor dem Offenen voran. Sie bringt ihre Produkte nicht im eigentlichen Sinn »hervor«, sondern ist ihrem Herstellungsmodus nach ein mutterloses Herbeizwingen von Sachen, die funktionieren. Nach der Seite der Mittelverwendung hin ist die technische Technik abbauende Konsumtion, nach der kinetischen Seite hin eine aggressive Mobilmachung, nach der Seite des In-die-Welt-Setzens eine Monstrenzeugung durch Monstren. Wenn das hart klingt, so ist die richtige Tonart getroffen: sie ist am Platz, wo die technische Technik zu nichts Besserem führt als dazu, die große Kette des Lebens zu zerreißen. Bleibt die Frage, ob eine poietische Technik nicht möglich ist, über sie spräche man sofort anders.

Die einsame Strecke liegt nun hinter uns, der Autor kann sich wieder nach Gesellschaft umsehen. Es ist höchste Zeit, die Irreführung aufzulösen, mit der beim Aufbau dieses Kapitels gearbeitet wurde. Sie betrifft die Reihenfolge der Darstellung und die Zählung der Alternativen. Wir mußten aus architektonischen Gründen so tun, als glaubten wir wirklich, daß das Zweite auf das Erste folgt und daß die Poiesis erst zum Zuge kommt, wenn die Metaphysik spektakulär abgegangen ist. Davon kann natürlich keine Rede sein. Sobald die Poiesis ins Denken kommt, erscheint sie ihm so, daß an ihrem Vorrang vor Metaphysik und Technik nicht gezweifelt werden kann. Denn wenn sie ist, wofür wir sie ausgeben: die anthropogonische Instanz, die unsere *ars nascendi* als Kunst des Zurweltkommens und des Zurweltbringens beherrscht – dann sind auch Metaphysik und Technik nachgeordnete Größen im Hervorbringungs- und Ankunftsgeschehen, nachgeordnet freilich als Sorgenkinder der *natura naturans*, als Monsterkinder, die ihrer Mutter nicht nur über den Kopf wachsen, sondern ihr zuletzt die Hervorbringungskompetenz streitig machen.

Keine Irreführung lag darin, daß das Kapitel mit der Erinnerung an die Panik beginnt und mit der an die Poiesis endet. Panische Kultur hier – poietische Technik dort, wie geht das zusammen? Offensichtlich geht es nicht, und soll auch nicht zusammengehen, solange wir nicht hegelianisieren, das heißt hybride Programme zur Verrechnung des Unverrechenbaren aufstellen wollen. Der Hinweis auf das panische Motiv erinnert an die Notwendigkeit, das Maßlose kulturell einzuhegen, der auf die Poiesis zeichnet ein intensives Maßnehmen am wirklichen Gegenwärtigen vor. Wahrscheinlich müssen wir hier, nachdialektisch im anspruchsvollen Sinn, mit einer doppelten Staatsbürgerschaft des Menschen rechnen und ihm das Ungeheure ebenso wie das Verhältnismäßige, die Ekstase wie die Konstruktion zutrauen. Eine Synthese von Poiesis und Panik im Sinne einer Metaidentität von Maß und Maßlosigkeit kann es nicht geben. Exzeß und Bodenständigkeit ergeben zusammen kein Ganzes, auch wenn es unmöglich ist, das eine vom anderen abzutrennen.

Im Herbst des Jahres 1985 hatte der Autor auf einer Asienreise die Gelegenheit, das Museum für zeitgenössische Kunst von Seoul zu besuchen. Auf einem Gemälde eines koreanischen Künstlers, das dort ausgestellt ist, fand er die Paradoxie zeitgenössischer Reflexionen über Zeit und Sein so luzide visualisiert wie auf kaum einem modernen westlichen Kunstwerk. Man sah auf großer Leinwand das Symbol von Yin und Yang in hellen Pastelltönen, das ehrwürdige Bild des Kreises aus komplementären Wellen von Hell und Dunkel, Hart und Weich, die ewige Chiffre der Polarität und der bewegten Harmonisierung der Gegensätze. Hier aber wurde der Kreis von einem flachen grauen Keil durchschlagen, der von rechts nach links das Bild zerspaltete. Es war, als wollte der Keil die heile altasiatische Welt der Rundungen und Ergänzungen dementieren. Er zeugte von einer katastrophischen Welterfahrung, in der das Eine und sein Anderes sich nicht mehr zu einer »höheren« Einheit zusammenrechnen lassen. Zugleich beunruhigend und erleichternd war es, zu sehen, wie hier die holistische Lüge zu Ende gebracht wurde – der Bruch geht durch das Bild des Tao selbst hindurch. Zwar bilden Kreis und Keil gemeinsam eine neue komplexere Struktur, jedoch eine, die als etwas für immer Aufgebrochenes, Verletztes, Entfugtes vor uns ist. In ihr konnte weder der vormals harmonische Kreis den aggressiven Keil in sich halten, noch war es dem Keil möglich, die Kreishälften ganz voneinander zu entfremden und ihre alten Passungen unkenntlich zu machen; noch auseinandergesprengt erinnerten sie daran, daß auch in der zerfallenen Welt ein Zusammengehören von Teilen sich geltend machen kann. Auch ein verderbter Welttext hat hier und dort die Struktur von Gewirktem, Gewebtem, Vernetztem, Konsonantem. Auch nach der Zerstörung der problemlosen Rundheit bleiben alte und neue Fugungen, Passungen und Entsprechungen wenigstens als Vorskizzen stimmigen Lebens in Kraft. Aus ihnen kann die Poiesis ihre Folgenaturen bilden. Doch ergeben Kreis und Keil zusammen ebensowenig ein Ganzes wie Panik und Poiesis. Sobald die Gleichursprünglichkeit beider Motive in ihrem irreduziblen Eigensinn erfaßt wird, ist die Ganzheitsvorstellung alter und neuer Metaphysiken durchkreuzt. Vom Ganzen des Wirklichen läßt sich gerade nicht sagen, daß es *das* Ganze ist. Die Paradoxie der Ganzheit sprengt alle Ganzheitsvorstellungen, da das Ganze seine eigene Zerstückelung und Überschreitung enthalten soll, ohne sie enthalten zu können. Wann ist das Ganze ganz? – Vielleicht, wenn es als Ganzes ins Nichts fällt.

III. Eurotaoismus?

Daß die Philosophie sich hier in eine Vorschule der Gynäkologie verwandelt, wird vielen als schlimme Abweichung vom Pfad der Orthodoxie erscheinen. Aber nichts ist so schlimm, daß es nicht noch schlimmer kommen könnte – vor allem, wenn jetzt mit heterodoxer Energie darangegangen wird, auch philosophische Großthematiken wie »das Subjekt«, »die Autonomie«, »die Freiheit«, »das Sein«, »das Nichts« zu gynäkologisieren. Wie soll das gehen? Mühelos: indem wir im ersten Abschnitt zeigen, daß man das Nihilismusproblem anders anfassen muß, als Nietzsche es tat – unheroischer, um es sofort zu sagen; indem wir im zweiten die Idee entwickeln, daß die abendländische Metaphysik des Subjekts ein rein andrologisch durchgeführter Versuch war, die Unheimlichkeit des Geborenseins durch machtbetonte Selbstaufrichtungen zu kompensieren, wobei wir uns die Gelegenheit nicht entgehen lassen, die klassische Definition von Philosophie als Geburtshilfe der »Seele« real-gynäkologisch zu unterwandern; und indem wir im dritten den richtigen Gebrauch des Begriffs Eurotaoismus erläutern – nicht ohne die altchinesische intrauterine Bonhomie ins Spiel zu bringen, die den Betrieb da draußen als tödliches Umsonst kommentiert.

1. Das Nichts und das historische Bewußtsein – Zur Weltgeschichte der Lebensmüdigkeit

> Der Anblick des Menschen macht nunmehr müde – was ist Nihilismus, wenn er nicht *das* ist?... wir sind *des Menschen* müde...
>
> Friedrich Nietzsche, *Zur Genealogie der Moral*

Es macht Nietzsches besondere Stellung in der Geschichte der neueren Philosophie aus, daß man seit ihm den Zusammenhang zwischen geschichtlichem Denken und Melancholie verstehen lernt. In dieser Entdeckung steckt das quintessentielle Vermächtnis des 19. Jahrhunderts. Man begreift, warum es bei den Späteren als das Jahrhundert der schiefen Stellungen, der bombastischen Gebärden und der titanischen Larmoyanz schlecht angesehen ist. Sein Hauptverbrechen bestand aber darin, daß es dem 20. ein Paradox hinterließ, das zermürbender wirkt als das auswegloseste *double bind*. Indem es die Spätergeborenen zum historischen Denken erzog, steckte es sie unheilbar mit Lebensmüdigkeit an. Sein Historismus zerstörte das Immunsystem, das das naive Leben davor schützt, sich selbst geschichtlich zu sehen, und lieferte es dem Anblick seiner Verlorenheit in den großen Zeiträumen aus. Wie Pascal einen Schauder empfand vor dem ewigen Schweigen der unendlichen Räume, so muß der historisierte Mensch sich niedergeschlagen fühlen vor dem ewigen Lärm der geschichtlichen Zeitalter. Die Lehre der Geschichte für die Gegenwart ist ja keine andere als die, daß man aus der Geschichte die Gründe zur Verzweiflung an ihr erfährt. Darum ist Geschichtlichkeit das philosophische Kennwort für Depressivität, man weiß das,

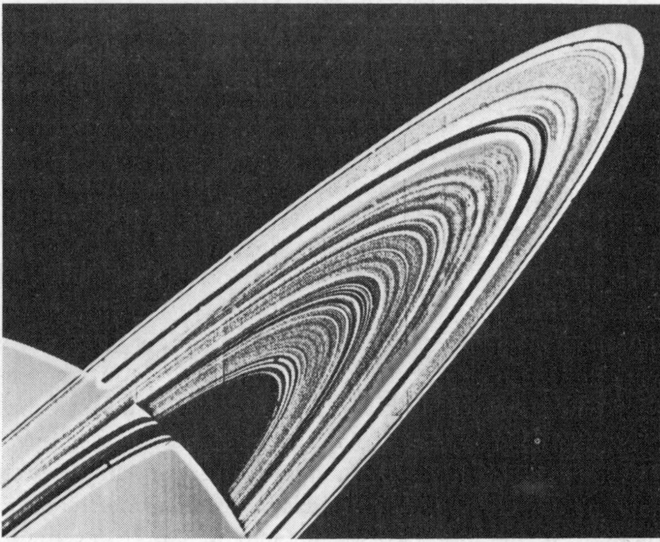

Die Raumsonde Voyager 2 streift Saturn

seit der junge Nietzsche hellsichtige Hinweise auf den Nachteil der Historie für das Leben gegeben hat. Man darf annehmen, daß schon die Romantikergeneration, die aus Zeugen und Überlebenden der Französischen Revolution bestand, die Nachteilseite der geschichtlichen Mobilmachung bis zur Neige ausgekostet hat; das *mal du siècle* lag für sie in der Empfindung, daß diese geschichtliche Welt ein Friedhof der Enthusiasmen ist – auf ihm vermodern alle noch so schön begonnenen Projekte. Historisch denken bedeutet seither, sich in einer Lage einzurichten, in der das Leben seiner eigenen Reflexivität nicht mehr gewachsen ist. Auch davon handelt die europäische Entfremdungsphilosophie seit den Schülern Hegels. Ihre Kritik umkreist eine Struktur, in der das Leben entdeckt, daß es mehr Moral als Vitalität besitzt, mehr Erinnerung als Unternehmungsgeist, mehr Hemmungen als Antriebe. Erst der Historismus macht den Alptraum der vergangenen Geschlechter fühlbar, der auf den gegenwärtigen Generationen lastet. Es gibt innerhalb dieser Struktur – vom kleinen Gelehrtenglück abgesehen – kaum ein Denken ohne Zorn auf das Ergebnis der Geschichte. Stets geraten wir in sie wie in eine riesige Hemmungsvorrichtung hinein, die sich als Zivilisation, Bildung, Erinnerung, Gewissen, Lehrplan, Kapital, objektiver Geist uns überstülpt. Im Historismus hat jedes Leben das Gefühl, zu spät zu kommen. Es findet sich in der Position des Erben vor, der nachträglich bemerkt, daß seine ihn scheinbar bereichernde Erbschaft in Wirklichkeit ihn überfordert und ruiniert. Diese Entdeckung übersetzt sich bei den rebellischen Geistern in die wütende Flucht nach vorn.*

Der Effekt – Ruiniertwerden durch ein nicht abweisbares und nicht antretbares Erbe – ist außerordentlich ironisch. Man muß daran erinnern, daß der europäische Historismus zunächst als das optimistische Unternehmen begann, die gesamte Vergangenheit der Menschheit als unsere Vorgeschichte zu unserem Eigentum zu machen. Der heroische Optimismus der geschichtlichen Gesamtaneignung verbindet sich in erster Linie mit den Werken von Hegel und Marx, von denen der erste den Versuch unternahm, die Vergangenheit der denkenden Menschheit in ihrer Totalität als Eigen-

* Unter diesem Gesichtswinkel gibt es für die Marxsche Revolutionstheorie und Nietzsches Lehre vom schöpferischen Vergessen einen gemeinsamen Nenner. Beide Doktrinen wollen die Verfallenheit des Lebens an die Vergangenheit mit den Mitteln des aktiven Nihilismus sprengen, beide setzen dabei auf Selbstintensivierung, Marx durch ein Projekt, das der lebendigen Arbeit wieder die Priorität vor der toten verschafft, Nietzsche durch Entfesselung eines »löwenhaften« Willens zu sich selbst mit Aussicht auf eine kindhafte zweite Unschuld.

tum eines bei sich selbst angekommenen absoluten Geistes zu reklamieren, der zweite den Anspruch erhob, die gesamte Zukunft als Wesensäußerung einer sich zu sich selbst hindurcharbeitenden Menschheit zu organisieren. Seit langem breitet sich aber der Eindruck aus, daß diese beiden größten Anstrengungsprogramme, die die neuere Geschichte kennt, ihrerseits in Ermüdung einmünden. Wir sind schon froh, wenn uns auf dem Weg zur Arbeit nichts passiert, und können uns nicht vorstellen zu hoffen, auf dem Wege der Arbeit die Welt in eine Eigentumswohnung des Gattungssubjekts umzuwandeln. Den Ideologen in der Nachfolge von Marx gilt die Erde ja bis heute als künftiges Einfamilienhaus der Arbeiterklasse, während für Hegel die Weltgeschichte eine Familiengruft ist, in der jeder Schädel einen Verwandten darstellt. Beide Großanstrengungen fallen in die Universalgeschichte der Übermüdung zurück, und im Blick auf diese beiden letzten Titanismen wird immer deutlicher, daß Geschichtlichkeit, je mehr sie auf sich selbst reflektiert, zunehmend unter das Zeichen Saturns gerät. Was depressiven Historismus anbelangt, so zeichnet sich die Gegenwart nur dadurch aus, daß sie die Müdigkeit nicht nur rückwirkend, sondern auch prospektiv empfindet. Man muß heute nicht so sehr Historiker als Zukunftsforscher sein, um die Geschichte als Flickwerk aus Verzweiflungen vor Augen zu haben. Wer Lust hat, traurig zu sein, denkt heute weniger an das, was war, als an das, was die schon jetzt überraschungsfrei erkennbare Zukunft bringt. Nachdem der Historismus auch die Zukunft an sich gerissen hat, ist der Kreis der Geschichtlichkeit geschlossen. Weltgeschichte als elanvoller Bericht von den Etappen des Wegs hinauf zu uns selbst ist nicht mehr ohne weiteres möglich und wird künftig immer von Gegenerzählungen sabotiert werden, die von den Verlusten und Brüchen reden. Dank historischer Aufklärung liegt nun die Welt unter dem Auge einer traurigen Wissenschaft – unverklärbar; das beste Gedächtnis hat den bösesten Blick. Im Resultat ist alle Historie dysangelisch – Geschichte sind schlechte Nachrichten.

An dieser Stelle läßt sich die Nihilismusfrage einführen. Es ist ja offenkundig, daß in den Reden vom Nihilismus, wie sie vor kaum mehr als hundert Jahren aufkamen, die Bejahbarkeit des Lebens im ganzen in Frage gestellt worden ist. Dies steht im direkten Zusammenhang mit dem Siegeszug des Historismus und seiner Entzauberung der zeitlichen Welt. Durch ihn entsteht eine kulturelle Situation, in der das Leben seine eigene Geschichte als einen Prozeß zunehmender Hemmungen und Deformationen reflektieren muß. Der Historismus, als Anwendung der Aufklärung auf die Existenz der Aufklärer selbst, baut nämlich Lebensgründe ab und löst den Selbsterfindungselan lokaler Narzißmen relativistisch auf. Daher muß das Thema Nihilismus zu dem Zeitpunkt in den Brennpunkt moderner kultureller Selbstverständigung rücken, in dem der Sieg der Hemmungen über die Regungen, der Depressionen über die Initiativen, der Vergleichung von Lebensformen über die Entschiedenheit für eine von ihnen fast vollständig geworden ist. Genau dies ist Nietzsches Augenblick. Er plaziert sein Denken in den Tiefpunkt einer universalgeschichtlichen Dekadenz, in der Annahme, zugleich einen Wendepunkt erreicht zu haben. Er begriff, daß Historismus und Nihilismus Verbündete sind, sofern eine zu Ende geführte historische Reflexion von nichts anderem handeln kann als von der Geschichte der unaufhaltsamen nihilistischen Lebenshemmung, die sich im Namen der Hochreligion, der Moral und der Zivilisation von Europa aus in der ganzen Welt durchsetzt.

Für Nietzsche enthüllt sich die Geschichte des christlichen Abendlandes als die eines verlangsamten Selbstmords. In ihr durchdringen lebensverneinende Impulse alle Denkformen, Empfindungsweisen, Künste und Einrichtungen mit furchterregender Gründlichkeit. Der psychologische Begriff für diesen Vorgang lautet: Machtergreifung des Ressentiments; der biologische: Dekadenz; der religiöse: Christentum; der philosophische: Nihilismus. Die Weltgeschichte des christlichen Ressentiments ist für Nietzsche die Geschichte einer unermeßlich folgenreichen Welt- und Lebensentwertung. Diese Entwertung ist die aggressive Spitze der Verneinung, die aus den Rückschlagsgefühlen eines schon verneinten, gehemmten, verstümmelten Lebens hervorgeht. In der christlichen Absage an die Welt weht zu uns ein Hauch aus den selbstmörderischen Tiefen Asiens herüber. Der abendländische Nihilismus ist für Nietzsche die weltgeschichtemachende Inszenierung einer radikalen Negation alles dessen, was er die vitalen »Werte« nennt; er sieht in diesem einen verhohlenen Willen zum Nichts am Werk, der verneinende Regungen anstelle vitaler Selbstbejahungen ermächtigt. Was unser Nihilismus will, wäre das Nichts als höchster Wert. Dieses ist ein Nichts an Lebenswerten, ein Nichts der Motivation zum Dasein, kurzum ein depressives Nichts, das in der Weigerung gründet, das Leben zu übernehmen, wie es ist. Durch Nietzsches gesamtes Werk zieht sich die Auseinandersetzung mit dem motivationalen Nihilismus hindurch. In wütender Luzidität arbeitet er die Mechanismen der gehemmt-hemmenden Verneinung heraus, die in der Moderne ein theoretisch-moralisch-psychologisches Monopol erworben hat. Durch seine Verkleidung als christliche Mission, Philanthropie und zivilisatorischer Fortschritt hat der abendländische Nihilismus die Macht gewonnen, die Welt zugleich zu bewegen und herunterzudrücken. Die

Rede vom Nihilismus zwang sich den wachen Geistern des 19. Jahrhunderts auf, weil sie erkannten, wie die Ohnmacht sich als Weltmacht etabliert hat. Die Unfähigkeit zur verstehenden Bejahung des Lebens hat sich in Institutionen der verkappten Lebensverneinung durchgesetzt. Die nihilistische Moderne ist das Weltreich des Ressentiments als Wille zur Brechung des Lebens. Mit dieser Diagnose hat Nietzsche dem Abendland samt seinen Erben im Osten und Westen den moralischen Totenschein ausgestellt. Empört hat er daran erinnert, daß das Wort Welt ein christliches Schimpfwort ist. Da er in seiner Epoche eine nachchristlich maskierte Weltherrschaft des christlichen Neins zur Welt heraufkommen sah, fühlte er sich dazu berechtigt, die Partei des verneinten Lebens zu ergreifen und seine Zeit als Ära des vollendeten Nihilismus zu verachten. Er lehrte dagegen ein dionysisches Naturrecht – das Recht des Lebens, anderen als moralischen Motivationen zu folgen. Seine Utopie war ein heroischer Positivismus, durch den eine fugenlos affirmative vornehme Selbstbejahung sich von jeder Herkunft aus vergifteten Regungen abkoppelt.

Dies alles ist bekannt und wird nur als Folie für Späteres anskizziert. Natürlich wird niemand den Kampfwert von Nietzsches Diagnosen leugnen, noch die strategische Weiträumigkeit seines religionskritischen Blicks in Zweifel ziehen. Dennoch kann man, um heute über die Dynamik des Nichts zu sprechen, nicht mehr direkt an Nietzsches Theoremen anknüpfen. So seltsam es klingt – seine Auffassung vom Nihilismus bleibt philosophisch zu harmlos. Zu harmlos ist sie in dem Maß, wie sie beim motivationalen Nichts und seiner »Überwindung« verharrt.

»Wir sind des Menschen müde...« – dieser Satz reiht sich, mehr als sein Verfasser wußte, in einen Prozeß ein, in dem der zunehmende Anstrengungscharakter des Daseins eine

»Der Maxi-Look ist gefährlich« (Warnschild an Rolltreppen im Kopenhagener Hauptbahnhof, 1971)

Welle der Lebensmüdigkeit auslöst. Dieser Prozeß schließt auch Nietzsches Ausbruch aus der Müdigkeit in gewaltsame Affirmationen ein und schreitet gähnend über die dionysischen *revivals* hinweg. Am Ende seiner leugnerischen Aufschwünge muß sich das Denken doch dazu entschließen, seine eigene Schwere, seine Müdigkeit, seine erworbene Depression in positiven Begriffen wahrzunehmen. Wir werden zeigen, daß eine Meditation der Schwere nötig ist, um das philosophische Reden über das Nichts und den Nihilismus zu beleben. Um die Schwere zu verstehen, reichen Nietzsches Genealogie der Moral und seine Analyse der Rückschlagsgefühle nicht aus. Sie können bestenfalls den Willen zum Nichts verständlich machen, aber sie versagen vor der (vielleicht anspruchsvolleren?) Aufgabe, das Nichts in einer Urgeschichte der Verneinung und in einer Archäologie der Lebensmüdigkeit zu lokalisieren. Die Depression als existentielle Erfahrung der Schwere ist in letzter Instanz kein psychiatrisches, sondern ein philosophisches Thema.

Nietzsche hat selbst gelegentlich über den Horizont des motivationalen Nihilismus hinausgesehen. Am weitesten ging sein Blick in der berühmten Formulierung, die den modernen Nihilismus als einen unheimlichen Gast bezeichnet – den unheimlichsten aller Gäste. Das Bild vom Gast läßt ahnen, daß das Nichts doch mehr ist als Produkt oder Ziel der Verneinung des Lebens durch schlecht Lebende. Es suggeriert, daß bewußtes Leben sich grundsätzlich auf furchtbare Besucher gefaßt machen muß. Dem Dasein selbst haftet eine Unheimlichkeit an, die nicht erst aus menschlichem Neinsagen zum Gegebenen entspringt. Mächtiger und älter als jedes gesprochene Ja und Nein, taucht uns das Unheimliche von vornherein in sein Medium ein. Der unheimliche Gast, der die Modernen heimsucht, ist ein Abkömmling des Unheimlichen, in dem wir durch die Tatsache des

Existierens immer schon zu Gast sind. Darum ist das Nichts nicht so sehr der Gast als der Gastgeber. Nietzsche meinte jedoch, daß das Unheimliche eher zu uns kommt als wir in es, und verfiel auch darum in die heroische Tonart. Er ließ glauben, »gefährlich leben« sei ein Ethos des vornehmeren Subjekts und nicht eine jeder Leistung vorausgehende gemeinsame Lage.

Mit dem Hinweis aufs Unheimliche kommt in die Rede vom Nichts ein neuer, sagen wir anthropologischer oder fundamentalontologischer Zug. Jetzt ist nicht mehr von Motivationen und Wertschätzungen die Rede, sondern von der Struktur der Existenz, in die die Abdrücke des Negativen eingeprägt sind. Auf einem Höhepunkt der neueren philosophischen Reden über die Existenz konnte von dieser sogar gesagt werden, daß sie ins Nichts, das heißt ins Ungegebene und Entgründete, »hineingehalten« sei. In solchen Formulierungen zeigt sich die Bewegung, die während des 20. Jahrhunderts in die Analytik des Nichts gekommen ist. Zur gleichen Zeit hat das Nichts populärontologisch Karriere gemacht und ist zum Star von Romanen, Filmen und Kinderbüchern avanciert. Wie weit man es in dieser Richtung bringen konnte, zeigt Michael Endes Märchenkultbuch *Die unendliche Geschichte*, in dem sich das Nichts in etwas verwandelt hat, was es an Massivität mit den handfestesten Realien aufnimmt. Natürlich wird man dem Buch vorwerfen, daß es Metaphysik und Mythos in den Kitsch übersetzt hat, aber die hier erreichte Stufe der Popularisierung metaphysischer Ideen ist selbst ein ideengeschichtlicher Tatbestand, der Aufmerksamkeit verdient. Bei Michael Ende gewinnt das Nichts eine Konkretheit, die einen geschworenen Heideggerianer erblassen ließe. Für die, denen das Buch keinen unauslöschlichen Eindruck gemacht hat, erinnern wir an die Stelle, wo der junge Held Artréju auf seinem Exodus drei Waldgeistern, seltsamen Borkentrollen begegnet, die ihn warnen, seinen Weg fortzusetzen, denn geradeaus liefe er direkt ins Nichts. Beim Anblick der drei Trolle läuft dem Helden

»ein kalter Schauder über den Rücken. Dem ersten fehlten die Beine und der Unterleib, so daß er auf seinen Händen gehen mußte. Der zweite hatte ein riesiges Loch in der Brust, durch das man hindurchschauen konnte. Der dritte hüpfte auf seinem einzigen rechten Bein, denn seine gesamte linke Hälfte fehlte, so als sei er mitten entzwei geschnitten worden.« (S. 52)

Diese drei vom Nichts angenagten Figuren spielen eine Rolle, die man in der Mythenforschung als die des Adjuvanten, des Helfers, bezeichnet, zuerst in warnender, dann in wegweisender Funktion. Als Artréju sich erkundigt, was ihnen zugestoßen sei, antwortet der erste:

»›Die Vernichtung breitet sich aus ... wächst und wächst und wird jeden Tag mehr – falls man überhaupt von *nichts* sagen kann, daß es mehr wird. Alle anderen sind rechtzeitig geflohen aus dem Haulewald, aber wir wollten unsere Heimat nicht verlassen. Und da hat es uns im Schlaf überrascht und hat aus uns das gemacht, was du jetzt siehst.‹
›Tut es sehr weh?‹ fragte Artréju.
›Nein‹, antwortete der zweite Borkentroll, ›man spürt nichts. Es fehlt einem nur etwas. Und jeden Tag fehlt einem mehr, wenn man einmal davon befallen ist. Bald werden wir gar nicht mehr da sein.‹«

Dann fragt Artréju, neugierig, wie Erlöser sind, von welcher Stelle im Wald es angefangen hat, und nach der Anweisung der Trolle steigt er auf einen hohen Baum, um das Nichts anzuschauen.

»Als er schließlich in der höchsten Krone saß, wandte er den Blick nach Sonnenaufgang, und nun sah er es:

Die Kronen der anderen Bäume, die noch in seiner Nähe standen, waren grün, doch das Laub der Bäume, die dahinter lagen(!), schien jede Farbe verloren zu haben, es war grau. Und noch ein wenig weiter entfernt schien es auf eine seltsame Art durchsichtig, nebelhaft, oder

Antikes griechisches Theater in Epidauros. Eröffnungsszene.

besser gesagt, einfach immer unwirklicher zu werden. Und dahinter lag nichts mehr, einfach nichts. Es war keine kahle Stelle, keine Dunkelheit, es war auch keine Helle, es war etwas, das den Augen unerträglich war und einem das Gefühl gab, blind geworden zu sein. Denn kein Auge kann es aushalten, ins völlige Nichts zu blicken. Artréju hielt sich die Hand vors Gesicht... Nun erst begriff er ganz das Entsetzen, das sich in Phantásien ausgebreitet hatte.«

Selten hat man dem »wirklich anwesenden« Nichts einen so kompletten Steckbrief angehängt. Erst an ihm begreift man ganz, daß sich in den neumetaphysischen Phantasmen die Rede vom Nichts als Codewort für das Entsetzliche ausgebreitet hat. Wie eine ontologische Lepra nagt es an den Gestalten, wie ein metaphysisches Waldsterben macht es die Bäume durchsichtig – als wäre das durchleuchtende Licht ein Geheimagent des Nichts, und wie in einer negativen

Theologie kann von ihm zuletzt nur in Verneinungen gesprochen werden, immerhin so, daß es durch seine Unerträglichkeit für das menschliche Auge bestimmt ist. Zusammengenommen mit dem Hinweis, daß dieses Nichts von »Sonnenaufgang« her in den Wald einfällt, bringt das die Ahnung zur Sprache, daß der Siegeszug des Nichts mit der Entwicklung einer gewissen abendländischen Lichtmetaphysik zusammenhängen könnte. So ist Endes Porträt des Nichts nicht ganz ohne Ähnlichkeit mit dem Original, und manche sagen auch, es sei poetischer Charme in ihm. Trotzdem stürzt es die armen Wesen, die von Berufs wegen Philosophie treiben, in einen lebhaften Zwiespalt. Sie wissen nicht, ob sie sich vor Neid auf soviel Anschaulichkeit die Haare raufen oder ob sie aus Ärger über den rohen Konkretismus das Buch in die Ecke werfen sollen. Diesem Dilemma läßt sich nur ein Ende machen, indem man eine andere Form von Anschaulichkeit entdeckt, die es mit den Reizen des Kinderbuches aufnimmt, ohne dem Denken Regressionen zuzumuten. Kann man vom Nichts nicht auch verbindlich sprechen und doch die Ausmalungen des Nichts als Entfärber und Allesfresser meiden?

Machen wir uns also mit philosophischen Mitteln auf die Spur des Nichts. Unterwegs zu einer anderen Anschaulichkeit, beginnen wir von den Bewegungen der Menschenkinder zu erzählen, die aus dem Gesetzten ins Entsetzte, aus dem Häuslichen ins Unheimliche führen. Noch einen Schritt, und wir schreiben das Anfangskapitel eines philosophischen Romans, der von der menschlichen Geburt und den weiteren abenteuerlichen Schicksalen des Subjekts berichtet. Er wäre kein philosophischer Roman, wollte er nicht behaupten, eine allgemeine Autobiographie zu sein, in der alles, was Ich sagt, seine Geschichte niedergelegt hat. In diesem Roman des Subjekts kommt es zu einer pantagruelischen Mischung der Genres. Von der Philosophiegeschichte ist in ihm ebensoviel wie von der Gespenstergeschichte enthalten, vom Heldenepos geht ebensoviel ein wie vom pikarischen Roman, auch von der Heiligenlegende muß etwas dabeisein. Es ist der Roman des Zurweltkommens, verfaßt als Prototypus aller Geschichten, die von Ausfahrt, Irrfahrt, Heldenweg und Bildung im Weltlabyrinth erzählen. Wir werden sehen, wie sich Zurweltkommen und Zunichtskommen aufeinander reimen. So entsteht auch – als Nebenprodukt zu dieser Naturgeschichte des Unheimlichen – eine summarische Sozialgeschichte menschlicher Überanstrengung und eine kleine Weltgeschichte der Lebensmüdigkeit. Es ist das Buch vom Menschen als fragwürdigem Weltkind – kein Buch für Kinder.

2. Das fehlgeborene Tier und die Selbstgeburt des Subjekts

> Der Mensch ist der große Gedankenstrich im Buche der Natur.
>
> Jean Paul, *Aus den Papieren des Teufels*

Verfolgt man die Spuren des Unheimlichen an den Ausgangspunkt zurück, so stößt man auf das menschliche Geburtsdrama. Die Art und Weise, wie Menschen zur Welt kommen, enthält vermutlich schon den vollständigen Schlüssel zum Problem des Nichts. Wenn das Wort Nichts überhaupt mehr sein soll als ein Vorwand zur Scharlatanerie, dann ist es ein Hinweis darauf, daß es für Menschen nicht genügt, geboren zu werden, um zur Welt zu kommen. Die physische Geburt des Menschen ist das Gegenteil eines Zurweltkommens, es ist das Herausfallen aus allem »Bekann-

Olympia, Übersicht über das Stadion von Ost nach West

ten«, ein Sturz ins Unheimliche, ein Sichausgesetztfinden in einer nicht geheuren Lage. Das gilt in dreifacher Hinsicht: geboren zu werden bedeutet für das Menschenkind erstens den Abschied von seinem intrauterinen Leben, das vermutlich das einzige Stadium seines Empfangs bei der Welt ist, das wirklich heimlichen, das heißt heimatlichen Charakter besitzt – vorausgesetzt, daß die Ausläufer der feindgetönten Außenwelt nicht auch bis dorthin vordringen; auf jeden Fall bedeutet der geburtliche Exodus in die Welt eine Abenteuerfahrt durch unheimliche Wälder, neben denen der Wald Artréjus nur biedermeierlich schaurig wirkt. Zweitens heißt zur Welt kommen im Ungewissen eintreffen – da für Menschen, mehr als für alle anderen Lebewesen, die Welt etwas ist, was nicht von vornherein feststeht und gegeben ist, sondern ermittelt und festgestellt werden muß; der Ankunftsort selbst wird durch die Anreise des Menschen, des konstruktiven Tieres, unsicher gemacht und in Bewegung gesetzt; wer die schlechte Idee hatte, aus dem Mutterleib direkt nach Tokio, Mexico City, New York oder Kairo zu fallen, wird bald ein Lied über das unheimliche Leben im Dickicht der Städte zu singen haben. Und drittens bedeutet zur Welt kommen für Menschen immer: viel zu früh kommen und in einem Zustand eintreffend, der für eine erfolgreiche Ankunft im Wirklichen absolut ungeeignet ist, einem Zustand völliger Desorientierung, Hilflosigkeit und Verlegenheit. Das einzige, was uns in dieser exponierten Lage weiterhilft, ist die Tatsache, daß am Anfang die Welt, zu der wir kommen, bis auf eine Kleinigkeit identisch ist mit der Mutter, aus der wir kommen. Diese Kleinigkeit hat genau das Ausmaß der ontologischen Differenz. Denn sobald wir alt genug sind, unsere Mutter von außen kennenzulernen, fangen wir auch schon an, eine »Welt« kennenzulernen, die nicht unsere Mutter ist. Man darf behaupten, daß der seltsame Unterschied zwischen Mutter und Nicht-Mutter die Menschen für den Rest ihres Lebens beschäftigt, weil sie nie ganz werden verstehen können, wie die Welt, die sich zuerst wie die Mutter anfühlte, sich in die Welt verwandeln konnte, die so aussieht, wie wir sie jetzt kennen – wir sagen nicht wie, um keine Panik im Saal heraufzubeschwören.

Wollen wir von einem reflektierten Weltbegriff ausgehen, so können wir nicht mehr ernsthaft behaupten, daß der Mensch durch seine Geburt zur Welt kommt. Ein namenloses Etwas wird in eine Lage versetzt, von der es sich nichts Bestimmtes und bestimmt nichts Gutes versprechen darf, es sei denn, es wäre zu einer Mutter und anderen Menschen gekommen, die ihm eine bestimmte gute Welt versprechen. Dies hat für den philosophischen Weltbegriff eine weitreichende Konsequenz: die Welt, zu der der Menschenankömmling kommt, ist ihrer Gegebenheit nach nichts anderes als ein Versprechen, das die älteren Welteinwohner den Neuankömmlingen machen, ein Versprechen, das der Labilität irdischer Verhältnisse wegen dazu prädestiniert ist, gebrochen zu werden. Hiermit gewinnt die Frage nach dem Nichts eine neue Form. Das Nichts kann jetzt entweder bedeuten, daß dem zur Welt Kommenden nichts versprochen wird, so daß dieser sich von seinem Dasein auch nicht viel versprechen kann, folglich die Neigung entwickelt, dorthin zurückzukehren, woher er kam, in den Schoß, in den Tod, ins monistische All-Nichts – ein Motiv, das in allen Erlösungsreligionen und All-Einheitslehren seinen Platz hat. Oder es deutet darauf, daß es mit den großen Versprechungen, die gemacht wurden, nichts ist und daß sich von den Erwartungen an die Welt, die die Mütter wecken, in der Welt als Nicht-Mutter nichts erfüllt – ein Motiv, von dem alle Varianten weltkluger Skeptizismen, Zynismen und Nihilismen handeln. Das Nichts wäre folglich ein einigermaßen präziser Titel für die notorische Inkongruenz zwischen den Weltankömmlingen und den Ankunftsverhältnissen. Diese Inkongruenz wird in dem Maß spürbar, wie die Welt ihren Zureisenden nichts verspricht oder von ihren gemachten Versprechungen nichts hält. Das Unheimliche am menschlichen Zurweltkommen hat seinen Grund demnach in der Unzuverlässigkeit der menschlichen Versprechungen. Entspringt diese aus individuellem Leichtsinn, aus Unverantwortlichkeit, aus den Launen der unberechenbaren Zweibeiner? Nein – sie rührt daher, daß die als Versprechen gegebene Welt in sich selbst etwas Unhaltbares oder doch nur mit Glück und Mühe zu Haltendes hat. Im Unheimlichen spricht uns die unaufhaltsame Tendenz der Versprechungen zur Unhaltbarkeit an. Darum hat unser Zurweltkommen von vornherein einen Zug ins Nichts. Zwar ist jede Geburt von sich her auch ein Versprechen an die Welt, aber weil die Welt als versprochene von Unhaltbarkeit gefärbt ist, ist in jeder noch so viel versprechenden Geburt auch ein Sturz ins Unhaltbare im Spiel. Man muß sogar sagen, daß jeder Geburt ein Hauch von Fehlgeburt anhaftet. Menschen kommen nicht als solide Subjekte in robuste Welten, sondern für sie geht die Welt dadurch auf, daß sie ein wenig danebengeboren und ins Ungegebene, Unheimliche ausgesetzt werden. Nietzsche hat dieses Verhältnis nur zur Hälfte formuliert, als er vom Nihilismus als dem unheimlichen Besucher sprach, der das moderne Dasein heimsucht. Es ist nicht so, daß ein sonst sattelfestes Leben in seltenen Krisen furchtbaren Besuch erhält – es ist von sich selbst her ein Besuch im Unheimlichen. Wir treiben immer etwas ab, wir driften stets ein Stück weit weg, die große Kette der Wesen hat im Menschen ihr offenes Glied.

Als Lebewesen ist der Mensch darum ein pures Problem, eine chronische Fehlgeburt. Zwischen jedem neu hinzukommenden Individuum und dem bisherigen Leben liegt von Anfang an eine Lücke – diese klafft jeweils soweit auf, wie die Abtreibung ins Unheimliche geht, die die Ankömmlinge bei ihrem Eintreffen erleiden. Diese Lücke ist der Raum, in dem wir das Nichts als etwas erfahren, was »anwesend« sein kann und in das wir »hineingehalten« sind. In diese Lücke wird die Welt eingebaut, in ihr kann Welt aufgehen und ankommen, über sie hinweg spannen sich die Seile des Versprechens, auf die sich Menschen wie Seiltänzer hinauswagen.

Im Schatten dieser Überlegungen zeigt sich, daß der Mensch nicht einfach ein zusätzlich mit Vernunft ausgestattetes »Lebewesen« ist, sondern ein Wesen, das sein Leben »führen« muß. Ohne Lebensführung ist menschliches Leben im doppelten Sinne nichts, nicht Leben und nicht menschlich. Menschen müssen sich ihr Leben aber erst versprechen, ehe sie es führen können, und weil für uns das Entscheidende unter der Führung von lebensspendenden Versprechungen geschieht, sind wir von unserem ersten bis zum letzten Tag auf deren Einhaltung angewiesen. Ohne den Zufluß von Affirmationen, die uns unser Leben versprechen und bestätigen, können wir uns weder psychisch noch biologisch am Leben erhalten – nach paläoanthropologischen Befunden sterben Menschen, die von allen Versprechen abgeschnitten werden, innerhalb von 48 Stunden an einem psychogenen Tod. Menschliche Lebenshaltung wird immer von Versprechungen bestritten. Wenn Menschen also keine Lebewesen, sondern Lebensführungswesen sind, so liegt hier die Quelle einer spezifisch menschlichen Fragilität offen: die Führung ihres Lebens hängt an der Haltung von Versprechen, die von ihnen selbst her zur Unhaltbarkeit neigen. Wenn Mütter ihre weinenden Kinder auf den Arm nehmen und ihnen versichern, es sei wieder *alles gut*, so versprechen sie ihnen mehr, als zu halten sein wird – aber sie können es ihnen auch nicht nicht versprechen, wenn sie die Kinder nicht zur Unzeit in Haltlosigkeit versinken lassen wollen. Früh genug lernt jedes Individuum, daß der Schlagschatten unhaltbarer Versprechen auf das menschliche Leben fällt und daß zur Existenz nicht nur Lebenshaltung und Lebensführung auf der Basis gehaltener Versprechen gehören, sondern auch Lebensirreführung und Lebensfehlhaltung – wegen fehlenden Halts für das Versprochene.

Diese Umstände machen begreiflich, warum das Leben nur unfreiwillig und unter äußerstem Zwang dazu kommt, sich über seine primäre Unheimlichkeit Rechenschaft abzulegen. Es ist ja der übliche Sinn von »Rechenschaften«, das Leben als etwas Berechenbares, Sinnvolles, Heimisches und

Haltgebendes auszuweisen. Das Urversprechen des Lebens, das philosophisch Vernunft genannt wird, besteht darin, gegen das Nicht-Halten von Versprechungen Einspruch zu erheben und darauf zu bestehen, daß die Vernunft hält, was sie verspricht – war nicht Vernunft einmal auch ein Ausdruck für den Zufluß von vielversprechenden Lebensgründen zu unserer immer schon gefährdeten Existenz? Darum hat Vernunft für uns die Struktur eines sich selbst haltenden Versprechens, und der Einbruch des Unvernünftigen wird im allgemeinen als so skandalös und verheerend wahrgenommen, weil beim Bruch des Vernunftversprechens die Ahnung aufkommt, es möchte mit den Versprechungen der Welt und des Lebens schlechthin nichts sein.

Diese Überlegungen machen klar, warum eine Anthropologie, die sich nicht zu einer Theorie der Geburt durchgearbeitet hat, schal bleiben muß: erst eine Geburtsphilosophie kann für die abgründige Seite menschlichen Zurweltkommens so aufmerksam werden, daß der Begriff Welt endlich mit dem Drama des Ankommens in ihr zusammenwächst. In geburtsphilosophischer Sicht ist der Mensch das Wesen, das den Leichtsinn hatte, kein Tier zu sein und sich in eine Welt hinauszuwagen, die nur durch Versprechen »gegeben« ist. Anthropologie ist insoweit nichts anderes als die Wissenschaft vom Leichtsinn – von der Frivolität des Menschen, Lebensformen auf Versprechungen aufzubauen. Dieser Leichtsinn ist es, der Geschichte gemacht hat, und Geschichte als Wissenschaft stellt das Inhaltsverzeichnis aller kulturellen Schelmenstücke auf, die die Erde bevölkern. Wer könnte bestreiten, daß wir im Buch der Geschichte die bunte Vielfalt der aus Versprechungen erzeugten Hochstapeleien ausgebreitet finden? Und wer kann sich dem Eindruck entziehen, daß die Menschen der hochkulturellen, das heißt vielversprechenden Ära sich versprochen haben, was wohl auf Dauer zu halten nicht möglich sein wird, und daß die psychisch-kulturellen und technischen Apparate, die zum Halten der falschen Versprechungen erstellt wurden, sich inzwischen selbst dem Zusammenbruch nähern, um mit der Haltlosigkeit des Versprochenen auf eins hinauszulaufen?

Anthropologie als Wissenschaft von solchem Leichtsinn wird zur zentralen Disziplin der Philosophie, sobald sie einen allgemeinen Begriff vom Subjekt als Halter unhaltbarer Stellungen herausarbeitet. Was das Subjekt und was Subjektivität ist, kann folglich mit den herkömmlichen philosophischen Formeln nicht mehr ausreichend erfaßt werden – sie ist weder ein Zugrundeliegen im Sinne des griechischen *Hypokeimenon*, noch ein reines Handeln oder Entspringenlassen im Sinne der modernen Aktivitätsphilosophien, sondern ein Ensemble von Verhaltensweisen, die sich um die Grundgebärden des Tragens, Aufstellens und Haltens gruppieren. Wenn die Welt für den Menschen von ihrer Gegebenheitsweise her bereits die Form eines Versprechens hat, so ist der Mensch – sofern er »in« der Welt und zu ihr »gekommen« ist – als Subjekt und Empfänger des Versprechens auch schon dessen Träger und Halter. Sogar die famose »Selbsterhaltung«, die philosophisch oft als Grundstreben der Subjektivität bestimmt worden ist, ist ihrerseits ein Abkömmling jenes Haltens, mittels dessen die Welt als Versprechen durch subjektive Anstrengungen gehalten und weitergetragen wird. Die Tatsache, daß die moderne Philosophie ihr Prinzip in die aktive Subjektivität gelegt hat, deutet freilich schon darauf hin, daß sie den Mut fand, sich in ein geschichtemachendes Abenteuer zu stürzen, um sich vom eigenen Handeln in der Welt das Äußerste zu versprechen. Was ist die Philosophie der Subjektivität anderes als eine logische Maschinerie, die im frei denkenden und handelnden Subjekt den Halter aller nur möglichen Versprechen identifiziert zu haben glaubt? Als frei Denkender und Handelnder gilt ihr der Mensch von Grund auf als das Sichselbsthaltende, Vielversprechende. Er ist als Subjekt der Bürge der Versprechen, mit denen sich das fehlgeborene Tier selbst seine Welt gibt. Nur wo das Subjekt seinen haltgebenden Beitrag leistet, hält sich für Menschen ihre Welt als »gegebene« aufrecht. Allein durch diesen Beitrag führt die Ankunft der Neugeborenen nicht zum sofortigen Sturz ins Bodenlose. Das Subjekt als Selbsthalter der ihm gegebenen Versprechen hält seinen Fall in einem erträglichen Stadium auf. Dieses Aufhalten ist die Anstrengung-die-ich-bin. Subjektivität, als Tat der Selbsthaltung, ist somit kein ruhiges Zugrundeliegen, sondern ein Sichanstrengen. Es ist kein Zufall, daß die Philosophien der Subjektivität auf ihrem höchsten Stand in Arbeitstheorien münden – immerhin bewahrt der Begriff Arbeit, auch nach seiner trügerischen Karriere bei Hegel und Marx, noch eine Erinnerung an die archaischen Anstrengungen um das Halten der Weltversprechen, und wenn wir heute wissen, daß die Gleichung von Subjekt und »Arbeiter« auf einem produktivistischen Kurzschluß beruht, so gibt es doch immer noch starke Gründe, um an Subjektivität und Angestrengtheit ihre Ursprungsverwandtschaft hervorzuheben.

Witzigerweise haben die Subjektphilosophien viel Aufhebens um die Spontaneität des Subjekts gemacht – man hat in ihr die Spur der Freiheit wittern wollen. In Wahrheit ist die Subjektphilosophie nicht so sehr an Freiheit interessiert als an der Bahnung von Auslaufmöglichkeiten für die Anstrengung-die-ich-bin. Was als Spontaneität bezeichnet wird, ist im Grund die sich selbst vorgegebene Anspannung zur Anstrengung, die im Subjekt als kinetische Energie treibt und gärt. Es verwundert kaum, daß die freiheitspathetischen Subjektphilosophen den Anstrengungsgrund im Subjekt selbst nicht aufdecken konnten. Über all den Reden von Aktivität, Spontaneität, Sollen und Wollen mitsamt dem quellenmetaphorischen Schwelgen im »Entspringen aus sich selbst« wurde verkannt, daß die Grundanstrengung, die in die Spontaneitäten fließt, von der fehlgeburtlichen Spur am Menschen herstammt. Dieser wird zum Subjekt nur darum und in dem Maß, wie er durch den Austritt aus dem Mutterschoß allein nicht zur Welt kommt, sondern ungeheure zusätzliche Anstrengungen aufbieten muß, um die Welt, zu der er kommt, festzustellen und sich in ihr aufrecht zu halten. Zwar ist Subjektivität in der Tat, wie der Idealismus lehrte, nur vom Pänomen der reinen Tätigkeit her verstehbar, aber diese wiederum ist keine »Tathandlung«, weder ein Fichtesches Sich-Setzen noch ein Sartresches Sich-Wählen, sie ist vielmehr eins mit der immer schon in Spannung gesetzten Anstrengung, sich – im Gegenzug zur vorsubjektiven Aussetzung ins Unheimliche – durch Selbstgeburt zur Welt zu bringen und sich durch eine eigene Haltung in ihr Stand zu verschaffen. Subjekt ist alles, was sich seine eigene Welt zu werden und zu sein versucht – wie? Indem es sich an sich selbst, seine »Grundsätze« und seine Sorge um sich selbst hält. Diese Selbsthaltung zeigt mehrere Gesichter: sie erscheint als Enthaltsamkeit, als Sichhalten an gewählte Normen, als Selbständigkeit, als Selbsterhaltung, als Selbstbegründung.

Von hier an überrascht es nicht, daß die Geschichte des Subjekts von Anfang an eine Geschichte von *Haltungen* war – von der Stoa bis zum Existentialismus, von den glühenden Wüstenheiligen bis zu den coolen jungen Großstädtern – immer tritt uns das Subjekt als ein sich selbst zusammenhaltendes Anstrengungszentrum gegenüber, als das aktive Prinzip einer gegen die träge, formlose und herabziehende Außenwelt aufgebotenen Haltung. Ob das Subjekt sich hält, indem es, als asketisches Ich, sich aller verführenden, störenden und ängstigenden Einflüsse enthält; ob es sich gegen die heillose und haltlose Welt aufrichtet durch einen Halt im Glauben an Gott oder Göttliches; ob es sich als autonomes Ich konstituiert, gehalten von einer philosophierenden Vernunft, die ihrerseits als Selbsthalterin ihrer Gesetze bestimmt wird; ob es sich als Überwinder der Lebensmüdigkeit aufrechtzuerhalten versucht, um sich heroisch selbstverschwenderisch der Welt zum Geschenk zu machen; ob es sich, düster zur Selbstübernahme entschieden, hinausgehalten weiß in das Nichts; ob es antiödipal aufgekratzt auf dem Surfbrett seines Begehrens wellenreitet; ob es sich wütend vor Souveränität am Stil seiner tollen zersplitterten Schreibweise festhält und aus den Augenwinkeln beobachtet, wie es sich selbst entgeht: immer ist das Subjekt dabei, sich durch selbstgeburtliche Anstrengungen Halt in einer Haltung zu geben. Durch seine unvermeidliche mißgeburtliche Position ist das Subjekt »spontan« zu der Anstrengung verdammt, seinen Halt in einer auf Widerruf übernommenen Welt aus eigenen Versprechungen zu stabilisieren.

Haltungen sind ihrem Sinn nach immer Erwartungshaltungen an den Bestand der Welt und an die Einhaltung ihrer Versprechen – nicht zuletzt auch Erwartungen an die Wiederholbarkeit von einmal erworbenen Haltungsprogrammen. Selbst wer sich dem stoischen Lehrsatz *nil admirari* verschrieben hat und sich von der Welt nichts mehr verspricht, der erwartet von ihr zumindest, daß sie ihn durch keine Überraschung mehr aus der Fassung bringt. Dann mag das Kartenhaus der äußeren Verhältnisse in sich zusammenstürzen – solange Haltungen die Kraft zum Durchhalten aufbringen, solange bleibt der Stand des Subjekts unberührt von den Umwälzungen der äußeren Bestände. Als Selbsthalter und Selbstträger kann das Subjekt gar nicht anders, als sich auf tendenziell weltlose oder zumindest gegenweltliche Attitüden zu versteifen – es lebt ja, wie gesehen, nur aus der Anstrengung, sich durch selbstgeburtliches Halten an eigene oder angeeignete Versprechen hervor und hinaus zu bringen. Somit ist die selbsthaltende Aktivität des Subjekts untrennbar von einer gewissen gegenweltlichen Selbstzüchtung – Foucault wird Selbstsorge sagen –, die einem gesteigerten Zurweltkommen dient.

Hierfür ist Nietzsche vor anderen neueren Denkern zuständig. Er war es, der in seiner *Genealogie der Moral* die Autogenese des Subjekts zur philosophischen Tagesordnung erhob.

»Ein Tier heranzüchten, *das versprechen darf*..., ist das nicht gerade jene paradoxe Aufgabe, welche sich die Natur in Hinsicht auf den Menschen gestellt hat? ist es nicht das eigentliche Problem *vom* Menschen?...

Eben das ist die lange Geschichte von der Heraufkunft der Verantwortlichkeit. Jene Aufgabe, ein Wesen heranzuzüchten, das versprechen darf, schließt... die... in sich, den Menschen... berechenbar *zu machen!* ... Stellen wir uns... ans Ende des ungeheuren Prozesses: so finden wir... das *souveräne Individuum*..., den Menschen eines eignen unabhängigen langen Willens, der *versprechen darf*... (den) Inhaber eines langen unzerbrechlichen Willens...« (Nietzsche, *Werke*, KSA, Bd. 5, S. 291ff.)

Wie kommt die Natur dazu, sich im Hinblick auf den Menschen eine so anspruchsvolle Aufgabe zu stellen? Wie verfällt sie auf den Gedanken, Wesen zu erzeugen, die sich, um leben zu können, in das Abenteuer der Selbsterzeugung stürzen müssen? Nietzsche läßt diese Fragen offen – doch lädt seine Redeweise von der selbstgestellten Aufgabe der Natur dazu ein, an eine ambitionierte Mutter zu denken, die sich in ihren Kindern zelebriert. Sehr deutlich ist in Nietzsches Rhetorik von Steigerung und Züchtung der selbstgeburtliche Prozeß des gesteigerten Lebens unter dem Sog höchster Versprechungen ausgeprägt. Die Klartextversion dieses Gedankens findet sich – man möchte sagen: selbstverständlich – bei Karl Marx, der in Nietzsches Geburtsjahr 1844 den Menschen als geborenen Selbstgebärer identifizierte: »Indem aber für den sozialistischen Menschen die *ganze sogenannte Weltgeschichte* nichts anderes ist als die Erzeugung des Menschen durch die menschliche Arbeit . . . so hat er also den anschaulichen, unwiderstehlichen Beweis von seiner *Geburt*: Durch sich selbst . . .« (K.M., *Die Frühschriften*, hg. von S. Landshut, Stuttgart 1968, S. 247/248) Von den Triumphen und Qualen der selbstgeburtlichen Mühe kann aber erst Nietzsche, nicht Marx, einen Begriff vermitteln, weil er, im Gegensatz zum Denker des Sozialismus, weiß, daß es beim Sichherausbringen des Menschen nicht um »Arbeit« geht, sondern um Schwangerschaftsbeschwerden, um Ankunftsleiden, um Wehen, englisch *labors*, um Daseinsmühen, griechisch *ponos*, um die unvermeidlichen selbstgeburtlichen Verausgabungen des Lebens, denen keine Wiederaneignung entspricht, allenfalls die Euphorie des Aufatmens im Freien.

»Was ist das gerade mir ganz Unerträgliche? Das womit ich allein nicht fertig werde, was mich ersticken und verschmachten macht? . . . Daß etwas Mißratenes in meine Nähe kommt . . . Was hält man sonst nicht aus von Not, Entbehrung, bösem Wetter, Siechtum, Mühsal, Vereinsamung? Im Grunde wird man mit allem übrigen fertig, geboren wie man ist zu einem unterirdischen und kämpfenden Dasein; man kommt immer wieder einmal ans Licht, man erlebt immer wieder seine goldene Stunde des Siegs – *und dann steht man da, wie man geboren ist*, unzerbrechbar, gespannt, zu Neuem, zu noch Schwererem, Fernerem bereit . . .« (Nietzsche, Bd. 5, S. 277/287)

Die Selbstgeburt des Subjekts, sagen Nietzsches Formeln, ist eine *Geburt in den Stand*. Auch hierzu liefert Marx die konsonante zweite Stimme: »Ein *Wesen* gibt sich erst als selbständiges, sobald es auf eigenen Füßen steht und es steht erst auf eigenen Füßen, sobald es sein *Dasein* sich selbst verdankt.« (ibid., S.246) So führt diese Geburtsart direkt in die Vertikale, das heißt zum Stehen dank eigener Aufrichtung, ohne Seitenblick für die Möglichkeiten erträglichen Liegens oder grundlegenden Getragenwerdens. Weil es um die sofortige Selbstaufrichtung geht, ist das selbstgeburtlich sich steigernde Subjekt für Nietzsche auch nicht wesensgleich mit den passiv geborenen, den mißratenen Subjekten, die – weil sie selbst verkleinert, vergiftet, erstickt sind – nicht anders können, als eine Atmosphäre von Erstickung und Verkleinerung um sich herum zu verbreiten – sehr zur Qual derer, die noch den Stachel des Gelingens im Fleisch tragen. Darum muß sich der entschiedene Selbstgebärer vom obszön Bequemen, Mittelmäßigen und Verkümmerten abstoßen.

»... wer möchte nicht hundertmal lieber sich fürchten, wenn er zugleich bewundern darf, als sich *nicht* fürchten, aber dabei den ekelhaften Anblick des Mißratenen, Verkleinerten, Verkümmerten, Vergifteten nicht mehr loswerden können?«

Die Bereitschaft zum Furchtbaren ist dem Selbstgebärer als Zeichen seiner Erwählung, das heißt als Sporn der Selbstintensivierung mitgegeben. Die Intensität des Subjekts ist gleichbedeutend mit dem Drang seiner Schwangerschaft von sich selbst. Was das Subjekt kraft seiner Angestrengtheit aus sich heraussetzen kann, ist immer nur es selbst, und die Welt, zu der es kommen wird, kann nie eine andere sein als seine eigene, selbstentworfene, selbsterzeugte. Indem sich das Subjekt energisch zu seiner eigenen Welt bringt, läßt es einen unüberbrückbaren Abstand zur Welt der anderen aufklaffen. Aus diesem Abstand – gehalten durch die Selbstsorge des sich erzeugenden Subjekts – entstehen die enthaltsamen Haltungen, für die die Griechen das Wort *askesis*, die

Modernen den Begriff Individualität geprägt haben. Wenn das sich selbst betonende Subjekt gegenüber fremdweltlichen Verführungen – Gerede, Ruhm, Aktualität, Frauen, Fürsten, Karrieren – eine spröde Haltung an den Tag legt, dann nicht aus morbiden oder selbstquälerischen Neigungen (wie sie einem korrupten Begriff von Askese entsprechen), sondern aus dem klaren Instinkt, nur einer einzigen Anstrengung dienen zu wollen.

»Sein mütterlicher Instinkt, die geheime Liebe zu dem, was in ihm wächst, weist ihn auf Lagen hin, wo man es ihm abnimmt, *an sich* zu denken... *nicht*... aus einem verdienstlichen Willen zur Genügsamkeit und Einfalt, sondern weil es ihr oberster Herr *so* von ihnen verlangt... so will es... zum mindesten für die Zeiten der großen Schwangerschaft (sein) dominierender Instinkt.« (Nietzsche, Bd. 5, S. 354 f.)

Was Nietzsche hier entdeckt, ist die Geburt der Askese aus den Erfordernissen der Selbstgeburt. Askese im grundlegenden Sinn vollzieht keine Absage an den Willen, sie ist, im Gegenteil, Ausdruck starker Willensbündelung, energische Zusammenfassung aller Partialtriebe in einem einzigen Willensstrahl. Auch Nietzsches Diskurs über den Willen zur Macht steht latent im Dienst dieses Gedankens und bleibt ohne diese Entdeckung unverständlich. In ihm tastet sich die Vorstellung von der Möglichkeit eines univoken Daseins zur Sprache voran – es ist die Vorstellung von der Möglichkeit eines monothematischen Willens. Erst die Monothematik des Willens lenkt den Willen auf sich selbst und somit ins selbstgeburtliche Gleis. Alles, was ein ultimativ gebündelter Wille zu sich selbst überhaupt noch wollen kann, ist *eo ipso* Selbstherstellung, Verselbständigung, Selbstgeburt, Selbstverwirklichung. In dem Maß, wie Askese Übung des Willens zur Enthaltung von parasitären Nebentrieben und streunenden Impulsen ist, dient sie der selbstgeburtlichen

Aufrichtung des Subjekts.* Durch sie wird es sein eigener Inhalt – denn nur wer sich zu enthalten weiß, enthält sich selbst, findet an sich selbst genug, hält sich selbst aufrecht und wird Steher, Halter, Träger, Setzer, Geber und Stifter aus »eigener Kraft«.

In diesem Programm der sich selbst aufrecht haltenden Haltung ist der maskulinistische Tenor unmöglich zu überhören. Der Verdacht zwingt sich auf, das Subjekt der Philosophen sei womöglich nichts anderes als eine logisch verschlüsselte Phantasie über die Möglichkeit einer Dauererektion von der Wiege bis zum Grabe. In der selbstgeburtlichen Aufstellung des Subjekts ist tatsächlich die Dynamik der Männlichkeit als Drang zum eigenen Stand am Werk. Männlichkeit im engsten Sinn des Wortes gibt es ja nur in Verbindung mit dem geschichtemachenden Trugbild vom selbständigen Ständer – das philosophische Codewort dafür heißt Subjektautonomie. Seit den Tagen Platos sind die Phänomene der Berufung zur Selbstgeburt, des männlichen Hochgefühls und der existentiellen Selbstintensivierung im Denken miteinander intim verwoben, sie alle sind durch-

* Nietzsches Tragödie ist vermutlich von den Paradoxien seines Selbstgeburtsstils her zu verstehen: weil diese nicht in eine gemeinsame Welt führt, sondern in Eigen- und Gegenwelten, simuliert sie ein Zurweltkommen, um nicht zur Welt zu kommen. Auf diese Weise gerät in die Geburtsbewegung ein paradoxer und monströser Zug. Sie führt zwar »hinaus«, aber zu niemandem hin, sie bringt zwar etwas »hervor«, aber sie zieht es in derselben Geste zurück. In *Zarathustras Nachtlied* hat Nietzsche die Formeln hierfür geliefert:

»Aber ich lebe in meinem eigenen Lichte, ich trinke die Flammen in mich zurück, die aus mir brechen ... Ein Hunger wächst aus meiner Schönheit: wehetun möchte ich denen, welchen ich leuchte, berauben möchte ich meine Beschenkten ...

Die Hand zurückziehend, wenn sich schon ihr die Hand entgegenstreckt; dem Wasserfall gleich, der noch im Sturze zögert ...«

Zur Paradoxie dieser Verausgabung ohne Gabe passen die paradoxen Phantasmen von der Geburt in die Vertikale, vom Dastehen, »wie man geboren ist«. Durch diese paradoxen Gesten wird das Subjekt, sobald es mit einem eigenen Hervorbringen beginnt, zu einer Mutter, die keine wirklichen Kinder in die Welt setzt, sondern Monstren an Selbständigkeit, mutterlose Selbststeher, Werke, Lehren, Gesetzestafeln, Aufgestelltes in jeglicher Form, Herausgeschleudertes und Hingeworfenes.

pulst vom Aufschwung in den Eros der Vertikale. Kann es Zufall sein, daß bei Sokrates die Metaphysik als Maieutik in Gang kam, das heißt als Geburtshilfe für jene Subjektivität, die sich aus dem Schoß-Grab des Leibes herauskämpfen muß, um sich in den Höhen der Ideen aufrecht zu halten? Diese eigentümlich maskuline Geburtshilfe hat geschichtlich Schule gemacht. Was durch die philosophische Hebammenkunst in der griechischen Antike ans Licht der Welt gefördert worden ist, hat sich im Lauf von über zweitausend Jahren folgerichtig zur Metaphysik der Arbeit und zur Technik als mechanischem Uterus menschlicher Selbstfabrikation weiterentwickelt. Die Maieutik des Subjekts, die Metaphysik und die Technik sind jeweils nur Aspekte ein und desselben Phänomens, das mit seiner Großartigkeit wie seiner Riskantheit die historische Welt in Atem hält: Aspekte der Selbstgeburt des Mann-Menschen. Diese vollzieht sich als Eroberung der Vertikale, als Revolution der selbstgeburtlichen Souveränität gegen die altgeburtliche Demütigung, somit als Abstoßung von der alten Natur und als Aufrichtung eines phallischen Eigenwillens gegen die Diktatur der Mütter. Durch eine ungeheure Losreißung hat sich das andrologische Subjekt auf sich selbst zu beziehen begonnen und hat als Bauherr eigener Welten mobil gemacht. Aber gerade durch seine Mobilmachung wird es zuletzt vor die Frage gestellt, wie es, nach allem, es mit seiner Herkunft aus der Natur zu halten gedenkt, und ob es wirklich glaubt, durch seine zweite Geburt der ersten zu entgehen?

Unter denen, die sich von dieser Frage haben stellen lassen, ragt Martin Heidegger mit seinem Versuch eines neuen Seinsdenkens in zwielichtiger Größe hervor. Das ist ganz wörtlich zu verstehen – denn was Heideggers Bedeutung ausmacht, ist untrennbar von dem dreifachen Problem, das sich in ihm inkarniert, dem Problem des Hervorragens, dem der Größe und dem des Zwielichts.

Heidegger ragt – von dieser Wahrnehmung hat eine Auseinandersetzung mit seinem Denken auszugehen. Weil für die meisten der Umgang mit Ragendem ärgerlich oder überwältigend ist, kommt es in der Regel nicht zur Auseinandersetzung, sondern entweder zu Aversionen oder zu Unterwerfungen. Doch handelt es sich im Umgang mit Heidegger darum, im Ragen selbst das Problem zu erkennen, von dem sein Denken Zeugnis ablegt. Tatsächlich verhält es sich so: Heidegger ragt nicht nur »hervor«, er ist auch der Denker des Ragens, des Herausstehens, des Sichaufrichtens, des Nach-vorne-Bringens. Indem er am Wahrheitsgeschehen die Momente Entbergung, Hervortreten, Aufgehen, Lichtung so pathetisch unterstreicht, erfaßt er – wie kein Metaphysiker vor ihm – die Kinetik des Seins als Nachvornkommen, als Insfreiestellen und als Herausgefordertsein in die offene Ausgesprochenheit des Anwesens. Man darf ohne Übertreibung sagen, daß Heidegger, durch seine eigene ragende Dynamik instruiert, als einziger Denker der philosophischen Tradition einen Begriff davon zu geben vermochte, was *Stellen* seinem ontokinetischen Wesen nach bedeutet. Es ist für ihn die sichtbare und durch Allzusichtbarkeit zugleich verborgene Gebärde des »Seinsgeschehens« – soweit die Gleichung von Sein und Herausgebrachtsein gilt. Der Geschmack des Seins haftet, wie er bemerkt, nur an dem, was zu »existieren« vermag, was also an der Ekstase des Herausgebrachtseins teilhat. Sein ist das ontologische Aroma dessen, was vorne, oben und ausgesprochen ist. Um es zu gewinnen, muß Seiendes geburtlich hervor, phallisch nach oben und evokativ zur Sprache gekommen sein. Nur in einem herben Entscheidungsklima, wo nichts herumliegt oder unschlüssig herumsteht, sondern alles entschlossen aufgegriffen wird, weiß sich das Dasein selbst als »groß«. Indem es sich herausfordern läßt, nimmt es sein Hervorkommen in die Seinsarena an, und indem es als Herausforderer nur Wichtiges vermutet, kommt es auf die Höhe dessen, wovon es »gestellt« wird. Groß ist es, indem es sich dem Gewaltigen stellt, Größe wird zu seiner Aura dadurch, daß das Gestellte es mit nichts Geringerem zu tun hat als mit dem »Seinsschicksal« selbst. Heideggers Ragen entspricht dem Selbstbewußtsein eines Daseins, das sich als Lokal einer Titanenschlacht um das Sein begreift. Seine Größenatmosphäre ist das Zittern der Luft über dem ontologischen Schlachtfeld – es ist etwas von einem metaphysischen Priapismus darin, das ragt, schmerzvoll zum einzig Wichtigen hinaufgewuchtet, mit heroischer Aufgestelltheit in die kahlen Himmel des Seins und des Nichts. Bei diesen Erektionen gilt aber, daß das zur Größe genötigte Subjekt sein Stellen nicht von sich selbst hat. Heidegger weiß, daß die Grammatik des Stellens von einer Ironie durchdrungen ist: gerade was sich selbst aufstellt, ist das am meisten Gestellte. Das neue Seinsdenken kann die Subjektivität und ihr Stellungsspiel unterlaufen, weil es – auf mehr oder weniger explizite Weise – alle Selbstgeburten von der ersten Geburt her sieht, alle phallischen Aufstellungen von einem erregend-herausfordernden Anderen her versteht und alle eigenen Aussagen des Subjekts auf den »Zuspruch« und die Anrede durch das Andere hin durchhört. Nur weil er sich um nichts anderes bemüht als darum, den tödlichen Ernst der ontologisch schon ironisierten Subjektivität zu durchdenken, kann Heidegger, als der überragende Rager unter den Philosophen, sich zu einer anderen ontologischen Gebärde vorwärtstasten, die das Ragen zurücknimmt. Indem er im Denken hochaufragend das Nicht-Ragen sucht, wird er zu einem Denker, der ganz im Zwielicht »steht«. Man wird sich damit abfinden müssen, daß er – Größe verpflichtet – dieses Zwielicht nicht als persönliche Dubiosität oder logische Doppeldeutigkeit auf seine Rechnung nimmt, sondern es wieder in den großen Text des Seinsgeschehens emporhebt. War nämlich auch das Ge-Stell nicht unsere Machenschaft, sondern Geschick des Seins, so wird eine mögliche Ent-Stellung erneut allein Seins-Sache bleiben und nur von »diesem selbst« her das Blatt wenden, wenn es wirklich gewendet werden soll. Stolz und sorgenvoll mischt sich Heideggers Zwielichtigkeit in die von ihm diagnostizierte Abenddämmerung der Metaphysik, sie hält sich wohl für das angemessene Arbeitsklima bei der Demontage des weltgeschichtlichen Ge-Stells, das Subjektherrschaft, Metaphysik und Technik zugleich bedingte. Düster und gelassen in einem, bezieht dieses Denken seine einsame exemplarische Position. Düster ist es, weil es das Erbe der metaphysischen Anstrengungs- und Aufrüstungsgeschichte in einer gewaltsamen Gebärde noch mitträgt; gelassen ist es, weil es die riesige Aufrichtungswelle, zu der es selbst gehört, wiederholt und überholt hat und schon an einen Entspannungspunkt gelangt ist, an dem sich andere als aufstellende Haltungen ahnen lassen. Diese anderen Haltungen versprechen, zurückhaltende und unscheinbare zu sein, aber indem sie das versprechen, vermehren sie das Zwielicht, weil sie das Unbetonte betonen und das Ungewollte wollen müssen. Heideggers Ambivalenz läßt die Frage offen, ob sein Denken die Metaphysik fortsetzt oder beendet, ja, seiner Gestik nach wiederholt es fast parodistisch grell das metaphysische Ragen, um seine Überwindung vorzubereiten. Es sorgt sich wenig darum, ob diese Überwindung nicht durch die pathetische Vorbereitung auf sie hintertrieben wird. Zwielichtig bis ins Innerste, zaubert es einen Titanismus der Unscheinbarkeit hervor und eröffnet mit Donnerschlägen den Horizont, aus dem »auf Taubenfüßen« das Andere naht.

Inzwischen hat sich, wie es scheint, der Pulverdampf über dem philosophischen Schlachtfeld verzogen. Es ist die Zeit dafür gekommen, nach der Wunde Heidegger auch die Sache Heideggers wahrzunehmen. Ist sie wieder aufgegriffen, so treibt sie auch schon über die Formulierung hinaus, in welcher der Meister aus dem Schwarzwald sie hinterließ. Wir haben hoffentlich keinen Zweifel über die Richtung aufkommen lassen, in die die »Seinsfrage«, einmal neu in Bewegung gekommen, strebt: auf eine Theorie der Geburt, auf eine Phänomenologie des Zurweltkommens zu – einer neuen Maieutik, einer Ontotopologie, einer Ontokinetik, einer Ontopolitik entgegen. Von diesen Tendenzen her wird eines deutlich: es rächt sich an Heidegger, daß er sich der Psychologie unbedürftig, der Anthropologie überlegen wähnte. Sobald eine psychologisch und anthropologisch geerdete Philosophie in eine Meditation selbstgeburtlicher Strukturen eintritt, gelangt sie zu einer radikaleren Destruktion und zu einer inhaltsreicheren Rettung der metaphysischen Diskurse über das Sein und das Nichts, als Heideggers Andenken des Seins es zu leisten vermochte. Denn was der geschichtemachende Einbruch der Subjektivität war und ist, läßt sich, nach Heidegger, in einer Grammatik selbstgeburtlicher Dramen* scharf rekonstruieren, und die Gesprächspartner, die uns über die Kategorien des Sichherausbringens informieren, sind die großen Geburtstheoretiker der Tradition und der aktuellen Forschung, Plato und Bloch, Schelling und Rank, Patañjali und Marx, Johannes Climax und Nietzsche, Maine de Biran und Stanislav Grof.

Das praktische Wissen überliefern die Mütter, die Hebammen, die Phänomenologinnen des Hervorbringens und Tra-

* Einen kühnen Versuch in dieser Richtung – freilich abseits vom ontologischen Problem – präsentiert Lloyd deMause in *Foundations of Psychohistory*, New York 1982, Kap. 7: The Fetal Origins of History.

gens. Die Moderation in diesem Gespräch kann freilich bei keinem anderen liegen als bei dem Meister Lao Tzu, dem Alten Kind, das die Risiken des Werdens bis ans Ende durchlebt hatte, ehe es nach einundachtzig Jahren, weißhaarig wie ein Greis und tief wie die Welt, den Mutterschoß verließ, um es mit dem äußeren Leben aufzunehmen, in der Gewißheit, auch in der Außenwelt kein anderer zu sein als der, der er in der Innenwelt war. In seiner weltüberlegenen Gelassenheit liegt für uns die Frage, was denn die selbstgeburtlichen Kämpfe der historischen Menschheit anderes sind als Anstrengungen um eine Entschädigung für den Nachteil aller Nachteile, den »Nachteil, geboren zu sein«. – (Emile Cioran ist in unserem Jahrhundert neben Beckett dessen eloquentester Zeuge.)

Als Schule des Zurweltkommens tritt die Philosophie wirklich in die nachmetaphysische »Grundstellung« ein, auf die sie seit zweihundert Jahren mit großem Lärm und unzureichenden Argumenten Anspruch erhebt. Von dieser neuen (eben: vorsokratisch-gynäkologischen) Grundstellung aus ist sie zugleich am Ende und am Anfang; sie hat ihre Geschichte hinter sich und zugleich vor sich; sie ist als Versuch, zur Welt zu kommen, gescheitert, und hat mit ihm im Ernst noch nicht einmal begonnen. Vergeblich und ununterlaßbar bleibt sie auf die Anstrengung-die-sie-ist zurückgeworfen. Weil Anstrengung den Kern der Subjektivität bildet, kann Philosophie als Anstrengungsphänomen auch von der Subjektivität nie loskommen, gleichgültig, was sie sich an leugnerischen, subversiven oder selbstmörderischen Strategien noch einfallen lassen mag. Ihre einzige Chance liegt im Aufstieg zur Gelassenheit – die Gelassenheit aber fängt mit der Bereitschaft an, sich vom Wirklichen anstrengen zu lassen. Nach der Metaphysik kann es die Philosophie bis zum Humor bringen, der demokratischen Version des göttlichen

Wahnsinns. Jenseits der Anstrengung bleibt nur die Anstrengung, über das Anstrengende hinauszukommen. Die Philosophie kann vorerst nichts Besseres tun, als sich mit ihrem Schicksal, die logische Spitze der Subjektivität zu sein, an den aufregendsten, anstrengendsten und verrücktesten Stellen zu konfrontieren. Sie muß ihre Geschichte nachspielen, um zu verstehen, was sie war und ist, und sich auf diesem Weg solidarisch machen mit ihren hybriden wie ihren tragischen Stellungen, ihren verfehlten wie ihren unvermeidlichen Gebärden. Wenn Strenge in dieser suspekten Disziplin überhaupt noch einen Sinn hat, dann diesen, sich in die Aufwallung der extremsten Anstrengung hineinzudenken, um die Grenzen der Anstrengung zu ermitteln.

Subjektivität, sagten wir, ist kinetisch die Anstrengung-die-ich-bin. Die Grenzen meiner Anstrengung sind die Grenzen meines Haltens, Grenzen des Standhaltens, des Durchhaltens, des Aushaltens, des Enthaltens, des Unterhaltens. Wo die Anstrengung endet, dort kommt der Stand aus Eigenem an seine Grenze, da beginnt das, »was anders liegt«. Vielleicht ist »das Andere« in diesem Sinne nur eine Bezeichnung für das, was liegt, während wir aufrecht stehen – auch für das möglicherweise, was wir aktiv zum Unterliegen bringen müssen, um etwas zu haben, worauf unser Stand stehen kann. Für das Subjekt liegt hinter seiner Anstrengungsgrenze zunächst nur, was der Erschöpfung zum Opfer fällt: es selbst – im Modus des Zusammenbruchs. Übermüdet, überfordert, verwüstet begegnet es jenseits seiner Grenze noch einmal sich selbst in ent-stellter Form. Da erweisen sich seine Haltungen als unhaltbar und seine Versprechungen als haltlos. Nichts anderes ist die unheimliche Stelle im Wald, von der der Held auf seinem Baum das Nichts sich vorwärtsfressen sieht, die Stelle, deren Anblick dem Auge des Subjekts unerträglich ist, weil sie zeigt, daß es mit seinen Anstrengungen am Ende buchstäblich *nichts* ist. Das Nichts ist die offenkundig voranschreitende Unhaltbarkeit des Versprochenen, es ist die Auslaugung von allem Vorhandenen zu einer Haltevorrichtung für längst als unhaltbar erkannte Stellungen. Das ist die Woge der Lebensmüdigkeit, die über die Dämme der gebrochenen Versprechen rollt und die Körper so schwer wie ihre eigenen Grabplatten werden läßt. Dieses Nichts ragt in die Selbsterfahrung des überanstrengten Subjekts hinein, wenn es an die Grenzen seines Standhaltens kommt. Erst durch die vollständig durchlittene Überspannung gelangt das Subjekt dorthin, wo es seine Große Orthopädie durchschaut. Was ihm keine äußere Kritik sagen kann, erfährt es von den Symptomen der eigenen Überanstrengung. Spät erst begreift es, daß es die Welt als eine Vorrichtung zum Durchhalten unhaltbarer Versprechen eingerichtet hat, und von da an sieht es sich in der Gefahr, vom Einsturz dieser so gewaltigen wie instabilen Aufbauten erschlagen zu werden. Noch größer ist die Gefahr, in der eigenen »erwachsenen« Haltung zu ersticken – das ist der Neostoizismus – oder bei der ersten regressiven Lockerung in mörderischen Enthemmungen zu explodieren – das ist der Faschismus.

Im Zerfall seiner Haltungen wird dem Subjekt begreiflich, wie alle seine selbstgeburtlichen Haltungen auf Vorgaben angewiesen sind, die sich seiner Selbständigkeit entziehen. Im Zusammenbruch nähert es sich dem »Boden«, der allen Aufstellungen zugrunde liegt. Bei dieser Annäherung macht es Bekanntschaft mit dem, was die Psychiater als die Chance der Depression bezeichnen. Dem entspricht die Bemerkung, daß auch das Stehen in einer Stellung nur ein Liegen in einer unwahrscheinlichen Lage ist. Liegen aber ist ein anderes Wort für das kinetische Muster der Gelassenheit: Sich-

Fridhelm Klein, *Objekt Pergament, Welle, Sonne*. Kreta 1986

tragenlassen. Was Heidegger mit gewaltigem Aufwand als »Seinsvergessenheit« beklagte, dem entspricht im kinetischen Bewußtsein eine Getragenheitsvergessenheit, die die Voraussetzung jeder Selbständigkeitswut ist. Allerdings ist diese Vergessenheit kein wirkliches Vergessen, sie entspringt der Erinnerung des Leibes an die realen Episoden, in denen er sich ungetragen, verlassen, vergessen und in die eigene Verzweiflung eingekerkert erlebte – an die Momente, in denen er unvergeßliche Motive, sich auf sich selbst zu stellen, akkumulierte. Aber so tief die Getragenheitsvergessenheit und ihr Rückstoß zur Selbstaufrichtung hin sein mag – auch die extremste Wut der Selbstgeburt kann aus sich selbst nicht mehr machen als das, was die erste Geburt schon aus ihr gemacht hat: ein Wesen, das immer in Gefahr schwebt, und wenn es die selbstgemachte ist. Die erste und die zweite Geburt kommen darin überein, daß sie Lebewesen in die Welt setzen, die sich als Strebewesen um Selbstabsicherung bemühen, zuletzt aber sich zu nichts Besserem durchringen können als dazu, sich als die Schwebewesen zu akzeptieren, die sie immer schon waren und sind. Das ist die Chance der Depression. Man muß auf den Boden kommen, um zu erfahren, daß er einen doppelten Boden hat. Wer vom unhaltbaren Stehen zum Liegen kommt, ist nicht weit davon zu erleben, daß das Liegen nur eine andere Art des Schwebens ist.

Am Wendepunkt zwischen der äußersten Selbstaufstellung des Subjekts und seinem Absturz ins getragene Schweben liegt eine Passage, für die Heidegger das ominöse Wort *Kehre* eingeführt hat, ein Wort, das für den Denkweg des Meßkircher Gigantomanen und für die Geschichte des europäischen Geistes den gemeinsamen Nenner bilden soll – wie denn auch nicht, wenn das Sein die Laune hatte, nach jahrtausendelanger Selbstvergessenheit die Grübeleien dieses Mannes zur Bühne seiner Erinnerung an sich selbst zu wählen.

An dem Wort Kehre und seinem seinsreligiösen Nachhall ist nichts gelegen. Wesentlich ist an ihm nur der Hinweis auf die Bewegung, durch die die Welle der Subjektgewalt in sich zurückläuft. Diese Bewegung bliebe ohne die sanfte Gegengewalt des Scheiterns unvollziehbar. Wer von einer »Kehre« spricht, denkt sich das Scheitern aber nicht als bloßen Zusammenbruch, auch nicht nur als Entropie, die einem unwahrscheinlichen Zustand ein Ende macht, sondern als einen »Wink« von der anderen Seite. Wer ihn vernimmt und in seine Richtung schaut, hat sich schon umdrehen lassen und eine Bewegung weg von der falschen Bewegung vollzogen. Eine solche Wende ist mehr als eine mechanische Richtungsänderung, auch hat sie nichts mit dem zu tun, was die Installateure des New Age als Umschalten auf »komplexes Denken« bezeichnen. Das Wendungsgeschehen wäre gerade kein zukunftsgieriges Weiterwursteln unter neuen Vorzeichen, sondern eine ontologische Ebbe der Subjektivität; die Ebbe aber wird nicht gemacht, sie tritt nur ein, wenn es sich die Flut anders überlegt. Nehmen wir Flut als Bild für die ununterlaßbare Anstrengung-die-wir-sind, so leuchtet ein, daß eine Rückflut kinetisch ein Ding der Unmöglichkeit bleibt, solange die Anstrengungswoge sich nicht von selbst verlaufen und verbraucht hat. Hier macht sich der Thrill der Gefahr, in die das Projekt der Moderne uns geführt hat, auf einer ontologischen Ebene fühlbar: weniger als eine Änderung des Sinnes vom »Sein« wird zu unserer »Rettung« nicht genügen. Weil die Moderne prozessual nichts anderes ist als Sein-zur-Bewegung, Bewegung zur Bewegung in sich steigernden Selbstintensivierungsschleifen, ist unser Überleben an eine Selbstrücknahme der kinetischen Flutwelle »in uns« geknüpft. Daran läßt sich mit äußerlichen Kanalisationen und Abbremsungen nichts ändern. Eine *kritische* Bewegung kann nur aus der Selbstabsorption der Mobilmachungswelle hervorgehen, wenn diese sich bis an ihren kritischen Punkt vorwärtsgeworfen hat. Für uns kann aber nicht einmal als ausgemacht gelten, daß es einen solchen kritischen Punkt »gibt« – mit Sicherheit »gibt« es ihn nicht im Sinn einer äußerlichen Schwelle, nicht im Sinne einer »Linie«, die man nur überschreiten müßte, um sich in einer neopositiven Seinsweise zu tummeln. Wenn es ihn gibt, dann vorerst nur, sofern es tatsächlich vorkommt, daß die Mobilisierungswut in einzelnen Subjekten verebbt – sei es, daß sie sich selbst erschöpft hat, sei es, daß sie durch plötzliche Wendungen in sich zusammengefallen ist, sei es, daß sich der Elan des Subjekts von seiner Verausgabung in trivialer Motorik verabschiedet hat, um statt dessen in »yogische« oder künstlerische Steigerungen zu geraten. Es wäre aber unklug, das Unberechenbare am Auftauchen solcher Wendepunkte zu leugnen – so unklug, wie die heute kursierenden Denkmuster sind, die von der Gefahr direkt auf das Rettende schließen und von der hoffnungslosen Weltlage auf eine Logik der Rettung. Selbst wenn es für uns eine Rettung gäbe, so wäre diese nicht logisch, sondern konjunkturell, kein Produkt eines notwendigen Zusammenhangs, sondern ein Geschenk der Gelegenheit. Wer sich mehr verspricht, macht bloß von autohypnotischen Kräften Gebrauch, er mobilisiert die wunderträchtige Fähigkeit, sich soviel vorzumachen, wie man zum Leben zu brauchen meint. Aber sind die Zeiten nicht vorbei, in denen Autohypnotiseure als Geschichtsphilosophen auftreten durften?

Setzen wir voraus: es gibt keinen feststellbaren Punkt der »Wende« und keine notwendigen und zureichenden Bedingungen für diese. Aber es gibt Wendungen und Kehren, die sich, selbst unherstellbar, an nicht vorhersagbaren Stellen

Fridhelm Klein, *Objekt Pergament, Wind, Welle*. Kreta 1985

auf der Kurve des Handelns einstellen. »Kehre« könnte der Titel sein für die Entspannung des Subjekts von seinen selbstgebärerischen Überdehnungen. Sie bezeichnete dann den Übergang von einer zu allem entschlossenen zu einer in manchem gelassenen Seinsweise. Freilich ist der Übergang in die Gelassenheit selbst etwas, was keinen gelassenen Eindruck machen kann. Im Übergang liegt die Brüchigkeit der Welt offen. Die Gewalten, die sich im Gestell der Zivilisation aufgetürmt haben, hauchen uns durch die Membrane des enthärteten Bewußtseins eine fatale Brise entgegen. Wie der Föhn das Gebirge vor die Stadtgrenze zieht, legt die Gelassenheit das Panorama der Welt als pure Explosivität frei. Steckt ein aktiver Anteil in der Kehre, dann der, Vorkehrung zu sein gegen die Destruktivität, die im Zusammenbruch unhaltbarer Stellungen entfesselt wird. Die Gelassenheit führt nicht nur aus falschen Anstrengungshaltungen heraus, sondern mehr noch von den falschen Erleichterungen der Mobilmachungsprozesse weg.

Gelassenheit erwächst aus dem Vorteil, nicht gesiegt zu haben. Sie gleicht der Niederlage in einem Kampf, den zu gewinnen eine Katastrophe wäre. Wen sie einholt, der spürt eine Erholung vom Kampf mit dem Kampf, vom Stachel der Subjektivierung, die sich um so tiefer in sich einkrümmt, je mehr sie sich aufrichten will. Gelassenheit färbt die Selbstkenntnis des Subjekts, das weiß, wie es ist, sich am Unmöglichen abgearbeitet zu haben. Während die Selbstgeburt des Subjekts die ewige Agonie ist und, als Motor der Geschichte, den zugleich grotesken und ununterlaßbaren Versuch darstellt, aus eigener Kraft zu einer eigenen Welt zu kommen, führt die gelassene Anlehnung an die erste Geburt zur Wiederentdeckung des Unumgänglichen. Kann sein, daß diese Entdeckung die Odyssee der Subjektivität voraussetzt. Auf großer Fahrt werden die Lügengeschichten von

Selbständigkeit und Selbsterhaltung ausgesponnen und verschlissen. Vielleicht schimmert an ihrem Ende durch die dünngewetzten Fäden des »eigenen« Willens das Unumgängliche hindurch, von dem das Subjekt auf seiner Ausfahrt mit schicksalhafter Gewalt wegdriftet. War denn Subjektivität nicht die Anstrengung, das Unumgängliche zu umgehen? So wird das Subjekt am Ende seiner Abarbeitung für sich selbst als zugleich unhaltbare und unauflösliche Fiktion durchsichtig – manche sagen als göttliche Lügengeschichte. Es reibt sich die Augen und macht sich mit dem Unumgänglichen bekannt.

Noch einmal ist auf Heidegger zurückzukommen, da er es ist, der die Erinnerung an das »Unumgängliche« ausdrücklich zum Thema gemacht hat (allerdings darf man argwöhnen, es sei nicht das Unumgängliche gewesen, das ihn interessierte, sondern die »Unumgänglichkeit«, denn er war doch ein Philosoph, den die Metaphysik im Griff behielt, und als solcher unverbesserlich den Allgemeinheiten verfallen). Wenn Heidegger in einer seiner raunendsten Ansprachen den Satz verkündet, die Menschen müßten zu »Sterblichen« erst werden, so gerät er, gebannt an die klassischen metaphysischen Fragen, nur an die schwächere Unumgänglichkeit, wenigstens im Vergleich mit dem ersten und stärksten Unumgänglichen, daß die Menschen zu Geburtlichen, zu Zur-Welt-Kommenden erst werden müssen. Was sie immer schon am meisten sind, das sind sie bis zuletzt am wenigsten. Von ihrer Sterblichkeit eingeschüchtert und fasziniert, schauen sie über das Geborensein wie über das Beiläufigste hinweg. Das Cogito des Todes hat auch den kleinsten Ansatz zu einem Cogito der Geburt erstickt – bis Heidegger und bis heute.*

* Darauf, daß in »Sein und Zeit« Spurenelemente des Bewußtseins, »gebürtig« zu sein, auftreten, hat Hans Saner zu Recht hingewiesen. Erst Thomas H. Macho hat

Aber wenn das Zeitalter der Metaphysik wirklich enden sollte, dann wäre es nicht das Ich-sterbe, das alle meine Vorstellungen muß begleiten können, sondern das Ich-komme-zur-Welt. Eine nachmetaphysische Zuwendung des Denkens zur endlichen Erde kann nicht im Zeichen der Sterblichkeit stehen, die für immer ein Motiv der metaphysischen Versuchung bleibt, sondern nur im Zeichen der Geburtlichkeit. Weil es für Menschen nicht ausreicht, geboren zu werden, um zur Welt zu kommen, sind sie dazu verurteilt, sich selbst als Ankunftswesen zu begreifen – als Wesen, die sich nicht feststellen lassen, weil sie noch nicht zur Welt gekommen sind, und denen jeder Versuch, sich dennoch festzustellen, zum Verhängnis wird. Die radikalste Selbstverkennung von Menschen bezieht sich nicht darauf, daß sie sich weigern zu erkennen, daß sie sterben werden, sondern daß sie dem Gedanken »Ich-bin-aus-der-Geburt« in panischer Flucht ausweichen. Keiner will bei dem Ereignis, das ihn ans Licht der Welt brachte, dabeigewesen sein. Geborenwerden – das passiert nur den anderen.*

Niemand, so scheint es, erinnert sich an seinen Welteintritt, obwohl von der Physiologie des Gedächtnisses her nichts dagegen spricht, auch das archaischste Geschehen zu vergegenwärtigen. So sind wir »da«, und keiner weiß wie. Wenn wir anfangen, »in der Welt« über Dinge dieser Welt zu reden, so beginnen unsere Sätze mittendrin, nachträglich, nachzüglerisch, ohne direkte Einsicht, wie wir es angestellt

jüngst in einer ingeniösen Interpretation: »Da-Sein heißt: Hineingehaltenheit in das Nichts. Versuch, Heideggers Reden vom Tod zu verstehen« (Vortrag vor der Philosophischen Gesellschaft Graz, 1987), ein latentes Geburtlichkeitsdenken bei Heidegger aufgezeigt.

* Wie weit dieser Wille zum Nichtdabeigewesensein reicht, verrät u.a. Hans Blumenberg in *Weltzeit und Lebenszeit*, Frankfurt 1986, S. 91, wo die Position der Geburtsunbewußtheit mit phänomenologischer Autorität affirmiert wird: »Jedem Mensch wird erst zugetragen, daß er geboren ist, denn er war erlebend nicht dabei...«

Fridhelm Klein, *Objekt Pergament, Welle, Licht*. Kreta 1986

haben, in diese Lage zu geraten. Aber soviel wir auch reden und reflektieren – kein Gerede, keine Reflexion hebt die Tatsache auf, daß unsere Äußerungen durch die Geburt überholt und von ihr erst freigesetzt sind. Diese Geburtsdunkelheit, die allem Wissen als Folie dient, ist aber kein unschuldiges Nochnichtbekanntsein mit einer Neuigkeit. Sie ist eine konstitutive Unwissenheit, eine Dunkelheit als erste Intention. Das Geburtsvergessen ist ein geleistetes Nichtwissen, das die ichbildende Grundanstrengung: *nicht* dabeigewesen zu sein, aufbietet. Erst wenn das Subjekt an die Grenze seiner Aufrichtungsanstrengung gerät, so kann es seiner Erschöpfung das ansonsten Unannehmbare entnehmen und seine Herkunft aus dem Geburtsschrecken, aus dem Herausstürzen und Liegenbleiben, aus dem Fürsichselbstzuschwersein durchfühlen. Sobald die defensive selbstgeburtliche Anspannung zerbröckelt, kommt ein innerer Fluß in Gang, der alte Selbstkenntnisse von der ersten Geburt her in die Gegenwart einträufelt. Je präsentischer ein Leben sich vollzieht, desto geringer wird schließlich sein Verkennungsaufwand in bezug auf seine geburtliche Mitgift. Auf dem abgründigen Boden der Gegenwart kann das Ex-Subjekt nachträglich begreifen, was seine »wahre Natur« war: der Drang, *keine* Natur zu haben; der Trieb, die stiefmütterliche Erde unter sich zu zertreten; die Spannung, als mutterloser Selbstgebärer aus dem Erstickenden, Mißratenen, Verkleinernden herauszukommen. Diese Energien sind es, die Geschichte machen. Alles, was in diesem spezifischen Sinn Subjekt ist, schreibt mit an dem großen Welttext, der unter dem Titel *Mein, Dein, Sein, Unser, Euer, Ihr Kampf* erscheint. Der handelt von der Fehlgeburt in eine falsche Welt und von der Wiedergeburt in einer richtigen, von heldischem Exodus und Kreuzzügen durch die Zeit, von Missionen und Zeitwenden, von Letzten Gefechten,

Projekten der Moderne und Endreichen der Selbstverwaltung – allerdings schreiben diese »letzten« Kapitel immer die, die den Katastrophen des Subjekts, man weiß nicht wie, entronnen sind. Ob jemand noch Unseren Kampf erzählen wird?

Weil wir, philosophischer Tradition folgend, den Weg der Subjektivität wie einen odysseischen Kreislauf in einen verkannten Ausgangspunkt charakterisiert haben, könnte nun der Eindruck entstehen, als *müßten* die einfachsten Dinge immer und unvermeidlich erst am Ende einer langen Irrfahrt auftauchen. Von hier aus könnte man auf eine Nötigung des Geistes, Umwege zu gehen, schließen. Für ein Denken, das unter den metaphysischen Anstrengungszwang geraten ist, trifft dies tatsächlich zu: der Weg des Subjekts zur Welt hat die Struktur eines Umwegs ins Elementare. Auf ihm erscheint das Unumgängliche und scheinbar Selbstverständliche, wenn überhaupt, zuletzt. Und sofern die Philosophie ins Drama der selbstgeburtlichen Subjektanstrengungen verwickelt ist, scheint sie dazu verurteilt, immer für den längsten Umweg als kürzesten Weg zu den Sachen zu optieren. Wo Helden denken, dort ist der lange Weg der einzig zumutbare; für sie ist Überanstrengung der Mindesteinsatz.

Gibt es keine Alternative hierzu? Haben nur müde Helden nach ihrer Heimkehr aus den Kolonien das letzte Wort? Ist das Unumgängliche darauf angewiesen, daß die, die es immer umgehen, in letzter Minute doch noch darauf kommen? Nein – es gibt einen anderen Anfang des bewußten Lebens, das nicht auf den langen Weg durch die Geschichte geraten ist. Aber dieses andere Bewußtsein hat – außer in der marginalen Literatur – keine redegewaltigen Anwälte gefunden. Erst heute kann gegenüber dem heroischen Denken, das nur ganz spät und zuallerletzt das Selbstverständliche zulassen wird, auch ein unheroisches Bewußtsein zu seinem Recht kommen, das seine Einsichten nicht auf dem Umweg über die maximale Verkennung des Einfachsten gewinnt. Wie Herkules am Scheideweg hat das menschliche Bewußtsein von Anfang an die Wahl zwischen dem kurzen und dem langen Weg, zwischen der Odyssee und dem Bummel, und selbst wenn die Wahl zunächst auf den langen fallen muß, weil Selbstgebärer, die vor Zwang zur Stärke platzen, mit sich nichts anderes anzufangen wissen, als sich zu überanstrengen, so sind die Rechte des kurzen Wegs dadurch noch längst nicht dementiert. Von diesen Rechten weiß eine verborgene Tradition, die keine Fakultäten kennt, vor allem keine juristische, um von der philosophischen zu schweigen. An sie zu erinnern, ist der metaphysikkritische Sinn der Konfrontation zwischen dem Großdenker Plato und dem Gossenpantomimen Diogenes, wie die griechische Anekdotik sie überliefert hat. Der Clown zeigt als Philosoph dem Philosophen, daß es eine Alternative zum geistesheroischen Aufstieg ins Leben der Ideen gibt. Auch die göttliche Manie hat eine populäre Variante. Der andere Ausweg aus der Überanstrengung ist der Nichteintritt in sie – der erleuchtete Clochard aus Sinope hat vorgemacht, wie das geht. Von seinem kynischen Impuls her laufen diskrete und verfemte Spuren vormetaphysischer Weisheit durch das Zeitalter der Metaphysik und der Subjektphilosophie hindurch, um an dessen Abenddämmerung wieder auffälliger und selbstbewußter zu werden. So wie in der Aufrichtungszeit der Metaphysik das andere Bewußtsein sich in die Pantomime, in die Literatur, in die Komödie und in das leise Leben zurückzog, so werden in ihrer Zusammenbruchszeit die Stimmen der Weisheit wieder hörbar. Es sind die Stimmen der ältesten Dissidenz, sie gehören Frauen, Kindern, Ekstatikern,

Schelmen, unscheinbaren Leuten – Menschen, die sich nicht einreden lassen, sie wären nicht dabei, wenn sie zur Welt kommen. Nein, sie sind dabei. Was ihnen zustößt, begegnet ihrem Staunen, sie wissen auf ihre Weise, was es heißt, ins Unheimliche herauszukommen; ohne metaphysisches Fangnetz balancieren sie über die alltäglichen Klippen. Von ihnen kann sich das heruntergekommene Subjekt das Offenkundige zeigen lassen, das ihm tatsächlich zuletzt »vor Augen« und »zu Ohren« kommt.

3. Eurotaoismus

> Wer sich auf die Zehen stellt, steht nicht fest. Wer die Beine spreizt, kommt nicht voran.
>
> Tao Te King, *24. Spruch*

Das Eurotao, das ausgesprochen werden kann, ist nicht das wahre Eurotao usw.

IV. Das Grundsätzliche und das Dringliche oder: Das Tao der Politik Auch ein Beitrag zur Beantwortung der Frage, warum es zur Zeit keine glaubwürdige Politik gibt

Difficile est satyram non scribere

Amerikaner sind doch zu beneiden. Würde in den Vereinigten Staaten ein als Alternativer berüchtigter Schriftsteller in politische Zirkel eingeladen, um ein Gespräch über gegensätzliche Weltauffassungen in Gang zu bringen (*Literary Supplements* schätzen das vielleicht), so würde der Autor ein Manuskript mitbringen, über dem siegreich die Überschrift THE TAO OF POLITICS steht, und jeder unter den Beteiligten fände es in Ordnung, daß der Mann seine Mittel spielen läßt. Schon mit der Wahl der Worte würde die Botschaft klar – *Good morning, America,* hier ist das Neue Zeitalter, hier spricht die junge aquarianische Leichtigkeit mit der alten fischigen Wirklichkeitsschwere, Ende des Weltkriegs, Anfang der Interkontinentalerotik! – auch nähme kaum jemand Anstoß an dem esoterischen Blinzeln über den Pazifik hinüber ins alte China, wo es, wie man weiß, so viele Weise gibt, daß nur noch ein Kind pro Familie erlaubt ist, um den Andrang zu den Brüsten der Erleuchtung zu stoppen – man munkelt, daß in diesen Tagen der milliardste Jungtaoist das Licht der Welt erblickt.

Das alte Europa hat es schwerer, und ein Schriftsteller, der hier mit Politikern diskutiert, auch. Keine Spur von transatlantischer Entspanntheit und keine Rede vom Tao der Politik. Hier ist die protestantische Ethik noch intakt, in Bonn wird hart zur Sache verhandelt. Herr Johannes Rau wird seine politische Morallehre in einem zukunftsweisenden Grundsatzreferat darlegen, dann wird der eingeladene Autor sein Koreferat geben. Der Veranstalter hat keine Zweifel daran gelassen, zu welchem Thema er eine Äußerung wünscht: »Von der Möglichkeit und den Schwierigkeiten, politische Grundsätze *glaubwürdig* im Alltagshandeln zu verkörpern«. So hat ein Verantwortlicher der gastgebenden Stiftung das imponierende Problem formuliert, und man muß zugeben, daß die Frage Methode hat. Es geht um die politische Moral, und darum, wie man den Fehler vermeidet, zuviel von ihr zu haben – wir bewegen uns auf dem Terrain der klassischen Sozialdemokratie. Der Gedanke an die »Verkörperung« der Grundsätze ist ahnungsvoll mit Kautelen umgeben, man ahnt, im Wettlauf zwischen den Schwierigkeiten und den Möglichkeiten werden die Schwierigkeiten vorn liegen, aber das wirft uns nicht um, wir sind alle erwachsen (Klaus Staeck, der auch auf dem Podium ist, wird gleich die Leidensfähigkeit der Partei beschwören, und Paul Lorenzen, der im Publikum sitzt, wird nachher auf dem Flur dem Autor gegenüber seine »Verblüffungsresistenz« betonen).

Was tun unter lauter Erwachsenen? Dem Autor bleibt fürs erste nur die Flucht ins Geständnis, und so gibt er unumwunden zu, daß ihn solche Themen verlegen machen oder, was ärger ist, lustlos. Er wäre lieber in Amerika. Nein, hiergeblieben, standgehalten, der Ernst des Lebens wird Männer aus uns machen. Lustlosigkeit, was bilden Sie sich ein – was ist das überhaupt für eine Kategorie? Doch mag sie als Kategorie sein, was sie will, sie ist jetzt vor allem eine akute Tatsache. Dagegen hilft auch die Behauptung nicht, daß es sich im Fall des Autors um eine postmoderne Lustlosigkeit handelt. Postmodern nennen wir bekanntlich die Trostlosigkeit, die man nicht einmal mehr originell formulieren kann. Die Moderne hat alle Möglichkeiten, den aufgeklärten Weltverdruß zu formulieren, ausgeschöpft und uns sogar in den aktuellsten Verstimmungen zum Zitieren verurteilt. Über das Mißverhältnis von Moral und Politik ist seit Generationen alles gesagt, auch zynische Resümees der Sachlage gehören längst zum klassischen Repertoire. Man kann unmöglich weiter so tun, als ließen sich in diesen Dingen Entdeckungen machen. Daß der politische Weltlauf sich vom moralisch Richtigen immer weiter entfernt, ist schon eine der Standardselbstdeutungen der Moderne. Immerhin gehört der Autor zu einer Generation, zu deren philosophisch prägenden Eindrücken Adornos These zählte, daß das Ganze das Falsche sei – prägender war allerdings Liza Minellis These, daß das Leben ein Kabarett ist. Im direkten Vergleich mit dem Adornoschen scheint das Minelli-Theorem den Vorzug aufzuweisen, daß es die Ironie in die Welt selbst eingebaut sieht und kein Subjekt voraussetzt, das die Ironie hinzubrächte. Wozu noch Witze machen, wenn wir der Witz sind? Man sollte erwähnen, daß seit 1917 Philosophie nur noch als Dadaismus möglich ist – aber nachdem dieser seinerseits Patina angesetzt hat, müssen seine Praktikanten versuchen, dem blutigen Ernst des nicht mehr ernst zu Nehmenden mit neuen Mitteln gerecht zu werden. Der Philosoph heute – was ist er anderes als ein Experte für die Rückformulierung von Witzen in Probleme? Verkörperung von moralischen Grundsätzen im politischen Handeln? Auch daraus wird, auf Antrag, ein philosophisches Problem, nur vergessen Sie nicht, Philosophieren heute heißt, sich der Mühe unterziehen, keine Satire zu schreiben.

Nach diesen Bemerkungen haben Sie das Recht, zu fragen,

was der Autor auf einer so seriösen Veranstaltung zu suchen hat. Auf den Sophismus, daß einer nur suchen kann, was er mitbringt, lassen Sie sich erst gar nicht ein, das ist verständlich. Aber der Hinweis aufs Mitgebrachte ist dennoch legitim, denn was der Autor im Gepäck mit sich führt, ist das erzromantische Vorurteil, daß eine Verlegenheit auch eine Gelegenheit sein kann. Wenn er hier das Koreferat zu Herrn Raus Ausführungen über politische Glaubwürdigkeit übernimmt, so ist eine Dosis Okkasionalismus im Spiel – nebenbei eine Sache, die Herrn Rau weniger fremd sein dürfte, als man unterstellt, wenn man sich Politik nur als prosaische Pflichterfüllung fürs Vaterland an der Energie- und Rentenfront denkt. Immerhin ist ein Kanzlerkandidat (wir schreiben den Januar 1986, noch blüht die blaue Blume der absoluten Mehrheit für die Partei unseres Kandidaten) jemand, der auf seine Weise mit dem Genius der Gelegenheit Erfahrungen sammelt. Sind nicht Kandidaturen die poetischen Perioden des politischen Lebens, schon darum, weil man, solange sie dauern, noch nicht die Sünden begehen kann, die in der Prosa der Amtsführung vorprogrammiert sind? *Candidati*, man erinnert sich, war dem römischen Staatsritual entsprechend der Name jener weißgekleideten Männer, die durch das Anlegen eines makellosen Gewandes die Bereitschaft zu erkennen gaben, ihre Unschuld zu verlieren – sie waren Bräute des Realitätsprinzips, dessen Entjungferungspotential seit den Tagen der Römer legendär ist. Im gegebenen Fall würde niemand soweit gehen, den Kandidaten auf eine politische Hochzeit in Weiß festzulegen, da sein landespolitisches Vorleben aktenkundig ist; sogar auf dem dubiosen Terrain der politischen Moral kann niemand definieren, wie oft jemand seine Unschuld verloren haben darf, bis er nicht mehr als Anfänger gelten kann. Böse Zungen hören schon jetzt nicht auf, zu behaupten, man sehe an der weißen Kandidatenrobe von Herrn Rau einen schwarzen Fleck von den Emissionen des Ibbenbürener Kraftwerks durchschimmern, so schwarz, daß keine neue Unbescholtenheit gegen angehäufte Sünden aufkomme. Aber wir wollen hier nicht moralisieren. Vielleicht signalisiert das Kandidatenweiß heute mehr als ein unverbindliches Ritual – nämlich die Bereitschaft, sich den Bewußtseinswandlungen auszusetzen, die diesem Weltaugenblick sein philosophisches Profil geben.

Da ist das Stichwort für unsere Intervention gefallen. Es gibt heute nicht nur parteipolitische Anlässe, sondern dramatische, globale Gründe, von solchen Wandlungen zu sprechen. Was zu denken gibt, ist das grenzenlose Mißverhältnis, das zwischen den Kompetenzen der Politik und den Erfordernissen des Wirklichen aufklafft. Im Augenblick weiß kein Mensch, wie die apokalyptischen Systemtendenzen in die Reichweite von Verhinderungsmaßnahmen gebracht werden könnten. Vor aller Augen hat sich die Politik in ein Blindekuhspiel auf höchster Ebene verwandelt – doch weil sich die Mitspieler so gut wie nie erwischen lassen, kann die Politik ihre Augenbinde nicht abnehmen. Jeder spürt, daß bei diesem Kinderspiel mit dem Allerwirklichsten die Gefahr wächst, und auch wenn hier von den Grundsätzen der Politik gesprochen wird, so ist zwar von Moral die Rede, gemeint ist aber die Gefahr. Ein Aspekt der Gefahr, in der wir als Subjekte wie als Objekte von Politik schweben, besteht nicht zuletzt darin, amoralische Risiken auf moralische Fragen zu reduzieren, um die Gefährdeten zu beschwichtigen. Nicht zuletzt dagegen muß sich ein Einspruch aus philosophischer Perspektive auf diesem Forum richten. Eine Philosophie des Wirklichen spricht von der Wirklichkeit als Gefährlichkeit, und davon, daß sich die Gefahr heute nicht zuletzt in der Dissonanz zwischen dem Grundsätzlichen und dem Dringlichen manifestiert. Von dieser Dissonanz wird im folgenden die Rede sein.

Will man die Gefährlichkeit der Gegenwart philosophisch charakterisieren, so sollte man sich zu einer offensiven Diagnose entschließen und feststellen, daß die epochale Strategie der Ausklammerung von Wahrheitsfragen aus dem politischen Raum und aus dem Zivilisationsprozeß (jetzt fangen auch die Zähne an zu wackeln) im ganzen an eine Grenze gestoßen ist. In Serien symptomatischer Katastrophen wirft die Rückkehr des Ausgeklammerten ihre Schatten voraus. Sie präsentieren dem wahrheitsverlassenen Aktivismus der Moderne eine harte Rechnung. Wenn es einen gemeinsamen Nenner für die Vielzahl der Krisen gibt, die das zeitgenössische Bewußtsein zerklüften, dann wäre er aus dem offenen Geheimnis abzulesen, das von den Katastrophen ausgeplaudert wird: der neuzeitliche Mythos der Praxis stirbt, der okzidentale Aktivismus erlebt seine Götzendämmerung. Es hieße aber, das Prinzip Praxis unterschätzen, wenn man in seiner Herrschaft eine bloße Ideologie sehen wollte. Wäre es nur das gewesen, so hätte sie ihre weltbewegende Kraft nie entfesselt. Die moderne theoriegestützte, moralflankierte Praxis war immerhin fähig, bis dahin latent gebliebene Züge des Seienden ins Offene herauszuarbeiten und scheinbar unverrückbare Wirklichkeitsstrukturen in Bewegung zu bringen. Der praktizistische Mythos der Neuzeit ist nicht weniger als eine Seinsauslegung von universalem Anspruch. Seine revolutionäre Durchsetzungskraft verdankt er der Autorität der wissenschaftlichen Technik und ihren Kunststücken, seine psychopolitische Attraktivität den Vorzügen einer individualistischen Ausdrucksethik, die ein Besser-Tun-als-Leiden lehrt. Im Phänomen des Praktizismus kommen sämtliche Mobilisierungen zusammen, die das Gesicht der Moderne auf ökonomischem, technologischem, szientifischem, militärischem, juristischem, informatorischem Gebiet prägen. Praxis in diesem speziellen Sinn ist wesentlich Veränderungs- und Mobilisierungspraxis, Angriff aufs Gegebene, Wille zur Durchdringung, Auflösung, Umformung und Bewegung mit Richtung auf steigende Beweglichkeit. Alle diese Mobilisierungen ziehen ihre epistemologischen Motive* aus begrifflichen Grundentscheidungen der metaphysischen Überlieferung, insbesondere aus der Art und Weise, wie die jüngere Aufklärung die Differenz von Licht und Materie zu dem Verhältnis von Arbeit und Stoff entfaltet hat.

Aufklärung, könnte man sagen, ist aggressiv gewordene Lichtmetaphysik, sie organisiert sich als Durchleuchtungsoffensive, die mit beispielloser Gewalt über die naturwüchsigen Lichtungsgrenzen vorstößt, um das bisher unbeleuchtete Innere der Dinge aufzusprengen und verfügbar zu machen. Im Namen der Aufklärung geht die alteuropäische Lichtmetaphysik in ein pragmatisches Stadium über, in dem sich die jahrtausendeübergreifende Bewegung von der anfänglichen kontemplativen Anschauung des Beleuchteten zur finalen Verlichtung der Objekte steigert. Verlichtung bedeutet Vernichtung – Reduktion, Freisetzung, Umwandlung, Mobilisierung. Es läßt sich an den Fingern abzählen, daß Mobilmachungen jenseits gewisser kritischer Schwellen zu Explosionen werden. In dem Maß, wie es zur Zeit an vielen Ecken des Weltgebäudes gleichzeitig zu krachen beginnt, lassen sich Zweifel an der Haltbarkeit der Moderne als Mobilmachung nicht mehr verhehlen. Die sich ausbreitende Kritik am okzidentalen Praktizismus ist darum kein Irrationalismus, wie interessierte Kreise es jetzt überall drucken

* Die ontologischen Motive werden hier nicht behandelt, sie sind im vorangehenden Kapitel als selbstgeburtliche Anstrengungen der Eigenwelten bauenden Subjektivität interpretiert worden.

lassen (man ist der Meinung, daß man die Praxis vor der Theorie schützen muß). Nein, diese Kritik fordert nüchtern dazu auf, sich mit der Hypothese zu befassen, daß alle großen Risiken der Gegenwart in rational vorhersagbaren Mobilisierungskatastrophen ihren Grund haben.

Diese Vorskizze eines alternativen »philosophischen Diskurses der Gegenwart« bleibt lakonisch. Sie deutet nur an, um welche Einsätze in den aktuellen Grundlagenreflexionen gespielt wird. Es wäre verblendet, über eine beliebige Teilkrise, zum Beispiel den Glaubwürdigkeitsschwund der Politik vor der Bevölkerung, zu sprechen, wenn diese nicht in eine radikalere allgemeinere Diagnostik einbezogen wird. Nur dadurch, daß sie am Zustandekommen solcher Diagnostiken teilnehmen, könnten sich die politisch Handelnden davor bewahren, schlechte Zeitgenossen zu sein. Und eben als das – sagen wir es offen – müssen sie in ihrer größten Mehrheit gelten. Hieraus entspringt die Krise der politischen Glaubwürdigkeit an erster Stelle. Vom Verhalten der politischen Klasse bekommt auch die dumpfeste Öffentlichkeit (von der reflektierenden schweigen wir) einen fatalen Eindruck – sofern dieses nichts anderes zeigt als die trostloseste Weitermacherei, verlassen von allen Geistern, den guten wie den bösen – Abspulung eines phantomhaften, ungebrochenen Praktizismus, der von den Entwicklungen der sensibleren Problembewußtseine (»draußen« in der Gesellschaft) abgeschnitten ist. Die Glaubwürdigkeit, wenn nicht der Politik, so doch der Politiker, ließe sich darum nur von dieser Seite her rehabilitieren. Letztlich ist es gleichgültig, ob dieser oder jener Politiker von machtgeeigneter Persönlichkeitsstruktur ist; ob er zu dieser oder jener Partei gehört; ob er es mit den Interessen der Arbeitnehmer besser meint als mit denen des Bankkapitals; ob er auf Kirchentagen die Wertgemeinschaft mit Menschen guten Willens pflegt, ob er vor New Yorker Hotels mit Prostituierten um seine Brieftasche rauft. Das alles sind läßliche Sünden oder sekundäre Tugenden. Entscheidend bleibt, ob er sich als Subjekt eines avancierten Problembewußtseins qualifizieren kann. Wer dies als Politiker böte, der hätte alle zumutbaren Bedingungen erfüllt, dem wären die berufsspezifischen Sünden vergeben. Aber niemand wird behaupten, daß es in Bonn und anderen Hauptstädten von solchen politischen Lichtträgern wimmelt. Das kann nicht sein – schon darum nicht, weil sich in den modernen Gesellschaften eine Sensibilitätsschere öffnet, in der sich die politische Klasse und die problemfühligen ästhetischen Subkulturen hoffnungslos auseinanderleben. Man kann ja nicht die Augen schließen vor der Tatsache, daß sich da eine tödliche Arbeitsteilung einspielt zwischen den Sensiblen und den Belastbaren: eine Teilung, für die wohl tiefere Gründe verantwortlich sind als nur die auszehrende Wirkung des politischen Vierzehn-Stunden-Tags. Wahrscheinlich ist es lebensökonomisch nicht möglich, in den Vulkan zu blicken und zugleich auf ihm zu tanzen (genauer gesagt, sein Büro auf ihm einzurichten). Jedenfalls ist es in der deutschen Politik seit Walther Rathenau nicht wieder vorgekommen, daß politischer Verstand, ästhetisches Wahrnehmungsvermögen, soziologische Analysefähigkeit und philosophische Reflexion sich in einem an hoher Stelle Verantwortlichen vereinigt haben. Trotzdem darf man auf diesem Gebiet weniger als das Unwahrscheinliche nicht gelten lassen. Um glaubwürdig über Glaubwürdigkeit zu sprechen, muß man klarstellen, worin deren substantielles Kriterium bestünde. In solchen Dingen wäre Senkung der Ansprüche der Anfang vom Ende – die Rationalisierung eines schon vollzogenen Bankrotts.

Im folgenden werden wir das Thema in drei Richtungen oder Phasen auseinanderrollen. Zuerst ist von der berüchtigten »Glaubwürdigkeitslücke« die Rede, die von politischen Semantikern vor ein paar Jahren entdeckt und ins Gespräch gebracht wurde – einem Phänomen, das wohl nicht nur ins Vokabular, sondern auch in die Selbstwahrnehmung des politischen Spitzenpersonals mit einiger Hartnäkkigkeit eingedrungen ist. Anschließend gehen wir der Frage nach, was die Vorstellung, Grundsätze ließen sich im Alltagshandeln »verkörpern«, an philosophischen Voraussetzungen mit sich führt. Den Schluß machen einige Sätze, die sagen, es sei fällig und ratsam, die Prinzipienethik in einer Dringlichkeitsethik zu liquidieren.

1. Dimensionen der Glaubwürdigkeitslücke

Eine Lücke und ihre Dimensionen? – So steht es hier schwarz auf weiß, doch ist zu bemerken, daß die Schiefheit des Ausdrucks bewußt in Kauf genommen wird, weil sie mit der Struktur des Phänomens selbst korrespondiert (sofern das Schiefe dem Verdächtigen ästhetisch homolog ist). Zur Einleitung sollte festgestellt werden: der pfiffige Terminus Glaubwürdigkeitslücke hat sich so leicht einen Platz im politischen Wortschatz der letzten Jahre erobern können, weil es die Jahre waren, in denen systemtheoretische, werbestrategische und theatralische Kategorien das Feld der politisch-moralischen »Diskurse« nahezu widerstandslos überrollt haben.

Wir haben es künftig nicht nur mit *information gaps*, mit Energielücken, mit dem *Fulda gap* (bevorzugtes Einfallstor russischer Panzerverbände), Marktlücken und Technologielücken zu tun, sondern auch mit ethischen *gaps*, wie dem der Glaubwürdigkeit oder der Berechenbarkeit, die sich als Operationsgebiete neuer Interaktionstechnologien anbieten. Wer sich diese Sprachregelung zu eigen macht, gibt zu erkennen, daß er die Grundregel des Pragmatismus begriffen hat, die lautet, daß die Verwaltung eines Problems bis auf weiteres für dessen Lösung zu gelten hat. Darin erweist sich das elementare politische Talent, es sich im Mißstand bequem machen zu können. Wird von »Dimensionen« der Glaubwürdigkeitslücke gesprochen, so ist der Mangel rundweg positiviert; er ist kein Mangel mehr, sondern ein Markt. Von da an hat man die Lücke nicht mehr als Riß im Material oder als Abstand zwischen zwei Größen aufzufassen – sie ist ein selbständiges Phänomen. Diese Positivierung hat auch einen günstigen Effekt – wie er bei manchen produktiven Demoralisierungen auftritt. Sie hilft, in die Beschreibung der Sache von vornherein ein kritisches Potential einzubauen. Zwischen die Substanz: Politik, und das Attribut: glaubwürdig, schiebt sich ein Widerstand, der keine glatten Verbindungen mehr aufkommen läßt. Glaubwürdige Politik wäre ein rundes Quadrat. (An dieser Stelle sinkt das Kinn des Korrespondenten einer Hamburger Tageszeitung von Weltniveau entmutigt auf die Brust herab, für ihn ist der Vormittag verloren, das ist nicht die Sprache, in der man weiterkommt). Um ein Beispiel zu geben: die glaubwürdigste Politik von heute ist ohne Zweifel die der persischen Ayatollahs, da nirgendwo sonst in der Welt der Abstand zwischen dem, was die Politiker sind, und dem, was sie tun, so gering ist wie bei ihnen; sie sind bei weitem die charaktervollsten, glaubwürdigsten Politiker unserer Zeit. Im Vergleich mit ihnen ist – sagen wir beispielsweise die neuere chinesische Politik geradezu aufregend unglaubwürdig, sprunghaft und auf eine faszinierende Weise charakterlos.

Man kann freilich verstehen, warum bei westlichen Berufspolitikern, die der chronischen Anzweiflung ihrer moralischen Basis müde sind, die Phantasie aufkommt, die

Glaubwürdigkeitslücke müsse geschlossen werden. Sie möchten gerne einmal erleben, wie die Zustimmungsströme der Regierten zu den Regierenden ungebrochen fließen, sie träumen davon, einmal im Leben nur ein Medium des Volkes zu sein und eine glaubwürdige ungetrübte Emanation allgemeiner Interessen zu verkörpern. Sie sträuben sich gegen die moralisch prekäre Einsicht, daß der Glaubwürdigkeitsmangel als solcher konstitutiv ist für den modernen Begriff von Politik im ganzen. Aber man muß ihren Vorbehalten gegenüber auf dem Gesetz der Sache insistieren: Glaubwürdigkeit ist für die neuere Politik nur möglich als Offenlegung der Bedingungen ihrer Unglaubwürdigkeit.

Hierzu gehört eine historische Lektion. Seit dem Zeitalter des Absolutismus, eindeutiger noch seit der königsmörderischen Phase der Französischen Revolution wird in der westlichen modernen Welt politische Herrschaft Zug um Zug entsakralisiert. Politische Machtausübung steht seither weniger unter einem Licht von oben als unter dem Zwang der Zustimmung von unten. Mit dieser Veränderung der Legitimationsbasis geht ein tiefgreifender Wandel im Wirkungsmodus von Macht und Herrschaft einher. Er gibt sich zu erkennen als zunehmende Depersonalisierung der Macht, als Bürokratisierung der Politik und als Überordnung der Entscheidungsprozeduren über den akuten Andrang der Probleme. Auf diesem Wege wird die Macht einerseits diffuser und indirekter, andererseits penetranter und allgegenwärtiger. Das sind Trivialitäten. Sie verdeutlichen, warum es schwierig geworden ist, politische Vorgänge unter einem verklärenden oder sonstwie »höheren« Licht zu sehen. Die Säkularisierung des Politischen hat die Reserven romantischer Loyalität und patriarchalischer Anhänglichkeit liquidiert, die im Zeitalter direkter Herrschaft zwischen den Obrigkeiten und Bevölkerungen existiert haben mögen.

Solange nicht ein Charismatiker den Gang der Dinge aus der Bahn bringt, erlaubt die Moderne ihrem weltlichen und rationalen Grundzug nach keine sakralpolitische Restauration.

Der politische Raum ist seither zum nüchternen Arbeits- und Kampfplatz geworden. Auf ihm bewegen sich diejenigen, denen es gelingt, ihre existentiellen Leidenschaften auf das Format von praktischen »Interessen« zu bringen. Nach neuzeitlichem Verständnis ist Politik das, was übrigbleibt, wenn Passionen ausgeklammert werden und in die religiösen, ästhetischen, erotischen Bezirke des »Privaten« abzudrängen sind. Nur durch diese einschneidende Modifikation können Menschen zu politischen Subjekten modernen Typs hergerichtet werden: erst wenn sie sich von Leidenschaftswesen zu Interessensubjekten reduzieren, werden sie den Status von politischen Personen gewinnen. Man darf vermuten, daß in der anthropologischen Stilisierung des *homo politicus* als modernem Interessensubjekt die Wurzeln jeglichen Unbehagens an der »Unglaubwürdigkeit« der Politik zu suchen sind. Denn politisches Subjekt kann der einzelne nur insoweit werden, wie er von dem abzusehen fähig ist, was seiner Existenz den »authentischen«, den »glaubwürdigen« Zug verleiht. Nur durch die Neutralisierung des existentiell Wichtigsten entsteht das, was man neuzeitlich das Politische nennt. Aus einer Zurückdrängung hervorgegangen, muß sich die Politik zugleich als wichtigstes Surrogat des Wichtigsten aufzwingen. Das gelingt ihr nur in dem Maß, wie sie dafür sorgen kann, daß nichts wichtiger wird als sie selbst. Darum ist Politik nicht so sehr die Kunst des Möglichen, wie Bismarck sagte, sondern die Kunst des Zweitwichtigsten – ihre Leidenschaft ist die Neutralisierung der Leidenschaften. Diese Politik als »Staatskunst« läßt sich bis ins absolutistische Zeitalter zurückverfolgen, als der frühmoderne Staat damit begann, sich selbst als Meta-Absolutum besonderer Art über den kriegerisch verabsolutierten religiösen Leidenschaften und Bekenntnissen aufzurichten. Wo der sterbliche Gott, der moderne Staat Hobbesscher Definition sein Regiment aufgeschlagen hat, sind Konfessionen und Leidenschaften zu Privatsachen neutralisiert und sollen als *causae belli*, besonders als Bürgerkriegsgründe, unter keinen zulässigen Umständen mehr in Frage kommen. (Man kann die Geltung dieser Regel an der nordirischen, auch an der libanesischen Ausnahme überprüfen; beides Fälle mißlungener Entleidenschaftlichung, gescheiterter Politisierung oder Etatisierung von »Interessen«.) Seit dem Absolutismus ist die politische Doppelfigur des Souveräns und des Untertanen in Geltung – sie lebt weiter in der Rechtsfigur des Staatsbürgers, bei dem die Momente von Untertänigkeit und Souveränität zu einer Art Selbstuntertänigkeit vermittelt sind. Der Staatsbürger ist die politische Gestalt, in deren »eigenem Interesse« es liegt, politische Interessen zu haben und keine Leidenschaften.

Weil in der politischen Kultur der Neuzeit die Leidenschaften privatisiert und neutralisiert werden müssen, sind die entsprechenden politischen Subjekte konstitutionell abstrakt. In diesem Tatbestand fällt die politische Errungenschaft der Moderne mit ihrer größten Schwäche in eins: Obwohl ihre Gesellschaftsordnungen auf der Abstraktion von den Leidenschaften errichtet werden, sind sie auf tief paradoxe Weise gezwungen, eine Leidenschaft für das Abstrakte zu produzieren – andernfalls zerbrächen sofort die psychosozialen Klammern, die die großen Systeme zusammenhalten sollen. Doch wird es immer ein problematisches Unternehmen bleiben, Menschen auf Dauer für das Kalte zu erwärmen. Man kann den Eindruck haben, daß dies ein Alchemistenkunststück ist, das in der anthropologischen Ausstattung von *homo sapiens sapiens* nicht vorgesehen war (aber vielleicht kommt noch ein *sapiens* hinzu). Ausnahmen von diesen Paradoxien machen lediglich zwei Gruppen: diejenigen, die sich der Politik als Beruf verschrieben haben; bei ihnen bleibt es nicht aus, daß sie ihre Privatpassionen, falls ihnen solche geblieben sind, als subjektiven Zuschuß in den Dienst der Profession stellen; oder diejenigen, die sich als Laien anläßlich akuter politischer Themen mit Leidenschaft offensiv engagieren. Wenn das geschieht, werden Passionen entprivatisiert – und die Politologen sprechen von »sozialen Bewegungen«. Der Ausdruck hat nicht umsonst alarmierende Konnotationen, er erinnert an die jederzeit mögliche Rückkehr des »Wichtigsten« in die politische Arena. Die sozialen Bewegungen beweisen tatsächlich, daß die neuzeitliche Reduktion von Leidenschaften auf Interessen eine anthropologisch labile Operation ist, die durch sogenannte fundamentalistische Aufbrüche über Nacht in Frage gestellt werden kann. Den Berufspolitikern ist solcher Fundamentalismus naturgemäß suspekt; denn zu den Spielregeln ihres Berufs gehört es, daß Menschen keine Fundamente haben, sondern Grundsätze, keine Leidenschaften, sondern Interessen, keine Axiome, sondern Optionen.

Wer also die Glaubwürdigkeitslücke dort studieren will, wo sie ursprünglich aufklafft, der muß sich klarmachen, wie das moderne politische Subjekt durch eine Selbstreduktion auf Interessenvertretung und staatsbürgerliche Selbstuntertänigkeit entsteht. Weil Individuen in solchen Reduktionen auf die Dauer verkümmern müßten, sind Kompensationen für sie von vitaler Wichtigkeit. Solche Kompensationen bezeichnet man im existentialistischen Jargon als Engagements (Engagement ist Passion als Entscheidung). Dem Engagement stehen nur die Wege in den Professionalismus oder in den Fundamentalismus offen – beides Kompensationsformen, die man zu Recht als etwas wahrnimmt, was noch unglaubwürdiger ist als das, wofür sie Abhilfe schaffen sollten. Wenn man die politische Klasse landläufig in Macher und Spinner einteilt, so identifiziert man instinktsicher die beiden großen Varianten moderner politischer Unglaubwürdigkeit. Die Primärdimension der Glaubwürdigkeitslücke, behaupten wir, ist also nicht die sogenannte »Entfremdung« der Politik von den »authentischen Interessen der Bevölkerung«, wie eine Trivialpolitologie es uns weismachen will, sondern die Entfremdung der Bevölkerung von ihren Leidenschaften zugunsten jener Interessen, die den Subjekten wie ein Kunstherz eingepflanzt sind – es sind, nebenbei gesagt, fast durchweg Interessen an Mobilmachungen. Nicht daß die Institutionen sich verselbständigen und von den Interessen der Basis trennen, ist das primäre Problem, sondern daß die Basis sich von sich selber trennt, um als politisches Subjekt am Mobilmachungsprojekt der Neuzeit teilzunehmen. Glaubwürdigkeit ist deswegen in erster Linie kein Thema der politischen Ethik, sondern eines der politischen Anthropologie. Die Erklärung der Glaubwürdigkeitslücke aus der Entfremdung zwischen Politikern und Bevölkerung erfaßt hingegen nur die sekundäre Dimension. Niemand wird leugnen, daß auch sie ihre Tücken hat und eine Quelle des Unbehagens an der Politik sein kann. Doch ist der Umstand, daß es zwischen den sogenannten Wähleraufträgen und den politischen Ämtern kein reines Abbildverhältnis geben kann, weil der Eigensinn der Ämter die reine Repräsentation hintertreibt, ein vergleichsweise harmloses Phänomen, gemessen an der anthropologisch folgenschweren Umformung von Individuen zu politischen Interessensubjekten. Weil jeder im politischen Welttheater sein eigener Abgeordneter ist, der seine Interessen zu vertreten versucht, liegt es in seinem Interesse, sich von optimalen

Vertretern seiner Interessen vertreten zu lassen. Aber solange Politik durch die Ausklammerung des Wichtigsten sich konstituiert, läßt sich der fade Beigeschmack bei allen Handlungen im Geist von Interessenvertretung nicht vertreiben. Das Volk der Interessenvertreter blickt in einen Spiegel, wenn es auf seine politischen Vertreter schaut, und es ist Selbsterkenntnis im Spiel, wenn ihm das, was aus dem Spiegel ihm entgegenblickt, keine Begeisterung entlockt. Mit einer unnachahmlichen Mischung aus untertänigem Mißtrauen und schadenfroher Geringschätzung betrachtet es das Treiben der politischen Klasse, die seine rechtmäßigen Vertreter stellt. Wenn Politiker fast immer unpopulär sind, dann nicht, weil sie dem Volk entfremdet wären, sondern weil sie ihm aufs Haar gleichen. So verblendet ist das Volk selten, sich selbst populär zu finden. Wenn es selber mit sich nicht weiterweiß, dann wählt es mit untrüglichem Instinkt die, die es garantiert noch tiefer in diesen Zustand versinken lassen. Darin besteht das psychopolitische Geheimnis der neokonservativen Regierungen, die gegenwärtig fast im gesamten Westen tonangebend sind. Sie spiegeln präzis die Reaktion der kollektiven Flucht ins Weitermachen wie bisher wider, in der sich entgeisterte Mehrheiten von Interessenwählern etabliert haben. Arm in Arm mit diesen Mehrheiten hat der Neokonservatismus politisch ein Zeitalter der Unappetitlichkeit eröffnet; er hat die Unfähigkeit, über sich selbst zu erschrecken, als Amtsetikette durchgesetzt. Aber seine Popularität läßt sich von seiner gleichzeitigen Unpopularität nicht trennen. Er findet Wählermehrheiten, weil diese in ihm eine berechenbare Form von Unglaubwürdigkeit finden. Das Publikum hat immer dann am meisten Grund, seine Politiker für unglaubwürdig zu halten, wenn diese so sind, wie man sie haben will. Solange sie das Volk, wie es ist, adäquat repräsentieren, werden sie so unglaubwürdig sein wie dieses. Wer im Namen des Volkes regiert, führt sein Mandat auf ein undefinierbares, labiles, fluktuierendes, an allem außer Interessen desinteressiertes Etwas zurück, das in allgemeinen, freien, gleichen und geheimen Wahlen seiner Konfusion periodisch klaren Ausdruck verleiht. Das Verhängnis der Volksvertreter ist nicht, daß sie sich vom Volk zu weit entfernen, es kommt daher, daß sie sich nicht weit genug von ihm entfernen können, um ihre Empfänglichkeit fürs Dringliche dem Interesse an Interessen vorzuziehen. Politik ist immer zu bürgernah, zu nahe an Leuten, die meilenweit neben sich stehen, um sich optimal zu vertreten – rechts vom Unumgänglichen, rechts von Tod und Leben.

2. Die Stimme und der Körper – oder: Wie die Politik an der Krise der Verkörperungsmetaphysik teilnimmt

Wenn das Glaubwürdigkeitsdefizit ins Selbstbewußtsein der Akteure eintritt, wird es als ein Mangel an »Verkörperung« wahrgenommen. Wir wissen nun, warum das nicht anders sein kann, da sich die politischen Subjekte durch die Subtraktion ihrer Passionen gleichsam als Hohlkörper konstituieren. Nicht ohne Grund heißt der Rest, der nach der Abstraktion des Wichtigsten zurückbleibt, die Stimme. Wer die Politisierung durchgemacht hat, behält von sich selbst nur seine Stimme zurück, mit der sich nichts von dem ausdrücken läßt, was die Fülle und den Stachel des Lebens ausmacht. Diese Stimme ist von rigider Einsilbigkeit, sie sagt nichts außer Ja und Nein; nie redet sie spontan von ihrem Leben, sie reagiert auf Wahlvorschläge, macht ihr Kreuz und bleibt wortkarg auf das Minimum zustimmender oder ablehnender Zeichen beschränkt. Die politische Stimme ist dem Verstummen so eng verwandt, daß ihre Enthaltung manchmal mehr sagt als ihre Abgabe – wie diejenigen wissen, die aus den Volksdemokratien kommen, wo Abstimmung und Zustimmung Synonyme sind. Demgegenüber wird das westliche Verneinungsrecht mit gutem Grund als Bereicherung des politischen Wortschatzes in Richtung auf Zweisilbigkeit gelobt. Aber gleichgültig, ob sich das Stimmrecht ein-einsilbig oder zwei-einsilbig äußert, es impliziert in jedem Fall die zwiespältige Zumutung an die Individuen, in ihrem politischen Ausdruck alle übrigen Saiten am Klangkörper ihres Daseins zu verstimmen oder verstummen zu lassen. Die sensibleren Mitglieder der politischen Klasse haben deswegen versucht, einen ethischen Diskurs in Gang zu bringen, um ihre nicht mehr zu verheimlichende Aphasie zu überwinden. Sie ahnen, wie wichtig es wäre, die Sprachzerstörungen zu therapieren, die mit der politischen Reduktion von Ausdrucksfülle auf Stimmrecht einhergehen. Den Nachdenklicheren unter den Politikern kam in dieser Verlegenheit traditionell der klassische Intellektuelle zu Hilfe, der in seiner Eigenschaft als Sprecher kollektiver Widerspruchs- und Lebenserfahrungen eine existentiell dichte Sprache kreierte. Der politische Intellektuelle, wie er sich in Gestalten vom Rang Jean-Paul Sartres, Heinrich Bölls oder Ernesto Cardenals verkörperte, fungierte in einer, wie es scheint, abgelaufenen Ära als politischer Logopäde. Er führte vor dem Publikum einen vielbeachteten, doch einsamen Kampf gegen die Einsilbigkeit. Es waren vor allem die Schriftsteller der Linken, die in die Öffentlichkeit Sprachen einzuträufeln versuchten, die so komplex und exzessiv sein sollten, daß auch das individuierte Leben sich in ihnen wiedererkennen konnte.

Im Augenblick sprechen viele Indizien dafür, daß sich die

Intellektuellen von dieser Funktion zurückziehen – vielleicht, weil die Zeiten zu schlecht sind für Naivität. Unzweifelhaft erlebt die Gegenwart eine Art Intellektuellendämmerung; in ihr schlägt die Stunde der Experten bei gleichzeitiger Demission der moralischen Generalisten. Die Intelligenz, die widersprechende Klasse, zieht neue Demarkationslinien auf der Landkarte des Wirklichen. Daß es zwischen Politik und Leben einen gemeinsamen Nenner gibt, glauben jetzt nicht einmal mehr die Intellektuellen, deren Aufgabe es war, sich hierüber öffentlich Illusionen zu machen. Schon zu Beginn der zwanziger Jahre hatte der Schriftsteller Hugo Ball von einem »neuen Zeitalter der Katakomben« gesprochen, das den Geistigen bevorstehe. Damals ging diesem scharfsinnigsten Kritiker des deutschen Zeitgeists der ironische Bruch in der politischen Herstellung der Zukunft auf. Während das öffentliche Leben beherrscht wurde von vitalen Simulanten, die im Hoppla-wir-leben-Stil und im Wir-sind-die-Partner-des-Schicksals-Ton sich mit Neuem Realismus, Neuen Werten und Ausrufungen Neuer Zeitalter blähten, wußte sich bei ihm das denkende Leben schon zu einem unterirdischen Dasein verurteilt. Nur indem es unauffällig wurde und sich damit abfand, für die Zukunftsmacher verächtlich zu sein, konnte es dazu beitragen, daß überhaupt etwas Lebenswertes den Jahrhundertwinter überdauerte. Nur mit Mühe läßt sich der Eindruck abschütteln, daß eine solche Situation sich heute wiederholt, allerdings in noch schärferer und globalerer Form als während der zwanziger Jahre.

Seit die Intelligenz sich reserviert und ihren Sprachbeitrag zum Politischen auf ein einsilbiges Minimum zurücknimmt, sind die Politiker bei ihren Versuchen zur geistigen Revitalisierung ihres Metiers auf sich selbst zurückgeworfen. Sie müssen nun mit eigenen Mitteln beginnen, aus Stimmen wieder Sprachen zu machen. Unter denen, die das ernsthaft probieren, erkennt man die Besseren daran, daß sie sich anmerken lassen, wie schwer es ihnen fällt. Wenn politisierte Subjekte nicht mehr nur ihre Stimme abgeben, sondern sprechen sollen, müssen sie den Weg der Abstraktion rückwärtsgehen bis zu den existentiellen Quellen der Sprache. Man muß einräumen, daß dies ein mühevoller Weg ist, der das beinahe Unmögliche sucht. Kann man von automatischen Anrufbeantwortern verlangen, freie Reden zu halten? Läßt sich das entkörperte politische Ich, das noch dürrer ist als das anorexische Cogito des Descartes, so ohne weiteres dazu bringen, zu reden wie aus dem vollen Menschenleben? – In dieser Verlegenheit erst wird der Rückgriff auf Grundsätze für die Betroffenen suggestiv. Denn Grundsätze scheinen, wenn man sie erst einmal »persönlich verkörpert«, den Mangel an Körperlichkeit in der Politik zu beheben. Darum fungieren die »Grundsätze« im Diskurs der neuen politischen Moralsucher als Garanten von Persönlichkeitsfülle und Identität mit breitem Fundament. Wer höhere Grundsätze »glaubwürdig verkörpert«, scheint somit etwas Substantielles ins politische Spiel hineinzutragen, aus ihm spricht dann nicht nur die Einsilbigkeit des Abstimmungsgespensts, sondern ein inkarniertes Prinzip, ein Stück individueller Kultur. Wer Grundsätze verkörpert, hat Gewichte umgebunden, er ist mit charakterlichen Schwerkräften begabt, die nicht so schnell weggeblasen werden können, und einem moralischen Chassis versehen, das nicht so einfach zu verformen ist. Es ist ja auffällig, daß nur solche Politiker (im Rahmen des Möglichen) populär werden, die sich durch eine gewisse wohlmeinende Gravität und vor allem eine von Einsichten unerleichterte Erdenschwere auszeichnen – als wollten die Bevölkerungen die Übersicht nicht verlieren über das, was ihre höchsten Verantwortlichen verkörpern. Wer Grundsätze vorzeigt, will sich auf diese

Weise berechenbar machen – was ja eine Tugend ist in jener Sphäre, wo Herstellung von Berechenbarkeit zu den vertrauensbildenden Maßnahmen zählt. Ohne ein hohes Maß an verkörperungsfroher Trägheit ist der erwünschte Effekt nicht zu erzielen. Wohin aber solche grundsatzfeste Verkörperungsfreude führt, demonstrieren uns die Großen der Politik, die sich in Genf, Island, Wien und anderswo treffen, um ihre Trägheit miteinander zu teilen. (Dies ist offenkundig vor den Washingtoner Verträgen vom Dezember 1987 geschrieben.) Sie vermitteln den Eindruck, daß politischer Dialog nur ein anderes Wort ist für Wettreden zwischen Sprachbehinderten. Die politische Psychologie der Grundsatzverkörperung zeigt sich hier von ihrer erschreckenden Seite – wobei sich obendrein erweist, daß es sich in letzter Instanz weniger um ein psychologisches als um ein machtlogisches Problem handelt. Wenn das politische Subjekt nämlich überhaupt etwas verkörpert, dann nicht so sehr seine moralischen Grundsätze als vielmehr die Daseinsraison seines Landes, seiner Partei, seines Systems, seines Marktanteils. Als Inkarnate dieser Größen sind die Stimmen der Politiker stets von waffenstarrender Substantialität und von tödlicher Eloquenz. Wenn alle Wettbewerbsparteien in der weltpolitischen Arena ihre Grundsätze entschieden verkörpern – und sie tun es mit gewaltigen Budgets –, dann sind die Waffensysteme die eigentlichen Träger unserer Grundsatzverkörperung. Sie machen unsere Werte glaubhaft und unsere Charakterfestigkeit überzeugend. So verkörpert *der* Politiker seine Grundsätze am besten, der seine Überzeugungen auf Abschußrampen installiert hat – am Boden und bald auch am Himmel.

Angesichts dieser vom erbaulichen Soll etwas abweichenden Überlegungen zum Verhältnis von Stimme und Körper in der Politik wird es unumgänglich, ein Wort über die metaphysischen Prämissen des Begriffs Verkörperung zu sagen. Sobald diese offengelegt sind, verfliegt die falsche Harmlosigkeit, mit der die auch in Bonn vorherrschende Politologie von Grundsätzen und deren *Verkörperung* redet. Man sieht es diesem Begriff nicht sofort an, daß er eine abgesunkene Denkfigur des christlichen Platonismus darstellt, genauer ein johannistisches Theologumenon, das seinen Weg bis in triviale Sprachspiele gemacht hat. In metaphysischer Tradition gliedert sich das Seiende, populär gesprochen, in das Hohe und das Niedere, das Grundsätzliche und das Gelegentliche, in eine geisthafte und eine stoffhafte Sphäre, von denen die erste erfüllt ist von den Ideen, den Prinzipien oder Ersten Ursachen und den gottartigen Kategorien und Kräften, die zweite von der an sich eigenschaftslosen Materie, die dunkel, geistlos und nichtig den höheren Formkräften sich überlassen muß. Die Materie wird, als Stoff der Formen, erkennbar und wirklich in dem Maß, wie das Licht von oben ins Lichtlose eindringt, um aus dem amorphen Material gegliederte eigenschaftsvolle Gestalten hervorzuheben. Die Sichtbarkeit des Sichtbaren gründet allein im Durchscheinen des Lichts von der Idee her durch die Substanz. Die folgenreichste Anwendung dieses metaphysischen Modells begegnet uns in der Christologie des Johannes-Evangeliums, worin die Realisierung der Idee als Fleischwerdung des Worts, und diese wiederum als Menschwerdung Gottes interpretiert wird. Das Wort wird Fleisch – das ist das Grundschema der maßgeblichen Verkörperungs- und Verwirklichungsgedanken, die das Handeln und Herstellen westlicher Menschen geformt haben. Auch wer sich heute noch im politischen Handeln auf Grundsatzverkörperung beruft, nimmt, ob es ihm bewußt ist oder nicht, eine Hypothek beim platonischen Evangelium auf. Gelegentlich reicht das bis zu einer offen in Anspruch genommenen politischen

Imitatio Christi, sofern sich manche Politiker selbst als Inkarnate des Logos ins Spiel bringen – besonders in der protestantischen Welt. Man muß sehr dringend hoffen, daß Herr Rau seinen Wahlkampf und den seiner Partei nicht auf einem Johannes-Evangelium der Glaubwürdigkeit aufbauen wird – das wäre nicht nur taktisch falsch, sondern vor allem ontologisch suspekt. Was in solchen Fällen passiert, konnte man jüngst an Jimmy Carters US-Präsidentschaft studieren, die vom Konflikt zwischen Christologie und Machiavellismus ramponiert wurde. Ähnliche Erfahrungen sind jedem zu garantieren, der unter ähnlichen Prämissen in ein solches Amt einsteigt. Die Inkarnation von oben führt unweigerlich zur Demoralisierung – oder zum Martyrium (zwei von der Politologie unterschätzte Kategorien, nebenbei). Demoralisierung folgt aus der Überlegenheit der Verhältnisse über die Grundsätze. Wer Demoralisierung für das größte Übel hält, soll nicht versäumen, das Gegenteil zu prüfen: denn wo die Grundsätze stärker sind als die Verhältnisse – wie in asketischen Gemeinschaften, jakobinischen Subkulturen und totalitären Systemen –, dort erzwingt das Prinzip seine Inkarnation auf Kosten allen übrigen Lebens.

Läßt sich für uns eine Alternative zum Schema der Logos-Inkarnation oder der Grundsatzverkörperung denken? Wir glauben, daß das der Fall ist. Die Alternative verdeutlicht sich zunehmend im philosophischen Denken der Gegenwart, und sie ist es, die den vielfältigen Anläufen zur Entwicklung von etwas substantiell Neuem in den sogenannten Alternativkulturen einen geistesgeschichtlichen Rückhalt und ein logisches Kriterium gibt. In der nachmetaphysischen Kultur, die tatsächlich eine Alternative wäre, setzt sich allmählich ein Bewußtsein davon durch, daß nicht das Wort Fleisch werden muß, sei's mit Gewalt, sondern daß es genügt, den spontanen Tendenzen des Fleisches, zu Wort zu kommen, Platz zu schaffen. Es geht dann nicht mehr darum, im Handeln Grundsätze zu verkörpern, um auf diesem Weg die träge Masse einer Inkarnationsgewalt von oben zu unterwerfen; statt dessen wäre immer buchstäblicher zu verstehen, daß es in der Eigendynamik von Lebensprozessen liegt, in geistvollen Selbstverhältnissen aufzuleuchten. Das Verkörperungsdenken hat sich in der Falle seiner eigenen Gewaltsamkeit gefangen und läuft sich darin tot – das war die immerhin geschichtemachende Kraft der Metaphysik. Im alternativen Körperdenken hat sich aber die Richtung bereits geändert. Formelhaft: während der logische Endpunkt des Grundsatzverkörperungszwangs die totale Liquidierung des Fleisches zugunsten des Wortes wäre, öffnen sich in den postmetaphysischen Lernprozessen endlose Perspektiven auf die Selbsterhellung des Lebens. Der Moralismus des Denkens in Verkörperungsbegriffen ist nur der Anhang einer latent nekrologischen Metaphysik, die das Leben auf den Punkt der tödlichen Verwirklichung zutreibt. Wer entschieden genug versucht, Moral und Politik von den Selbstverhältnissen intelligenter Körperwesen her zu denken, der muß den Gedanken an die Verkörperung von Grundsätzen fallenlassen, um für eine ganz anders aufleuchtende Selbsterfahrung Raum zu schaffen.

3. Von der Ethik des Prinzipiellen zum Ethos des Dringlichen

Im Kampf zwischen dir und der Welt
sekundiere der Welt.

Franz Kafka

Nach klassischer Tradition ist die Philosophie ein Selbstgespräch der Seele. Sie hat zur Voraussetzung, daß die Seele nicht in Einhelligkeit mit sich selbst lebt, sondern einen Riß in sich spürt, durch den die Partner des Selbstgesprächs sich im Inneren gegenübertreten. Das Selbstgespräch kann uns die bizarre und doch alltägliche Erfahrung vermitteln, daß ein Teil von uns uns selbst voraus ist, während ein anderer Teil hinter uns zurückbleibt. Diesen Spannungszustand, der eine psychologische Prämisse von Selbstreflexion ausmacht, bezeichnet die Umgangssprache als Gewissen-Haben. Das Gewissen, das sich bemerkbar macht, ist *eo ipso* ein Gewissen, das mit dem faktischen Sein in Spannung steht. Sofern Individuen ein sich spüren lassendes Gewissen ausbilden, sind sie ihrer eigenen Wirklichkeit voraus und können zumindest gelegentlich das mit sich führen, was man ein philosophisches Selbstgespräch nennt. Traditionell wird die seelische Instanz, die sich als Gewissen rührt, als »innerste Stimme« aufgefaßt. Als mein Innerstes kann sie aber nur deswegen erscheinen, weil sie, obwohl »aus mir« kommend, sich zu mir verhält wie etwas, das mir überlegen ist und meinem problematischen faktischen Sosein vorausläuft. Nur insofern ich nicht nur mit mir identisch, sondern auch mir überlegen bin, bin ich zu dem philosophischen Selbstgespräch imstande, in dem sich die meisterliche Stimme des

Gewissens mit dem Stimmengewirr der Affekte, Kalküle und Interessen unterhält. Das Gewissen fungiert als kybernetisches oder hegemonisches Organ der Seele, das die realen Zustände des bewußten Lebens auf höchste Selbstregulierungsbegriffe bezieht – sagen wir kurzum, auf die moralischen Ideen.

Ist nun in Bonn von der glaubwürdigen Verkörperung von Grundsätzen in der Politik die Rede, so steckt in dieser Formulierung auch eine Anleihe beim Gewissensmodell der klassischen Moralphilosophie. Es wird damit suggeriert, das politische Subjekt könne sich nicht nur in seiner intimen Selbstwahrnehmung, sondern auch in seinem weltlichen Handeln am Schema des Selbstgesprächs orientieren, eines Gesprächs, in dem das individuelle Bewußtsein zugleich Schüler und Meister ist. Das Gewissen wäre dann nicht nur die autokommunikative Steuerungsinstanz im inneren Umgang des einzelnen mit sich selbst, sondern zugleich Sitz einer Weisheit, die allen Vorkommnissen in der Außenwelt immer schon voraus ist. Der Glaube an ein politisches Handeln nach Grundsätzen macht die kühne (und nur scheinbar konventionelle Annahme), daß in der Seele etwas sei, wodurch diese nicht nur sich selbst, sondern auch die Welt »draußen« im Prinzip schon überholt habe. Folglich wären die Gewissen nicht nur Instanzen im Innenverhältnis der Individuen, sondern auch steuernde Größen in ihren Außenverhältnissen.

Man muß zugeben, daß dies eine verführerische Idee ist, weil sie eine unenttäuschbare Überlegenheit des höchsten Seelenorgans über die sogenannte Wirklichkeit verspricht. Wäre sie stichhaltig, so würde sie die Möglichkeit garantieren, nicht nur das eigene empirische Seelenleben, sondern den Weltlauf im ganzen zu überholen und ihm dank eines Schatzes ewiger Grundsätze ein für allemal voraus zu sein.

Ein autonomes Grundsatzgewissen dieser Art würde uns unverwundbar machen gegen den Anprall der Ereignisse und uns vor dem Wandel der Verhältnisse schützen. Wir können uns, während draußen die Welt tobt und sich in Mobilmachungswirbeln unübersichtlich herumwälzt, in die innere Zitadelle zurückziehen und uns gegen den Weltlauf immunisieren, indem wir die Universalien betrachten, die unvergänglich in unser reflektierendes Gewissen eingeschrieben sind.

Man sieht leicht, wo die noble Spekulation kurzsichtig wird – so kurzsichtig, wie wohl etwas sein muß, was vorhat, das Denken im schöngeistigen Stadium einzustellen, ehe die Grausamkeit der Analyse über es hereinbricht. Analysieren wir das Gewissensphänomen kritisch, so zeigt sich sofort, daß es unmöglich nur als autonome, innerliche und weltüberlegene Größe aufgefaßt werden kann. Zwar mag es bei immanenter Betrachtung scheinen, als sei die Grundsatzausstattung des Subjekts jedem möglichen Vorkommnis in Welt und Seele für immer voraus. Aber den entscheidenden Tatbestand erfassen wir erst, wenn wir darauf Rücksicht nehmen, daß das Auftreten von Gewissen selbst ein Ereignis »in« der Welt ist. Dieses Ereignis ist alles andere als ein beliebiges – es ist kein Zufall unter anderen, sondern der dramatische Einbruch des Gewissens in die Welt, die dadurch eine Welt für das Gewissen wird. Aber durch dieses Geschehen wird nicht alle fernere Ereignishaftigkeit des Weltprozesses gleichgültig gemacht. Eine Welt, in der Gewissen vorkommt und die im Gewissen gewußt wird, ist eben dadurch schon mehr als eine Beispielsammlung von Vorkommnissen, die nach Gewissensgrundsätzen abgehandelt werden können. Da wir immer erst zur Welt kommen und nicht voraussetzen dürfen, ein für allemal »in-der-Welt« zu sein, kann unser Weltgewissen nicht nur vom Angeborenen, Erworbenen und Mitgebrachten zehren. Um es so schockierend zu sagen, wie es ist: Gewissen sind in erster Linie *nicht* Selbstverhältnisse von Individuen, sondern Selbstverhältnisse der Welt, wenn es auch wahr ist, daß nur Individuen als ontologische Lokale solcher Weltselbstverhältnisse in Frage kommen. Die Welt ruft zu verschiedenen Zeiten verschieden gewissenhafte Individuen hervor, wenn es in ihren inneren Angelegenheiten geboten ist, Weltprobleme im Medium individueller Gewissen zu regeln.

Solche Gewissensbildungen können allerdings mißlingen, und sie mißlingen tatsächlich in einer überwältigenden Zahl von Fällen. Unter anderem dann, wenn Individuen überhaupt kein reales Weltverhältnis ausbilden und sich weigern, sich zu individuieren – Phänomene, die bei Interessenten und Leuten mit Endverbrauchergesinnung typisch sind; unter ihrem Vorzeichen muß Individuation die Ausnahme und Verschlumpfung die Regel sein. Gewissensbildung als Weltverhältnis mißlingt aber auch dann, wenn Individuen sich auf Prinzipien versteifen, um das Dringliche am Grundsätzlichen auflaufen zu lassen. Stichwort (abermals) Neokonservatismus. Was ist er anderes als Mobilmachung von alten Grundsätzen gegen neue Sensibilitäten? – Was leistet er anderes als zynische Desensibilisierung gegen die Imperative von neuen Gewissensbildungen, die im Zeichen beispielloser Gefahren unentbehrlich geworden sind? Es ist noch offen, ob sich sozialdemokratische und sozialistische Parteien an solchen moralisch verbrämten Desensibilisierungen beteiligen werden. Sie sind in diesen Dingen seit jeher die Parteien der stärksten Ambivalenz, da sie einerseits auf die Entwicklung neuer praktischer Imperative relativ sensibel reagieren – das gehört zu ihrer Tradition; so war die Arbeiterbewegung ja selbst ein solcher neuer Imperativ – da sie andererseits immer in Gefahr schweben, sich mit dem Bekenntnis zu festen Grundsätzen und definierten Interessen in ein geschlossenes Lager einzusperren. In diesem Sinn ist politischer Moralismus, wie er zur Zeit überall wütet, die tückischste Form von politischer Blindheit, weil er das, was meint, mit sich selbst zufrieden sein zu können, zugleich auch für weltgerecht halten will. Natürlich zielen diese Überlegungen nicht auf einen immoralistischen Kurzschluß zwischen einer heillosen Welt und gewissenlosen Seelen, sondern auf die mediale Einspannung der bewegten Gewissen in die Selbstregulierungen der Welt. Allerdings muß man die Welt als einen intelligenten und generösen Prozeß denken, der, man weiß nicht wie, die Möglichkeit besitzt, es gut mit sich zu meinen. Individuelle Gewissen wären intelligente Sensoren einer Welt, die eben durch deren Auftreten in ein Selbstheilungsverhältnis zu sich treten kann. Es gibt wohl keine Möglichkeit, dem Phänomen Leben gerecht zu werden, wenn man nicht eine Ontologie des Münchhausen-Effekts in Betracht zieht. Im Rahmen dieses so erstaunlichen wie erfolgreichen Effekts ließen sich neue Gewissensbildungen als die Selbstrettungsagenturen des Wirklichen deuten. Sie wären sozusagen der Schopf, und die Gefahr das, was an ihm zieht. Die rettende Selbstvermittlung der Welt setzt voraus, daß die Stimme des Gewissens eben die Stimme der Gefahr ist, in der die Welt sich (im Medium geistesgegenwärtiger Intelligenz) schweben sieht. Nur in dieser Funktion ist das Reden von Gewissen noch legitim. In den übrigen Fällen ergibt das Beharren der moralisierenden Gewissenhaftigkeit auf sich selbst die Gewissenlosigkeit in reinster, bösartigster Form. Wie das zugeht, illustriert die Haltung des Vatikans zu Fragen der Geburtenkontrolle.

Nirgendwo ist die selbstrettungsontologische Auslegung des Weltprozesses großartiger formuliert als in der Doppelzeile aus Hölderlins *Patmos-Hymne*: »Wo aber Gefahr ist, wächst / Das Rettende auch.« Viel zitiert und wenig verstanden, ist dieser Satz zur Parole einer Rettungsphilosophie geworden, in der das Wachstum des Rettenden handfest und vage zugleich als quantitative Mobilmachung von Gegenkräften gedeutet wird. In Wahrheit ist das Wachsen des Rettenden als ein Abnehmen zu verstehen – nämlich als Verringerung des Widerstands starrer Subjektivitäten gegen die Dringlichkeiten des Weltprozesses. Was wächst, wenn die Gefahr begriffen wird, ist die Nachgiebigkeit der Subjekte für die Wahrnehmung ihrer ekstatischen und medialen Qualitäten. Wachstum des Rettenden setzt die Durchlässigkeit der Individuen für die noch ungesagten Imperative der Gefahr voraus. Darum ist ein offener werdendes Gefahrengehör das Kriterium einer Politik, die sich nicht nur aus kosmetischen Gründen um eine neue Form von Glaubwürdigkeit bemüht. Wird die Gefahr als Moment der neuen Gewissensbildungen verstanden, dann darf man Gewissen nicht mehr bloß als die Instanz denken, die im Selbstgespräch der Seele an allgemeine Grundsätze erinnert. Das Gewissen ist in dieser veränderten Funktion das Ohr für das Dringliche. Hörte es bloß auf seine eigenen Grundsätze, so wären diese nur ein Tarnname für die Undurchdringlichkeit des Gewissens und für die Selbstbefriedigung der politischen Gewissensträger. Das Gewissen, als Ohr gedacht, sagt nichts – es läßt sich etwas sagen. Gerade für die Politik trifft zu, daß es zuviel redende Moral gibt und zuwenig hörende. Aber um hören zu lernen, müßten die Akteure der politischen Praxis ein wenig Abstand gewinnen von den ohrenbetäubenden Mobilmachungen, die selbst die Katastrophe sind, deren Verhinderung zu sein sie vorgeben.

Um sich erfolgreich um eine neue Art von Glaubwürdigkeit zu bemühen, muß der Politiker zum Medium der Dringlichkeit werden, mit denen der Weltprozeß an den

Gewissen arbeitet, indem er sie überfordert, provoziert und zertrümmert. Die Unglaubwürdigkeit der Politik, was die Grundsatzverkörperung angeht, ist heute ihre große Chance.

Wenn das politische Treiben anfängt, wie ein hohles Schauspiel auszusehen, so wäre es ein Unglück, wenn man alte Grundsätze in die neuen Hohlräume stopfte. Mit der Hohlheit müßte nur wenig geschehen, und sie wäre eine Rezeptivität. Wenn der Primat der Rezeptivität auch die politische Welt durchdringt, wird eine Politik mit dem Ohr am Unumgänglichen denkbar. Solch eine hörende Politik wäre keine Windbeutelei im Dienst von Interessengruppen. Das mediale Verhältnis zum Dringlichen ist eine Ekstase, in ihr sind die Individuen mehr als ihre Interessen und die Welt mehr als ihr trauriger Zustand. Darin liegt auch für Politiker eine faszinierende Perspektive. Mit ein wenig Glück würden sie glaubwürdige Zeitgenossen, wenn sie nicht nur Zielscheiben, sondern auch Autoren der Satire werden, die in jedem Fall geschrieben wird.

V. Pariser Aphorismen über Rationalität*

Philosophes, encore un effort si vous voulez être parisiens!
Jean Maurel

1. Alles was recht ist

Ratio heißt Rechnung, Maß, Verhältnis, Portion, Entsprechung. Rationalität ist der Grundsatz, die Dinge, die uns angehen, unter dem Gesichtspunkt ihrer Verhältnismäßigkeit, Meßbarkeit und Berechenbarkeit wahrzunehmen. Rationalismus ist die dogmatische These, das Wirkliche sei im Grunde selbst das Meßbare, Berechenbare, Einteilbare, Denkbare. Traditionelle Rationalitätskritik ist Anwendung der Rationalität auf sich selbst und Reflexion über Möglichkeiten und Grenzen von Entsprechungen und Angemessenheiten im Erkennen, Handeln und Urteilen. Radikalisierte Rationalitätskritik ist der Einspruch gegen die Anmaßung des Messens, Einteilens und Rechnens und gegen die Maßlosigkeit des Rationalismus beim Aufrichten von Maßstäben und Meßbereichen.

In jeder dieser Wendungen des Phänomens Ratio ist die Idee von *Wahrheit als Verhältnis* im Spiel. Sie impliziert die Angleichung von Gedanken und Taten an Sachverhalte und Situationen. Damit aber Angleichung stattfinden kann, muß zuvor die Nichtangleichung oder Verfehlung gegolten haben. Nur in der Wüste der Verfehlung fallen die Oasen des Zusammentreffens auf. Die Oase ist der Platz, wo Dinge

* Ursprünglich für ein deutsch-französisches Philosophie-Kolloquium im Februar 1986 am Pariser Centre Pompidou verfaßt.

»stimmen« und zusammenkommen, sie ist der privilegierte Ort, wo es sich für das, was zusammenpaßt, günstig fügt. Kultur ist die Kunst, Oasen anzulegen, das heißt Plätze, wo der Anbau von Entsprechungen absichtsvoll betrieben wird. Als Agrikultur begonnen, verdankt sie ihre Existenz der Möglichkeit, Äcker und Böden als »richtige« Lebensräume für ausgewählte Pflanzen zu bebauen. Ihr Geheimnis ist die richtige Entsprechung von Pflanzen und Böden, und die richtige Abstimmung von Säen und Ernten auf die Jahreszeiten. Erst durch metaphorische Seminare verbreitete sie sich später über andere »Felder« – bis aus ihr die ciceronische *cultura animi* wurde, die für die Humanisten erst wirklich Kultur bedeutet. Bevor diese »Kultur überhaupt« als philosophische Lebensform aufkommt, bleibt das Rationale, Richtige, Passende und Entsprechende in einer Vielzahl von lokalen Praktiken zerstreut. Die Vielfelderwirtschaft der kleinen Richtigkeiten geht der Monokultur der großen Wahrheit voraus. Aber von diesen Kleinwirtschaften des Richtigen erzählen nur unscheinbare Geschichten, die niemand aufschreibt, da sie in der scheinbaren Geschichtslosigkeit des Banalen versunken sind. Stumm vor Selbstverständlichkeit sind die Wahrheitsbegriffe des Alltags geblieben, sprachlos vor Trivialität liegen die Kleinwelten des vormetaphysischen Entsprechungswissens am Rande des philosophischen Interesses.

Wer erinnert sich daran, daß es eine Wahrheitsfunktion gibt, die noch älter ist als die der bäuerlichen »Bestellung« der Böden – die »Wahrheit« der Jäger und Schützen, für die richtig ist, was *trifft*? Das Geschoß, das sein Ziel findet, erfüllt den Richtigkeitstypus Treffen, der zum Schicksalhaftesten gehört, was in der Geschichte der Rationalität auftrat – man vergißt zu leicht, daß die Treffgenauigkeit moderner Artillerien für die Geschichte der Welt inzwischen folgenreicher ist als jedes Zutreffen von Aussagen oder Eintreffen von Vorhersagen – immerhin hat sich unsere Sprache den Zusammenhang zwischen der Wahrheitsfunktion und dem ballistischen Motiv unauffällig gemerkt. Neben dem, was Jäger und Schützen für richtig halten, gibt es, als zweites Archaikum, auch eine eigene Rationalität der Sammler und Sucher, die genau dann eintritt, wenn sie finden, was sie »brauchen können«. Der Fund, den man mitnehmen kann, ist das Richtige, das dem Sammeln gemäß ist. Auch hierin ist die Moderne meist nur eine unbewußte Exploitrice einer archaischen Wahrheitsfunktion, denn was sie mit ihren zahllosen Expeditionen der wissenschaftlichen Forschung unternimmt, ist eine Fortsetzung des Sammelns und Nachhausebringens richtiger Funde mit modernen Mitteln – nur daß für uns nicht mehr so eindeutig ist, was die Funde am »Herd« mit uns machen werden. Denn sie sind aus der kleinen Ratio von Suchen und Finden ausgebrochen und sprengen die bisher bekannten Lebensformen. Diese Erfindungen und Forschungen überrollen die Welt wie eine selbst noch wahrheitslose Springflut.

Neben den archaischen Wahrheitsfunktionen der Jäger und Sammler – Treffer und Fund – haben uns die alten Künste und Handwerke eine Fülle unauffälliger Entsprechungsbegriffe überliefert, die in lokalen Praktiken Richtigkeiten, Rationen und Angemessenheiten feststellen. So gibt es immer noch einen Wahrheitsbegriff der Apotheker, wonach richtig ist, was *hilft*; einen Schneiderbegriff von Wahrheit, wonach recht ist, was *paßt*; einen Musikerbegriff vom Richtigen, wonach angemessen ist, was *stimmt*; einen Zimmermannsbegriff von Wahrheit, wonach stimmt, was sich zusammen*fügt*; einen Maurerbegriff vom Wahren, dem zufolge gut gemacht ist, was richtig *steht* und *hält*. In allen diesen Feldern sammeln Menschen Erfahrungen mit Subwahrheiten, die der Adäquation von Sätzen und Sachverhalten unauffällig vorgeordnet sind. Diese Unauffälligkeit ist zugleich ein Kriterium für die Solidität und für die sensationsfreie Wichtigkeit dieser sektoralen Wahrheitsfunktionen. Nur weil sie bereits eingespielt und als lebenswichtig angenommen sind, wird die spätere Mühe des Intellekts um einsichtige Entsprechung zu den Sachen ebenfalls plausibel und selbstverständlich. Die intellektuelle Verbindlichkeit, über Wirkliches Richtiges zutreffend und passend auszusagen, lebt aus der stummen Analogie zu den vielfältigen Bewährungsformen des Richtigen in den verschiedenen Entsprechungsfeldern. Wahrscheinlich wüßten wir nicht, was ein Satz ist, der nicht stimmt, wenn wir nicht wüßten, was eine Hose ist, die nicht paßt. Manche Theorien sind falsch, wie manche Schüsse, die danebengehen, und manche Annahmen bewähren sich, wie Treffer, die ins Schwarze gehen, wie Tropfen, die helfen und wie Noten, die stimmen. Somit sind Treffer, Fund, Fuge, Passung, Wirkung, Stimmung, Zusammenhalt regionale Varianten von Entsprechungsphänomenen, die jedem Leben einleuchten, sobald es ein wenig herumgekommen ist. Mit der sanften Gewalt des Selbstverständlichen tönen und orientieren sie alle komplexen Funktionen des menschlichen Geistes in den Räumen der Theorie, der Praxis und der Kunst. Nur weil die vielfältigen Korrespondenz- und Adäquationskulturen bereits den Boden unscheinbar vorbereitet hatten, konnten die höheren Wahrheiten der Wissenschaft, der Metaphysik, der Ethik, der Religion und der Ästhetik ihre imposanten Bauten auf ihm errichten.

2. Diplomaten als Denker in dürftiger Zeit

Wenn Hamlet Gegenwartsdiagnostik betreibt und sagt, daß die Zeit aus den Fugen ist, so hören wir jetzt den wahrheitstheoretischen Unterton des Satzes heraus. Die permanente Krise der Neuzeit erschüttert unsere elementarsten Gefühle für Richtiges und Falsches. Ein Beben läuft durch die stummen Subkontinente des Stimmigen, des Passenden, des Treffenden und entsichert die Fundamente für alle bekannten Möglichkeiten von Richtigkeit überhaupt.

Was wirkt, ist nicht mehr wahr; was stimmt, paßt nicht mehr; was trifft, hilft nicht mehr weiter; was hält, fügt sich nicht mehr ein; und wie es euch gefällt, geht nicht mehr. Sieht man sich die Sache näher an, so merkt man, daß diese Lagebeschreibung bereits seit Jahrhunderten »zutrifft« – mag auch das 20. Jahrhundert einen besonderen Claim auf Verstimmungen machen. Seit dem Sturm und Drang, seit dem Idealismus, seit der Romantik tanzt die Moderne diesen Verfehlungsreigen. Seit ebenso langer Zeit gruppieren sich die Tätigkeiten der Philosophie um die neue Disziplin »Vernunftkritik«. Sie reagiert mit ihren Mitteln auf die neue Sachlage, daß Wahrheit und Richtigkeit nicht mehr sind, was sie waren, seit die Moderne, mit Hilfe der Technik und getrieben vom Geist der Mobilmachung, auf der Erde neuartige kinetische Phänomene entfesselt hat, die unbekannte Modi von Entsprechung und Verfehlung nach sich ziehen. Egal, ob man für die moderne Welt-Kinetik das Bild der denkenden Lawine oder das des sekundären Vulkanismus wählt, in jedem Fall wird durch sie ein radikalisiertes Nachdenken über die Bedingungen der Möglichkeit von Richtigkeit wachgerufen.

Philosophie in vulkanischer Zeit wird unweigerlich Vernunftkritik. Auch diese ist eine Kunst, die Wandlungen durchmacht. Heute kann sie ihrer Aufgabe weder in altrationalistischer Weise gerecht werden, wo sich die Vernunft gut kantianisch selbst begründet und begrenzt, noch im Stil des Altirrationalismus, wo man der Vernunft im Namen von Gefühl, Wille, Glaube et cetera den Prozeß macht. Angesichts der gegenwärtigen Verstimmungen wäre es rührend, wollte man aufs Vernunftbrevier der klassischen Aufklärung schwören oder umgekehrt zu romantischen Ganzheitspredigten seine Zuflucht nehmen. Durch den zivilisatorischen Vulkanismus (oder unsere Existenz als denkende Lawine) sind zu viele Dinge aus den Fugen gebracht, ist zuviel verstimmt, verpaßt, verschossen und ent-stellt worden, als daß man hoffen dürfte, daß ausgerechnet Präparate aus den Apotheken der Moderne jetzt helfen. Vernunftkritik heute kann nur noch Forschung nach den Gründen von Entsprechungen und Nichtentsprechungen sein. Dadurch stellt sich eine radikalisierte Vernunftkritik auf ihren unheimlich gewordenen Gegenstand ein.

Wenn nichts stimmt und nichts paßt, wenn nichts trifft und nichts hilft, schlägt die Stunde der Diplomaten. Ihr Metier ist es, etwas in den Situationen zu unternehmen, in denen nichts mehr zu machen ist. (Hierin sind sie die Nachfahren der Priester, nebenbei.) Als Techniker einer sekundären Verständigung bringen sie einen ganz kleingeschriebenen Wahrheitsbegriff mit, der in die zerklüftete moderne Landschaft paßt. Sie rechnen von Berufs wegen mit der Notwendigkeit, als wahr gelten zu lassen, worauf man sich einigen kann. Ohne von metaphysischen Skrupeln geplagt zu werden, frönen sie einem sekundären Begriff von Wahrheit und Richtigkeit, der sich keine Meinung mehr über das erlaubt, was primär und wesenhaft wahr-stimmig-passend wäre. Teils aus Weisheit, teils aus Resignation beschränkt sich die Diplomatenphilosophie auf die minimale Abstimmung der vorkommenden dissonanten Stimmen und auf ein loses Zusammenfügen des Nichtzusammenpassenden im Rahmen eines spezifischen Interesses an Verständigung. Diesem sekundären Wahrheitsbegriff der Diplomaten entspricht das seit Generationen unübersehbare Aufkommen einer Sekundärphilosophie, die keine Lebensanschauungen mehr lehrt, sondern auf intellektuellen Sekundärtugenden wie Klarheit, Stoffübersicht und Mitteilbarkeit einen Schulbetrieb aufgebaut hat. Andere meinen, dies sei ein Zeichen dafür, daß zuletzt auch die Philosophie erwachsen geworden sei und das juvenile Laster, über tiefe Fragen nachzudenken, aufgegeben habe. Und wirklich gehen die Philosophen jetzt morgens ins Büro wie andere Beamte auch, sie haben gelernt, wie man Probleme, die nicht zu lösen sind, verwaltet, so höflich, pragmatisch, aufmerksam, ironisch, wie Erwachsene und Diplomaten sein sollen. Tatsächlich empfiehlt sich der diplomatische Einigungsgedanke mit seinem bewußten Absehen von Dingen, über die Einigungen weder wünschenswert noch erzwingbar sind, als ein sehr erwachsenes praktisches Verfahrensprinzip. Es ersetzt Überzeugungen durch Umgangsformen – der einzige Fall, in dem das Wort Zivilisationsprozeß wirklich am Platz ist –, und es wäre noch sympathischer, wenn es darauf verzichten wollte, im großen Stil recht zu haben und transzendentaldiplomatisch als wahrheitsmächtige Lehre aufzutreten. Der Konsensusgedanke hat es ja nicht nötig, mit hohem Aufwand für seine Gültigkeit zu werben, er könnte seinen Theorie-Etat ruhig senken und sich aufs diplomatische Handwerk konzentrieren. Tut er das nicht, so keimt der Verdacht auf, daß die Sekundärphilosophie von Eifersucht auf die gestürzte *prima philosophia* nicht frei ist, vielleicht hat sie sogar Heimweh nach der Zeit der letztbegründeten Kathedralen. Immerhin, solange die Wahrheitsdiplomaten selbst theoriefürstlichen Aufwand treiben, solange ist die Philosophie als Institution weder tot noch aufgehoben. Sie bleibt am Leben, solange sie sich überbietet. Die neue Gliederung ihrer Geschäfte in Überbietungstätigkeiten und diplomatische Aufgaben ist das Zeugnis einer ungebrochenen Vitalität – wobei Vitalität als ein zweideutiges Kompliment zu verstehen ist und Ungebrochenheit fast schon als Vorwurf.

3. Niedere Theorie

Bei einem modernen Dichter, der zur Zeit starke Popularitätseinbußen erleidet, weil seine linkspopulistischen Tonarten den Zeitgeschmack verfehlen, findet sich eine denkwürdige Überlegung.

»Von Natur aus habe ich keine Fähigkeit für die Metaphysik; was alles man sich denken kann und wie sich die Begriffe miteinander vertragen, das sind für mich spanische Dörfer. So halte ich mich vornehmlich an die im niederen Volke umlaufende Art des Philosophierens, an das, was die Leute meinen, wenn sie sagen: ›Geh zu dem da um einen Rat, er ist ein Philosoph‹ oder: ›Der hat wie ein echter Philosoph gehandelt.‹ Und hier möchte ich nur eine Unterscheidung machen. Wenn das Volk einem philosophische Haltung zuschreibt, so ist es fast immer eine Fähigkeit des Aushaltens von was. Im Faustkampf unterscheidet man Kämpfer, die gut im Nehmen, und Kämpfer, die gut im Geben sind, das heißt Kämpfer, die viel aushalten, und Kämpfer, die gut zuschlagen, und das Volk versteht unter Philosophen in diesem Sinn die Nehmer; was von seiner Lage kommt. Ich aber will im folgenden unter Philosophieren die Kunst des Nehmens *und* Gebens im Kampf verstehen, sonst aber, wie gesagt, mit dem Volk in dem, was Philosophieren bedeuten soll, in Übereinstimmung bleiben.« (B. Brecht, GW XV, 252f.)

So harmlos hat sich selten jemand gegeben, um so folgenschwere Einsichten auszuplaudern. Tiefsinnig und populär hat Brecht seinen Bruch mit dem, was er Metaphysik nennt, ganz in die Geste gelegt und die Argumente übersprungen. Er entschuldigt sich für seine Begriffsunfähigkeit, um für eine andere Art des Wissens Raum zu gewinnen. Mit leicht durchschaubarer Proletenschläue nimmt er sein Nichtverstehen als Voraussetzung für ein besseres Verstehen in Anspruch. Weil man bei Brecht immer sicher sein kann, daß er nicht aus Bescheidenheit spricht, darf man seine populistische Kaltblütigkeit uneingeschränkt bewundern. Der Mann weiß, daß die Welt im Krieg ist, überall marschieren die Verbände auf, auch in den großen Theorien. Erfüllt von der irren Hoffnung, daß seine Selbsterhaltung zwischen den Fronten auch etwas mit Wahrheit zu tun haben möge, drückt er sich um die Manöver der logischen Gigantomachen. Wie Schwejk macht er sich aus dem Staub, wenn die Helden aufmarschieren. Er läßt die Reflexionsathleten ihre Kräfte an den Argumentationsfronten austoben, er gesteht den Metaphysikern das anstrengende Vorrecht zu, mit immer größerem Aufwand immer verwickeltere Positionen in immer unentscheidbareren Kämpfen einzunehmen. Ist er wirklich nur durch eine Unfähigkeit verhindert, oder zugleich durch eine Einsicht gewarnt? Er scheint mit der Chance zu rechnen, daß ein kleines Bekenntnis zur Unzuständigkeit manchmal ebensoviel zuwege bringt wie der äußerste Einsatz großer Kompetenzen. Wer durch gewöhnliche Lebenserfahrung etwas von Anstrengungen versteht, der versteht von Philosophie immerhin soviel, daß sie aus der Anstrengung kommt und zu Anstrengungen führt – mag sie ihm sonst auch dunkel oder gleichgültig bleiben. Das gerade von außen leicht wahrnehmbare Unentschieden, das über den großen metaphysischen Alternativen hängt, kann auf diese Weise kongenial werden mit dem Mangel an Zuständigkeit für solche Dinge. Das Kostenlose entdeckt eine

Gemeinsamkeit mit dem Teuersten, wenn es frech genug ist, die Anstrengung des Begriffs auf den Begriff der Anstrengung zurückzuführen. Das ist die Chance der niederen Theorie. Sie kann zu Brechtschen Höhen kommen, wenn sie kapiert, daß eine sinnlose Anstrengung nur durch eine rechtzeitig entdeckte Unfähigkeit zu ihr vermieden werden kann. Zur populären Lebenskunst gehört es, daß man auf seine eigenen Talente nicht hereinfällt. Nichtkönnen ist eine besondere Kunst. Wenn Metaphysik die heroische Anstrengung ist, das Gewicht der Welt mit der Kraft der Theorie zu heben, dann ist der Mangel an Begabung hierfür nicht nur ein Ausweichen vor einer berechtigten Forderung. Ach, der philosophische Schwejk weiß nichts so genau wie das, daß er auf seine Art das Gewicht der Welt seit jeher schleppt, und daß er nicht die Anstrengungspredigt der Theoriekapuziner abwarten mußte, um einen Begriff vom Schweren zu bekommen.

4. La chose la mieux partagée du monde

Lassen wir den Brechtschen Junghegelianismus auf sich beruhen – samt seinem ewig schlechten Gewissen, nie genug von der Theorie zur Praxis zu schreiten. Sehen wir auch über den Manierismus seiner neusachlichen Boxermoral hinweg, mit der das schwüle 19. Jahrhundert ins kühle 20. übergeht. Was aufhorchen läßt, ist Brechts berechtigte Sorge, mit dem Volk im Hinblick auf den Sinn des Philosophierens in Übereinstimmung zu bleiben. Daran ist nicht die populistische Gebärde wesentlich. Was zählt, ist die Denkbewegung nach unten, die sich hier großstädtisch-populistisch einkleidet (es gab sie auch in landvölkischen Trachten, die uns schon länger komisch vorkommen). Der Weg nach unten – dieses

Motiv ist von den Regungen postmetaphysischen Philosophierens in der Moderne völlig untrennbar. Sich ans Niedere halten, die Welt aus der Perspektive von unten sehen, im Banalen vor Anker gehen, so und ähnlich klingen die Leitprogramme eines Denkens, das sich beim Alltäglichen engagiert, um endlich das Wirkliche an der Wirklichkeit auf nicht-metaphysische Weise zu erfassen. Der große Andrang der Philosophie zur Alltäglichkeit ist aber das Gegenteil eines Kniefalls vor dem *bon sens*, von dem es einmal hieß, er sei die am besten verteilte Sache der Welt. Indem sie das Banale philosophisch hebt, beweist sie dem gesunden Menschenverstand, daß es ihm nichts nützt, so gut verteilt zu sein. Für ihn bleibt die Alltäglichkeit ein Gefängnis, aus dem doch jedes Leben, das nicht resigniert hat, sich herausträumt. Für die Philosophie hingegen, die aus ihren luftleeren Räumen ins nachmetaphysische volle Menschenleben ausbrechen will, ist das Alltägliche das gelobte Land des Konkreten. Da sind die Menschen anzutreffen, wie sie sind, man überrascht sie mitten in der Arbeit (ah, Selbsterzeugung der Gattung), beim sexuellen Treiben, bei Kindern und Küche, auch bei der Anwendung von Regeln sprachlicher Verständigung und beim geselligen Sichgehenlassen – als bunte Wundertiere, die von ihren Ausstattungen mit Sets von Alltagswissen in vollen Zügen Gebrauch machen. Berauscht von diesen Entdeckungen, stürzt sich das metaphysikmüde Denken in die Niederungen, die es für seine Verluste an idealischer Höhe reichlich entschädigen. Aus den neuentdeckten Niederungen blüht eine Hermeneutik des Banalen auf, die uns erklärt, was für ein Mysterium es ist, wenn wir uns die Mühe machen, da zu sein.

Aber die Niederungen selbst wissen von ihrem Entdecktsein durch die Philosophie so gut wie nichts, und man darf sicher sein, daß sie nicht viel davon hielten, wenn sie es wüßten. Das ist es, was der Dichter Brecht in seiner pikarischen Gleichgültigkeit gegen den philosophischen Professionalismus so sicher trifft. Er denkt »wie das Volk«, weil er auf den Punkt abzielt, wo es mit philosophischem Verstehen – »leichten Hauptes und leichter Hände«, wie der Kollege Hofmannsthal sagt – nicht getan ist. Denn dort, wo die Niederung ihren Tief- und Schwerpunkt hat, dort drückt das Gewicht der Welt auf das Individuum, und würde es zermalmen, wenn dieses nicht gelernt hätte, wie man sich unter unerträglichen Gewichten hindurchstiehlt. In der verstandenen Niederung versteht das Denken auch den Lastcharakter von Wirklichkeit. Philosoph ist dort, wer etwas aushält. Was hier zählt, ist ein »Wissen«, das ein Aushalten ist, und ein Ertragen, das ein Verstehen ist. Die banale Weisheit der Niederung faßt das Leben (vom In-der-Welt-Sein wagt man dort nicht zu reden, es klänge zu luxuriös) von vornherein als einen Belastungszusammenhang, als ein Gewebe von Anstrengungen und Beschwerungen. Aber das will nicht sagen, daß das bewußte Leben zuerst einmal Schläge einsteckt und Sorgengewölbe trägt und daneben auch noch eine Vorstellung von der Welt als Last und Schlag besitzt. Vielmehr ist die Welt in dem Maß für uns erschlossen, wie sie uns ihr Gewicht »zu verstehen gegeben« hat. Im ultra-elementaren Wissen des Alltags, der von Haus aus nicht leicht ist, ist die Erschließung des Wirklichen unmittelbar mit dem Erlebnis und Verständnis des Schweren verschmolzen. Darum identifiziert das »Volk« die Philosophen als die Nehmer. Die Nehmer sind die Hermeneutiker des Schweren. Wenn sich die Welt vor ihnen »lichtet«, so kommt sie immer auch als eine Belastung auf sie zu, die auf den Schultern eines Verstehen- und Ertragenkönnens ruht.

Leidet die Philosophie jetzt an einem Atlaskomplex? Setzt sie ihre Ambition des Allesverstehens unter dem Vorzeichen des Allestragens fort? Der brave Soldat Schwejk schüttelt müde den Kopf. Er erklärt sofort seine Unzuständigkeit, sobald das metaphysische Atlasspiel mit der Welt gespielt werden soll. Kein Ehrgeiz, kein Talent, keine Zeit. Wie alle Leute, die von Berufs wegen mit schweren Gewichten umgehen, verläßt er sich auf eine Technik des Verkantens, bei der man die Lasten übers Eck wälzt und sie in der Hauptsache sich selber tragen läßt. Zwar führt diese Kunst nicht zur völligen Entlastung, aber sie zeigt uns einen Weg, wie man die Last mit dem Boden ins anstrengungsärmste Verhältnis setzt. Die Mühe, die dann verbleibt, liegt immer noch am oberen Rand dessen, womit wir zurechtkommen, ohne zerdrückt zu werden. Der Rückgang in die Alltäglichkeit kommt mit diesen alten Steinmetzwahrheiten an sein Ziel; richtig ist da, was sich noch bewegen läßt. Im Alltag aber weiß jeder, daß der eigentliche Träger des Weltgewichts der Boden ist, nicht der angestrengte Mensch. Die Schwere des Alltäglichen setzt dem Mutwillen der Theorie Grenzen – mag diese auch immer von einem heroischen Gewichtheben träumen, das die großen Wirklichkeitslasten nicht auf dem anonymen Boden ruhen läßt, sondern sie auf Gründe stellt, die sich aus dem Subjekt der Welt entgegenstemmen. Solange es überhaupt philosophisches Denken gibt, kennt es auch die Versuchung, mit dem Gewicht der Welt frivolen Umgang zu treiben. In jedem Denker steckt ein Schwerathlet.

Für die athletischen Denker aber ist der Weg nach unten nicht ohne Tücken. Sie sind für das Einfache überqualifiziert und für das Selbstverständliche zu hoch im Training. Das ist es, was selbst so unvergleichbare Geister wie Brecht und Heidegger gemeinsam haben. Denn wie der Denkmeister aus dem Schwarzwald entgeht auch der Lyriker mit der Vorliebe für Boxkämpfe nicht der Versuchung, den Weg nach unten als Aufstieg zur Sache selbst anzupreisen. Zwar ist er bei ihm nicht so sehr mit heroischem Trivialismus gepflastert wie beim frühen Heidegger, doch wird niemand leugnen können, daß zwischen Brechts dichterischer Exploration des Hart-Kalt-Bös-Schweren und Heideggers existentialontologischer Ausarbeitung der Idee eines natürlichen Weltbegriffs von der Alltäglichkeit her eine gestische Gemeinschaft besteht. Beide bewegen sich auf einem im weitesten Sinn junghegelianischen, nachmetaphysischen Terrain, wo sich der Geist mit seiner Endlichkeit und Leiblichkeit befreunden muß. Doch beide hauen ontologisch den Lukas, und beide sind von der eigenen Kraft verzaubert, Brecht mit seiner Boxermoral, die Geben für seliger hält als Nehmen, Heidegger mit seinem Entschiedenheitsfuror, mit dem er auch das Unverfügbare hermeneutisch in seine Regie nehmen wollte. Beide machen der Nachwelt deutlich, welche Risiken den Weg nach unten säumen – und welche Möglichkeiten es gibt, sich bei der entschiedenen Übernahme des Selbstverständlichen lächerlich zu machen. Aber vielleicht kann es nicht anders sein. Vielleicht muß die Hermeneutik der Banalität der Versuchung erliegen, das gewöhnliche Lebenspensum im schwerathletischen Stil zu betreiben. Vielleicht ist die Entdeckung des Offenkundigen wirklich für uns das Schwerste, und vielleicht muß man sich tatsächlich auf die Unternehmung einlassen, den Metaphysikteufel mit dem nachmetaphysischen Beelzebub auszutreiben. Also Philosophen – noch eine Anstrengung, wenn ihr euch gehen lassen wollt! Wir werden den Abstieg als Höhenflug preisen, wir werden dem Fluß Wasser in Flaschen verkaufen und bis zuletzt die These verteidigen, daß nichts so unverständlich ist wie das Selbstverständliche. Vielleicht wird auf diesem Weg eines Tages ein leichtes Staunen über das schwere Leben zur am besten verteilten Sache der Welt.

5. Geometrie als Finesse

Vernünftig heißen der Tradition zufolge die Beziehungen, die für sich die »Segnungen der Richtigkeit« oder Verhältnismäßigkeit in Anspruch nehmen können. Dazu gehören: die Anpassung von Mitteln an Zwecke; die Abstimmung von Instrumenten auf Umstände; die Orientierung der Forschung an Zielen; die Berechnung von Aufwendungen für Gegenleistungen; die Verpflichtung von Aussagen aufs Zutreffen; die Entwicklung von Thesen aus Vordersätzen; die Ausmessung von Ausrichtungen von Erwartungen auf Erwartungserwartungen; die gegenseitige Anerkennung von Menschen als Subjekte vernünftiger Vermögen... mit jeder Abwandlung des Prinzips Vernünftigkeit werden neue Sphären von Richtigkeit, Gerechtigkeit, Gemäßheit, Stimmigkeit und Berechenbarkeit aus dem logischen Kosmos hervorgehoben.

Aber in dem Maß, wie das vernünftige Denken auf sich selbst aufmerksam wird und spürt, wie erstaunlich sein eigenes Auftauchen aus dem Ganzen ist, wird es durch sich selbst dazu gedrängt zu sagen, was es mit diesem Ganzen auf sich hat. So beginnt die Philosophie mit dem Menschheitsunternehmen, das anspruchsvoller ist als der Bau von Pyramiden, die Anlage von Bewässerungskulturen und die Vermessung von Feldern: mit der Aufgabe, das Unvorstellbare vorzustellen und das Unermeßliche zu vermessen. Die philosophischen Köpfe im klassischen Zeitalter der Metaphysik waren die Geometer des Maßlosen. Sollte an den Gerüchten, die vom Anbruch einer postmetaphysischen Ära reden, überhaupt etwas daran sein, dann vielleicht soviel, daß das Scheitern der Projekte zur Geometrisierung des Unverhältnismäßigen sich unmöglich verschweigen läßt. Sie machten von einer ontologischen Finte Gebrauch, die für uns unwiederholbar geworden ist: sie unterstellten eine Verhältnismäßigkeit oder Richtigkeit in der Totalität der Verhältnisse selbst. Das Ganze wird mit geometrischer Finesse als Kreis gedacht, moderner gesprochen als System – und von da an war es nur noch ein kleines Kunststück, die intelligible Form des Kreises oder des Systems im Ganzen selbst »wiederzuentdecken«. Unwiederholbar ist diese Finesse, seit wir wissen, daß zwar im Ganzen Phänomene wie Kreis und System vorkommen, daß aber das Ganze darum nicht seinerseits kreis- oder systemhaft ist, auch nicht Kreis von Kreisen, System von Systemen, sondern eine Turbulenz, eine Fluktuation, eine Katastrophe, die sich auf nichts beziehen läßt außer auf ihre eigene Einmaligkeit. Darum endet die Vermessung des Maßlosen in Furcht und Zittern. Die Lineale, mit denen die Vernunft ihre Richtigkeiten mißt, haben nicht nur Anteil an den intelligiblen Formen, den Ideen; Teilhaber sind sie auch an der Katastrophe, die dieses einmalige Sein auf seine unberechenbare Bahn gebracht hat. Im Licht der Vernunft scheint auch das natürliche Licht der Katastrophe, die durch uns fortgeht.

6. Unverborgenheit und Erträglichkeit

Heidegger hat, wie man weiß, beharrlich auf der Entdekkung bestanden, daß das griechische Wort für Wahrheit, *aletheia*, zusammengesetzt sei aus dem Wort für das Dunkle, Verborgene, Vergessene, *lethe*, und aus dessen Negation. Aus diesem unscheinbaren Sachverhalt ging ihm die philosophische Genialität des Griechischen auf. Wenn der gewöhnliche Wortschatz eines Volkes Wahrheit als Negativ des Verborgenseins und Vergessens versteht, so haben wir es mit einer Sprache zu tun, die mühelos das Tiefste denkt.

Heidegger meinte, dem Deutschen ebensoviel zumuten zu dürfen, und übersetzte die griechische *aletheia* mit dem Ausdruck Unverborgenheit (obwohl die Humboldtsche Wiedergabe des Worts durch Unverhohlenheit philologisch um eine Spur korrekter, philosophisch freilich um eine Dimension ärmer war). Gehört zur Wahrheit das Unverborgensein, so fällt ihr Schicksal mit dem Ereignis zusammen, durch das sie unverborgen wird – mit der Entbergung, dem Aufgehen, der Offenbarung (und dem Gegenereignis, das ins Vergessen und zur zweiten Verborgenheit führt). Die entbergende Offenbarung, durch die alles Rationale und Verhältnismäßige offengelegt wird, ist selbst nicht rational und verhältnismäßig. Der »Raum« des Wahren als des Unverborgenen taucht singulär wie eine Insel voll kommensurabler Verhältnisse aus dem Ozean des Inkommensurablen, Unverhältnismäßigen auf. Das vorstellbare Entborgene liegt im Glacis der Lethe, des Maßlosen, Unvorstellbaren. Wo Menschen sich aufhalten, dort ist immer das Vorfeld des verdeckten Ungeheuren. Ihre Kulturen bevölkern eine Zone, die zugleich Garten und Vulkan ist – ein ontologischer Hawaii- und Lanzarote-Effekt. Als zögernder Erbe der europäischen Lichtmetaphysik hat Heidegger mit seinem Begriff Lichtung an das ereignishafte Aufgehen eines für Verhältnismäßigkeiten faßbaren Raums erinnert. Weil er in der Lichtung nicht nur das Sichtbare, sondern auch die Sichtbarkeit sieht, begreift er sich nicht als Aufklärer, sondern als Seher. Während der Aufklärer eine phosphorische, lichtbringende Praxis übt und das Licht als Werkzeug zur Durchleuchtung des Stoffes einsetzt, verweilt der Seher bei den »Taten und Leiden des Lichts«. Vorstellen ist *nicht* sehen. Für den, der wirklich sieht, ist das Auge ein Ohr des Lichts.

Was würde der Aufklärer Brecht zu dem Seher Heidegger sagen?

Er würde wohl eine kleine Unterscheidung machen. »Bis hierher«, würde er sagen, »war alles sehr einfach, auch wenn für einen wie mich die metaphysischen Begriffe spanische Dörfer sind. Doch jedes Kind kapiert, daß das, was hier der Seher tut, genau dem entspricht, was im Faustkampf die Nehmer machen. Der Seher ist Philosoph, weil er etwas aushält, und er hält etwas aus, weil er ein Kerl ist und außerdem, weil es von seiner Lage kommt. Ich aber möchte unter Sehen künftig das Nehmen *und* Geben im Kampf verstehen, ansonsten jedoch, wie gesagt mit denen, die etwas aushalten, in Übereinstimmung bleiben.«

Für den Nehmer bedeutet Unverborgenheit nicht Sichtbarkeit, sondern Erträglichkeit. Denn was überhaupt zu nehmen ist, das bewegt sich im Bereich zwischen dem, was ganz leicht auf der Hand liegt und dem, was unerträglich ins Fleisch schneidet. Es sind nicht so sehr Beleuchtungs- und Sichtbarkeitsgrenzen, die Unverborgenes von Verborgenem scheiden, sondern Belastungsgrenzen, Schmerzgrenzen, Erträglichkeitsgrenzen. Nicht was einer über die Welt gehört oder gelesen hat, entscheidet über sein Weltverständnis, sondern was er von ihr durchgemacht und ausgehalten hat. Wenn man einräumt, daß die Philosophie, sobald es ums Ganze geht, ohnehin nur noch in seriösen Kalauern spricht, dann müßte man am kritischen Punkt nicht von der Lichtung, sondern von der Leichtung reden. Es geht in den Projekten der Kultur und der Aufklärung weniger um die Ausbreitung von Licht als um die Bewältigung von Gewichten. Seit Menschen den Willen zum Wissen spüren, ist es ihnen nicht so sehr um Erhellungen zu tun als um Erleichterungen – und nur weil es Erhellungen gibt, die Erleichterungen sind oder zu solchen führen, stehen Intelligenz und Einsicht bei ihnen hoch im Kurs.

Eine metaphysische Bestimmung des Spielraums aller Entsprechungen, worin uns Wahrheiten aufgehen können, führt auf die ursprüngliche Liaison zwischen dem Erkennbaren und dem Erträglichen – dem Lichtvollen und dem Leichten. Denn Erträglichkeit ist die maßgeblichste von allen Verhältnismäßigkeiten, die für uns aus dem Unverhältnismäßigen und Unerträglichen auftauchen. Was für uns da sein soll, ist im Erträglichkeitsraum da oder es existiert nicht. In diesem Sinn ist alle Philosophie Algosophie – Ausmessung der Felder der für uns möglichen Erträglichkeiten. Nur das gemäßigt Schwere, das Tragbare, das Leichte sogar hat Aussicht auf Einverleibung in das Corpus eines dauerhaften Verstehens. Vom Unerträglichen, vom Überschweren, vom Überschwenglichen kann man nur soviel wissen, wie in den Erinnerungsspuren bleibt, wenn man es überstanden hat. Vielleicht sprechen manche Theologien hiervon, wenn sie sagen, daß der Raum des Menschen nur durch den Rückzug Gottes eröffnet worden sei. Von der Präsenz des Übermächtigen, von den Überwältigungen, Blitzen, Ekstasen, Zusammenbrüchen bleiben in unserem Bewußtsein nur indirekte Zeichen zurück, Fußstapfen des zu Schweren, die uns begrenzen und warnen. Keine Vorstellung schließt das Maßlose in sich ein, und so wie das Auge weder die Sonne noch den Tod fixieren kann, so hält kein Wissen das Unverhältnismäßige fest, kaum daß es einen Namen dafür findet – Chaos, Hölle, Urschmerz, Heiliges, Erhabenes, Sein, Nichts, Dionysos, Schiva. Was wir als Rationalität kennen, ist eine Umgangsform mit dem »Wirklichen«, die erst durch das ursprüngliche und ununterlaßbare Ausweichen des Geistes vor den inkommensurablen Gewalten möglich wird, eine Umgangsform, die sich dem Erträglichen, Vorstellbaren, Gelichteten, Umgänglichen zuwendet. Das Umgängliche entsteht durch unser notwendiges Umgehen des Unumgänglichen. Dieses Umgehen als

Ausweichen vor dem Überschweren ist die Grundanstrengung, um die alle Subjektivitäten sich gruppieren. Subjektivität kann nur gelebt werden als die zu sich selbst verurteilte Anstrengung, sich im Erträglichen zu erhalten. Sie erkennt sich an ihrer Anstrengung, sich zu halten, und wenn ihr das Angestrengte verlorenginge, so wäre sie keine Subjektivität mehr, sondern All-Einheit im entschwerten Bewußtsein. Darum ist reine Theorie der letzte Luxus – eine Sache für Selbstmörder und Dandys. Nur ihnen steht der Zugang offen zum Mysterium der Frivolität – zur Erleichterung des Lebens bis zur Vernichtung der Gewichte.

Den gewöhnlichen Sterblichen fällt das Leben schwer. Sie bleiben zu der Anstrengung verurteilt, sich das zu Schwere nach Kräften zu erleichtern. Aber der Traum vom Schweben ist auch in ihnen weiter am Werk. Sie strengen sich unermüdlich an, um es sich leichter und leichter zu machen. Durch ihre vereinten Bemühungen gerät der Zivilisationsprozeß zu einer Unternehmung, die unfreiwillige Erleuchtungen herbeiführt. Die Erleichterungsanstrengungen der Kultur sind inzwischen selbst zu der unerträglichen Last geworden, von der sie das Ausweichen ins Erträgliche hätten sein sollen.

7. Vom Leichtsinn, kein Tier zu sein

Aber in welchem Maß entspricht der Mensch, der alles mißt, seinerseits der Welt, in der er vorkommt? Wie paßt das ontologische Tier ins Ganze des sonstigen Seienden? Inwiefern stimmt das Wesen, das die Fähigkeit hat, Stimmigkeiten zu bemerken, mit seiner Welt überein? Wie fügt sich das Subjekt, das mit bauherrlichen Kompetenzen Dinge zusammenfügt, selber ins Vorgefundene? Wie verhält sich das mit dem Blick für Verhältnisse begabte Wesen zum Zusammenhang aller Verhältnisse?

So zu fragen heißt, in den Fragen die Antwort geben. Der Mensch ist das Wesen, das nicht paßt. Sein Verhältnis zu den Verhältnissen ist unverhältnismäßig. Für ihn stimmt es, nicht zu stimmen.

Es dürfte niemandem, der die Materie kennt, schwerfallen, in diesen Formeln ein Echo auf Nietzsches und Heideggers Vorstöße zur Erkundung der Wahrheit über die Wahrheit zu vernehmen. Beiden ist die Ansicht gemeinsam, daß der Mensch den Raum der Wahrheit nicht wie ein Schauspieler eine bereits fertig aufgeschlagene Bühne betritt, sondern daß er selber die Bühne ist, über der das seltsamste Licht aufscheint, Erkenntnis. Bühne sein ist die Möglichkeit, ein Verhältnis zu Verhältnissen zu haben. Dieses zweite Verhältnis enthält das Rätsel der »Wahrheit überhaupt«, jenseits lokaler Richtigkeiten. In ihm steckt das Abenteuer, nicht natürlich zu sein. Das Verhältnis zu Verhältnissen geht auf, wenn die horizontale Verwobenheit von Menschen ins mundane Gewebe zerreißt, so daß die Vertikale mit ihrem doppelsinnigen Hochtief aufklafft. In dieser Dimension geschieht der menschliche Exodus aus der Biologie, in ihr kündigt das Subjekt die Symbiosen, in ihr entdeckt der Mensch, daß er nicht paßt, in ihr wird er unverhältnismäßig. In dem Maß, wie er das unverhältnismäßige Wesen ist, das in geburtlicher Exponiertheit aus seiner Umwelt herausfällt, wird der Mensch anfällig für die Wahrheitsfrage. Das sakrale Wort Wahrheit, das wie alles Höhere auch lächerlicher ist als das Durchschnittliche, erinnert an die unserem Leben vorgegebenen Versprechen: daß auch das herausgefallene Wesen anknüpfungsfähig ist; daß auch das Unverhältnismäßige in Verhältnismäßiges findet; daß auch das Selbständige sich auf etwas Tragendes stützen kann; daß auch das Einsame ein Gegenüber hat; daß auch das Entbundene sich verbunden sein lassen kann. In der Wahrheitsfrage wird uns die Rechnung für den Luxus der Menschwerdung präsentiert. Das Wesen der Wahrheit ist der Leichtsinn, kein Tier zu sein.

8. Erfindet euch selbst

Hochkulturen kommen in ihre heiße Phase, wenn den Individuen kein Außenhalt mehr ihr Maß zeigt – wenn keine »vormundschaftliche Natur« ihre Lebensfunktionen spontan regiert. Von da an wird Selbsterkenntnis zu einem großen Thema der Lebenskunst. Der Blick nach innen soll Ordnungen entdecken, die den Ausfall der älteren Synchronien zwischen Mensch und Natur kompensieren. Von da an ruht die Hoffnung der Vernunft auf einem »inneren Gesetz«, das nach der äußeren Losreißung und Absonderung des Menschen für richtige Orientierungen sorgt. Aber diese Hoffnung trügt. Wer den Weg nach Innen betritt, um dort die Ordnung zu finden, die außen keinen Halt mehr hat, wird zum Opfer einer Ironie. (Man könnte auch sagen, er wird zum Mystiker, sofern Mystiker Opfer einer Ironie sind, die sich nachträglich mit dem Opfer einverstanden erklären und mit dem Ironischen verschmelzen.)

Diese Ironie widerlegt die Hoffnung auf Ordnung mit ihrer eigenen Antriebskraft. Wenn vernünftige Subjekte sich vernünftig erforschen, entdecken sie in sich selbst keine regulativen Größen letzter Instanz, sondern eine energische Bodenlosigkeit. Sich selbst erkennen heißt nicht eine Identität bestimmen, sondern einer Unverhältnismäßigkeit innewerden.

Wer glaubte, der Weg nach Innen werde ein geheimes Bild vom Selbst bestätigen, würde durch Selbsterkenntnis widerlegt.

Was bleibt also vom Pathos der Vernunft, die uns hätte sagen sollen, was wir sind? Der Weisheitsimperativ: Erkenne dich selbst, verwandelt sich in das existentielle Motto: Sei du selbst! Das ist eine ontologische Kavaliersdevise, die allen Angehörigen des Hauses freistellt zu sein, was sie wollen, wenn sie nur daran denken, daß Existieren heißt, von bester Familie zu sein. In der Ortschaft des Seins ist dies die lokale Richtigkeit, die menschlichem Verhalten den Maßstab gibt. Aber von seiner erhebenden Wirkung abgesehen, ist der Satz: Sei du selbst! für praktische Orientierungen in dieser Gegend etwas zu blaß. Der Kavaliersbegriff des Vernünftigen hilft noch nicht durch den abenteuerlichen Alltag hindurch. Da führt der Hinweis weiter, daß Sei du selbst auch Hilf dir selbst und Laß dir helfen bedeutet. Von hier aus ist es nicht mehr weit zu einem Sanitäterbegriff der Vernunft als Erster Hilfe, wonach das richtig ist, was dem Dringendsten zuerst begegnet. Dem Unfallcharakter des geschichtlichen Lebens wird damit am ehesten entsprochen. Doch besteht Existenz nicht nur aus ihren Unfällen, noch wichtiger ist, was ihr gelingt. Sei du selbst heißt darum auch: Erfindet euch! Dem antwortet der dichterische Begriff der Vernunft, für den richtig ist, was auf die einzigartige Gelegenheit des Lebens eingeht. René Char sagt: Nur eine Vergünstigung ist uns mit dem Tod gegeben: Kunst zu schaffen, bevor er kommt. *Nous n'avons qu'une ressource avec la mort: faire de l'art avant elle.*

VI. Nach der Moderne

HAMM: *ängstlich*: Was ist denn los, was geschieht eigentlich?
CLOV: Irgend etwas geht seinen Gang.
Samuel Beckett, *Endspiel*

1. Das Zeitalter des Epilogs

In jüngster Zeit hat die Vorsilbe »nach« eine denkwürdige Karriere gemacht. Kaum ein Feuilleton käme ohne sie auf die Höhe der Zeit. Als lateinisches »post« sprenkelt sie die neuere Kulturkritik, sie verbreitet ein Flair von eleganter Reflexivität, sie suggeriert, daß etwas im Gang ist, weil etwas anderes vorüber ist, zu ihr gehört ein Bewußtsein, das viele Welten hinter sich hat – auch jene, die eine schöne neue werden wollte. Richtig eingesetzt, stößt die Vorsilbe sich vom Vergangenen ab wie von einer unhaltbar gewordenen Stellung. Sie springt mit einem Satz in eine Gegenwart, die immerhin von sich sagen kann, daß sie nach der Vergangenheit kommt. Von dieser ist nicht viel bekannt, und doch ist es ein besonderes Gefühl, sie hinter sich zu haben. Ein kleines Nach – und Weltalter sinken ins Überholte. Postmoderne – 's klingt so wunderlich. Noch nie nahm man so kühl Abschied von gestern. Mit einer Vorsilbe ist man seiner Epoche voraus. Wofür spricht das?

Die Karriere der Vorsilbe »nach« deutet an, daß uns, obwohl Haarsträubendes geschieht, kein »Geschichtsbild« mehr zur Verfügung steht, das es der Gegenwart erlaubt, sich zu datieren. Seit allgemein sich der Eindruck verbreitet, daß die Geschichte keinen Fahrplan hat, tasten wir uns durch ein prozessuales Niemandsland voran. Es steht um die Erzählbarkeit der entfesselten Realitäten ebenso schlecht wie um ihre Vorhersagbarkeit – von ihrer Ordnung unter ein geschichtsphilosophisches Schema ganz zu schweigen. Auch kein präziser Epochentitel scheint für die Gegenwart zuständig zu sein, ja nicht einmal zwischen Epochen und Moden läßt sich noch deutlich unterscheiden. Man kann den Eindruck haben, daß sich der Aggregatzustand des Wirklichen selbst verändert und ins Undarstellbare verdampft.

Postmoderne kann darum zunächst kein Epochenbegriff mit Anspruch auf geschichtsphilosophische Substantialität, sondern nur ein Index für Reflexionssteigerungen sein. Was mit der Reflexion hier steigt, ist aber nur die ernüchternde Wirkung der Betrachtung. Die postmoderne Reflexivität führt nicht auf Gipfel, von denen ein hochgekämpftes Bewußtsein synthetisch und satt auf seine Zeit hinunterschauen könnte. Große Blicke, Querschnitte, Panoramen – wer hätte sie nicht gern, und mit ihnen den Rausch am weiten Zusammenhang, das Gipfelerlebnis, das seine Zeit in Gedanken faßt? Aber wo heute das Denken selbst bei seiner Sache ist, dort ist ihm nicht so gipfelig zumute, es bleibt ganz nachgedanklich und nachkulminativ, es streitet die alten Aufstiegsphantasien ab, nach denen Prozesse in der sozialen und logischen Wirklichkeit mit progressiv-alpinen Metaphern zu charakterisieren wären. Prozeß und Progreß bilden aufeinander nur einen trügerischen Reim, auf den man postmodern nicht mehr viel gibt. Es geht zwar weiter voran, aber nicht hinauf – das ist die Quintessenz nachprogressistischer Reflexionen über das Verhältnis von Geist und Zeit – womit bestätigt wird, daß sich im postmodernen Rummel auch prämoderne Geister umhertreiben, denen das Glücksrad als Sinnbild für geschichtliche Zeit mehr einleuchtet als

BRAUN
BRAUN
BRAUN
Some girls are simply smoother than others.
To help you acquire the knack of looking perfectly polished, ask someone to buy you a Lady Braun Elegance for Christmas.
They're the shavers that have been specially designed to hug the curves and contours of your body, stroking away unwanted hair and leaving your skin unbelievably silky and soft. Whichever one you choose, battery or mains, you can be sure of the perfect finish. Lady Braun Elegance.
The shavers that simply make you smoother.
BRAUN
Lady Braun Elegance

die Fortschrittsleiter. Wer später lebt, weiß es auch nicht besser – mit diesem Fazit endet das historische Experiment, das die Wahrheit dazu zwingen wollte, sich im Laufe der Zeit immer mehr »herauszustellen«. Was im Laufe des Experiments wirklich sich herausgestellt hat, ist gerade dies, daß das spätere Wissen nicht mit Sicherheit das bessere ist.

Postmoderne Prozeßgefühle sind nicht die von Leuten, die von sich glauben, es gehe mit ihnen geschichtlich bergauf. Sie sind eher die Empfindungen von Passanten auf einer Rolltreppe, auf der man automatisch vorankommt, gleichgültig, ob man sich an die Vorschrift hält oder nicht, rechts zu stehen bzw. links zu gehen (wie es im Reglement der rolltreppenreichen Münchner U-Bahnbetriebe vorgesehen ist). Solange man sich auf der Treppe befindet, geht es konstant in einer Richtung voran – doch wollte man Bewegungen auf der Rolltreppe mit der Fortschrittsidee in Zusammenhang bringen, so wäre dies, um das mindeste zu sagen, eine Überinterpretation. Da sind die räumlichen und die Bewegungsmetaphern der Altaufklärung nicht mehr am Platz, auch ist der Aufstiegsgedanke zur Markierung von Standortunterschieden auf Rolltreppen ungeeignet. Wenn der eine unten, der andere weiter oben rollt, so hat der Abstand zwischen beiden keinen evolutionären Sinn und kann keinen essentiellen Vorsprung für den Obenrollenden bedeuten, wenn er auch scheinbar der ist, der »weiter« gekommen ist – weiter auf die »Höhe der Zeit«, deren Hochsein sich darin erschöpft, hier und jetzt und sonst nichts zu sein.

Seit der Fortschritt selbstläufig geworden ist, hat sich der Zukunftsoptimismus in Prozeßmelancholie verwandelt. Wir fahren nicht mehr von Genua aus in die Neuzeit, wir rollen auf einem Förderband ins Unabsehbare. Dabei zählt unsere Eigenbewegung kaum noch im Verhältnis zur Tota-

Rolltreppe in der U-Bahn-Station Barrikadnaja in Moskau

lität der Bewegungsmasse, und die Schritte, die der einzelne auf seinem Rolltreppenabschnitt tun kann, verschwinden fast spurlos im rollenden Ganzen. Auch kann kein Mensch wissen, wohin die Treppe führt, nur läßt sich der Gedanke nicht ganz verdrängen, daß auch das längste Förderband einmal zu Ende sein muß und die Passanten abwerfen wird.

Seit dies alles sich zu einer modernen »Ordnung der Dinge« verfestigt hat, sind Lagebesprechungen auf der Rolltreppe zum Massenbedürfnis geworden. Man muß fürchten, daß der heutige Kulturbetrieb nicht mehr viel anderes ist als die Summe der geistigen Werkeleien von Rolltreppenfahrern. Auch diese Werkeleien sind inzwischen von ihrer Selbstläufigkeit so durchdrungen, daß es kaum noch einen Unterschied macht, ob einer affirmativ rollt oder kritisch rollt – ja es kann sogar revolutionär gerollt werden. Zwischen der Bewegung der Rolltreppe und den kulturellen Manifestationen auf ihr besteht seit langem keine effektive Differenz mehr, weil der Bereich der Kultur als Markt der Differenzen selber durchwegs rolltreppenartig organisiert ist. Von seiner Motorik wird das Gestrige unaufhörlich entaktualisiert; aus der Geste der Entaktualisierung selbst wird die neue Aktualität lanciert, um schon im Entwurf zu stürzen, eine Flüchtigkeit jagt die andere.

Die dem rollenden Betrieb entsprechende Geste ist die des Nachrufs. Sie ist die herrschende Äußerungsform einer Kultur, die ganz vom Spiel der aktuellen Entaktualisierung lebt. Aus diesem Grund bedeutet das »Post« der Postmoderne in erster Linie das »Nach« des Nachrufs. Keine Redeform ist dem Prinzip der Rolltreppenkultur so adäquat wie der Nachruf, der inmitten permanenter Bewegung und chronischer Unklarheit an die letzte sichere Tatsache erinnert: daß die Vergangenheit nicht die Gegenwart ist. Wo niemand mehr wissen kann, was morgen gilt, da wirkt es fast wie ein Geschenk, daß wenigstens das Vergangene vorüber ist. Damit liefert es ein Kriterium, das Stürme übersteht. Die Gegenwartskultur ist eine große epilogische Maschine, die Nachreden ausstößt und durch Außerkraftsetzung des Gestrigen einen Hauch von Orientierung in der Gegenwart erzeugt. Zeitgenössische Gehirne sind im Augenblick noch warm vom Durchlauf der letzten Epilogwellen – dieser ganzen postfreudianischen, postmarxistischen, poststrukturalistischen, postmetaphysischen Rhetorik, mit denen die jeweiligen Sprecher eine Viertelstunde lang auf der Höhe des Möglichen erschienen. Je heftiger die Nachrede aufs Vergangene, desto eher öffnet sich im Gegenwärtigen ein Raum für neue Setzungen, und wäre es nur ein Schein von Raum. Für die Rolltreppenbürger ist allein durch nachrednerische Überholung des letzten Trends der so begehrte Gegenwartsrausch zu erzeugen, ohne den keine moderne Generation es mit sich selbst aushält. Wie unter Zwang fällt da der Blick zurück – auf keinen Fall nach vorn, wo sich die Fahrt des Förderbands ins Aussichtslose zeigen würde. Man hat lieber die Moderne hinter sich als die Rolltreppenewigkeit vor sich, man tummelt sich lieber in der Nachmoderne als in der Vorhölle der Einheitszivilisation, man steht lieber am offenen Grab des Fortschrittszeitalters als vor jener Wende in die Zukunft, zu der uns die Konjunkturberater überreden wollen. Für das zeitgenössische Bewußtsein bedeutet der Tod nicht mehr die »Unmöglichkeit, ein Projekt zu haben«, wie Levinas einst formulierte, sondern die Unmöglichkeit, eine Nachrede zu halten. Mag sein, daß wir es mit solchen Reden nicht weit bringen, aber mit ihrem epilogischen Genius erreicht die vielgeschmähte Postmoderne allen zum Trotz ein Optimum an heute möglicher Geistesgegenwart. Denn es ist nun einmal nicht anders, Programme bringt jeder zusammenhanglose Träumer zustande, doch zu Nachworten gehören ein Minimum an Wachheit und Sinn für Kontexte.

Das Nach kommt zusätzlich vom Nach des Nachsitzens*, in dem wir nur zu oft das versäumte Pensum der Moderne aufzuholen haben. Es gibt Gründe zu der Annahme, daß für eine starke Majorität von Zeitgenossen die substantielle Moderne noch gar nicht da war und daß diese nur in Form von Nachholung und Auffrischung noch zu ihrem Recht kommen könnte. Man sieht überdies zur Zeit viele suspekte Figuren herumspuken, die aus dem Busch oder dem Biedermeier direkt in die Postmoderne übertreten wollen, ohne zwischendurch ein bißchen Modernität kennengelernt zu haben. An ihnen wird sich zeigen, ob nicht auch postmoderne Zeiten genügend Niveau und Prägekraft besitzen, um die neuen Buschmänner zum Nachsitzen zu bringen.

* Vgl. Arnold Gehlen, *Zeit-Bilder*, [3]1986, S. 202 f. Stichwort »Repristination«.

Vom Flugzeugmotor bis zur eigenen Muskelkraft ...

... reicht die Palette der Möglichkeiten, um **täglich 366.144** Exemplare der SZ (IVW IV/87) in den Versand zu bringen:

- Tägliche Linien- bzw. Charterflüge
- LKW's mit Nutzlasten von 3,5 bis 10 t
- PKW's mit einer Zuladung bis zu 700 kg
- Mofas für den Handverkauf
- Fahrräder für die Zeitungszusteller
- Die eigenen Beine für den (Vor-) Abendverkauf in München

Es wird also viel gelaufen, gefahren und geflogen, um die »Süddeutsche« täglich ausliefern zu können.

Die Zufriedenheit und Treue unserer Leser sind uns diese Bemühungen wert.

Süddeutsche Zeitung

Die große deutsche Tageszeitung

Das Nach der Nachmoderne hat noch einen weiteren Sinn, der über das Epilogische und Nekrologische hinausreicht. Mit der Nachrede allein und mit dem Totsagen des Gestrigen ist es ja nicht getan. Zumindest in einem Winkel seines Bewußtseins weiß heute jeder, daß die Selbstläufigkeit des Weltprozesses noch andere Perspektiven birgt als das Undsoweiter der braven Rolltreppe. Es läuft auch etwas Katastrophisches und Beispielloses ab, das mit der Rolltreppe nur die Selbstläufigkeit gemeinsam hat, uns ansonsten aber mit einer ganz anderen Bewegungsart nach vorne treibt. Wir sind als subjektive Elemente eingeschaltet in eine historisch-planetarische Kettenreaktion, die wir in ihrer relativ langsamen Phase »Geschichte« nannten und die jetzt einem Explosionspunkt entgegenzulaufen scheint. Was wir im Blick auf so bedrohliche Dinge zu sagen hätten, scheint fürs erste nicht mehr Epilog, sondern Prognose zu sein, weil dabei von einer Katastrophe die Rede ist, die zwar längst im Gang ist und uns doch mit den größten Schlägen noch bevorsteht. In Wahrheit handelt es sich bei dieser Prognostik um die radikalste Form der Nachrede – nämlich um eine prophetische Epilogik, die uns von einem Standort nach der Vernichtung nachruft, was dann über uns zu sagen wäre. Somit durchbricht die aktuelle epilogische Apokalyptik die Zeitmauer und spricht wie von der anderen Seite des Schicksals aus über die Vorgänge diesseits der Mauer. Dabei entstehen nicht nur vorweggehaltene Nekrologe auf die Menschheit, sondern auch Totenreden in dem sehr merkwürdigen Sinn, daß die Redner sich selbst tot denken müssen, um den Standpunkt einzunehmen, auf dem sie die Wahrheit sagen werden. Das »Nach« der Nachmoderne enthüllt sich hier als das »Nach« der Selbstnachrede, mit der sich eine von ihrer Unhaltbarkeit überzeugte Zivilisation Rechenschaft über ihre Aussichten gibt. Die Aufklärung vollendet sich in der

Koinzidenz von Prognose und Nachruf, sie gipfelt in einem absoluten Nekrolog, der jede mögliche Zukunft überholt und den Untergang als das letzte Wort des Wissens schon jetzt ausspricht. Darum ist die Gegenwart, die ihre Zukunftsperspektive prüft, gezwungen, von sich selbst in einem tragischen Futur zu reden und sich im voraus die Nachreden zu halten, für die es zu gegebener Zeit an Rednern fehlen wird. Sind nicht, um ein Analogon zu bemühen, die meisten Tierfilme heute schon Tiernachrufe, Nekrologe auf Arten? Wird dementsprechend Anthropologie zur Zoologie des nekrologischen Tiers?

An dieser Stelle kommt ein unvorhergesehenes »Nach« ins Spiel. Es gehört einem Bewußtsein, das die erwähnten Selbstnachreden hinter sich hat – zumindest in dem Sinn, daß es sie gehört und nachvollzogen hat und dennoch nicht bei ihnen haltmachen kann. Offensichtlich steht auch der routinierteste Pessimismus unter der Einschränkung, daß schlimme Vorhersagen schneller reisen als schlimme Ereignisse. Vor deren Eintreffen bleibt die Beobachtung wahr, daß es uns trotz allem noch gibt. Auch vorgezogene Nachrufe ändern nichts daran, daß bis auf weiteres neue Tage anbrechen, fragil und vorläufig wie alle vorangegangenen. Der wache Geist überlebt manchmal die rotglühende Verzweiflung an seiner Endlichkeit. Vor einen Hintergrund aus Untergängen gesetzt, beginnt unser Aufenthalt im Provisorat des Wirklichen merkwürdig heiter zu werden – die Sorgen durchscheinend, die Unsicherheiten selbstbewußt. Vielleicht war Erwachsenheit nie etwas anderes als ein verschlüsseltes Wort für das, was nach dem Verzweifeln kommt. Noch atmen wir, noch geht die Sonne auf, noch erfahren wir in den Hauptnachrichten das Wichtigste vom Tage. – Die Letzten Dinge halten sich bedeckt, die Apokalypse kommt vorerst aufs Regal zur übrigen unschönen

Literatur, der schwarze Frack für die Menschheitsbeerdigung bleibt im Schrank, das Eschaton zeigt Geduld. Dieses nachdesperate Leben gleicht der Sorglosigkeit aufs Haar und unterscheidet sich von Blindheit nur in kaum merklichen Details. Wir sagen Nachmoderne mit einem verlegenen Lächeln, als wüßten wir, daß es Nochmoderne heißen müßte.

Sollte man die spezifische Zeitstruktur des gegenwärtigen Lebens charakterisieren, so käme man auf den Begriff einer Zwischenzeit *nach* der Prognose des Schlimmsten und *vor* der Verifikation der Prognosen durch das Wirkliche. Für eine solche Lage gibt es keinen passenderen Begriff als den der Frist.* Weil unsere Frist aber auf keinen präzisen Termin zuläuft, sondern die Katastrophe nach Tag und Stunde und Ursache offenläßt, kann sich auch das Leben, das von seiner Riskantheit und Endlichkeit weiß, in der gedehnten Frist einrichten und ausbreiten, als wäre es seiner sicher. In der Ungenauigkeit der Frist erst findet die Hoffnung ihren Spielraum. Darum ist Hoffnung kein Prinzip, sondern ein Sekundärprodukt der Ungewißheit über den schlechten Ausgang der Geschichte. Zwar ist Hoffnung als eine geschichtemachende Kraft wirksam geworden, aber ihre Wirkungen sind bei der Eschatologie und bei der Ungenauigkeit unseres Wissens über die Grenzen der Frist geliehen. Dies erklärt, warum das Wort Hoffnung weder jetzt noch künftig groß geschrieben werden darf. Ihr richtiger Platz ist hinter den Kulissen, ihre angemessene Tonart das Pianissimo. Nur Bloch durfte zum Thema Hoffnung die Stimme heben, weil er, ohne es zu wissen, ihren Nachruf schrieb – der einzige legitime Anlaß, einen Effekt zu einem Prinzip zu verklären. Im übrigen sind heute laute Reden über Hoffnung nur zynische Fabrikate. Wer aggressive Hoffnungskampagnen füh-

* Vgl. Günther Anders, *Endzeit und Zeitende,* München 1979.

ren will, gehört in die Nachbarschaft jenes deutschen Leitartiklers, der nach dem Ereignis von Tschernobyl gesagt haben soll: »Das Leben ist geschmacklos. Es geht einfach weiter.« Dasselbe läßt sich triftig von der Hoffnung sagen, von der auch zu Recht behauptet wird, sie gehöre zum Leben. Das einzige, was der Hoffnung in ihrer makabren Allianz mit dem unbelehrbar weitergehenden Leben weiterhilft, ist unnachgiebige Diskretion. Wir müssen private Hoffnungen künftig dem Beichtgeheimnis unterstellen und für öffentliches Hoffen Freiheitsstrafen androhen. Wer sich tatsächlich Hoffnungen macht, der soll sie, so tief er kann, in sich vergraben – denn nur als stille Kräfte werden sie hilfreich sein; nur so mischen sie sich nicht in die Kausalreihen ein, die in die Katastrophen führen; nur so tragen sie nicht zur Mobilmachung von Unternehmungen wider besseres Wissen bei; nur so werden sie zu Lebenskräften, die im Rükken der Individuen wirken und sie über die Abgründe tragen, über denen die Tagwelten errichtet sind.

2. Die Zwischenzeit – oder: Die Geburt der Geschichte aus dem Geist des Aufschubs

Der Begriff Frist umschreibt nicht nur den Spielraum, den Illusion und Hoffnung sich teilen; er erinnert zugleich an die Grundfigur des abendländischen Geschichtsdenkens. Denn was Geschichte im eminenten okzidentalen Sinn des Wortes bedeutet, läßt sich allein aus ihrem Frist- und Zwischenzeitcharakter verstehen. Zwischenzeit kann es nur geben, wo ein Geschehen in der Zeit auf ein letztes Ziel oder einen Schlußtermin hinstrebt, von dem aus es als Frist überschaubar wird. Eben dies sind die grundlegenden Merkmale des

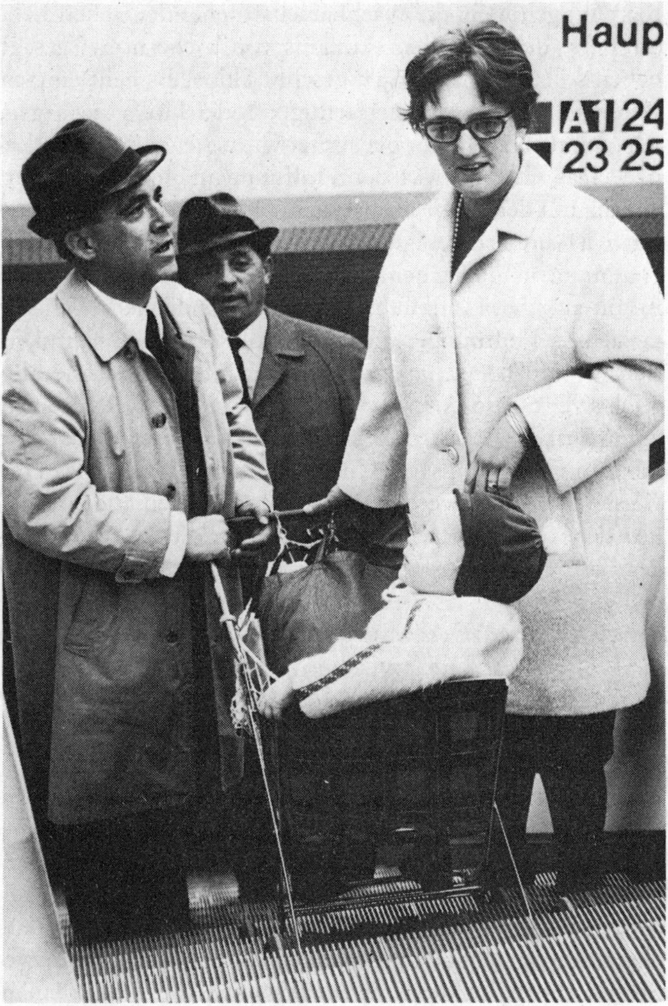

Benutzung von Rolltreppen mit Kinderwagen. Demonstration an der Frankfurter Hauptwache durch Mitarbeiter der Stadtverwaltung

spätjüdischen und des christlichen Geschichtsdenkens, das für das Phänomen Europa konstitutiv ist. Wenige Historiker legen sich mit der nötigen Ausdrücklichkeit darüber Rechenschaft ab, daß nicht nur die frühe abendländische Geschichte, sondern auch die Neuzeit einschließlich der jüngsten Gegenwart durch die Überlieferung und Abwandlung messianischer und eschatologischer Motive modelliert worden ist. Was aber das seit Marx und Dilthey offene Programm einer Kritik der historischen Vernunft angeht, so dürfte es keinen Zweifel daran geben, daß die Messianologie, wie sie aus jüdischer Tradition hervorging und in christlicher Abwandlung Geschichte machte, ihr Kernstück bilden muß.

Das messianische Geschichtsdenken orientiert sich an der Idee, daß der lange Marsch der Völker durch die Zeitwüste eines Tages ein Ende finden muß – wenn der Messias die Entfremdungsära abschließt und ein Endreich aufrichtet, das der gegenwärtigen schlimmen Welt in keinem Punkt mehr gleichen wird. Die christliche Variante dieses Modells wurde in dem Augenblick wirkungsmächtig, in dem Jesus die Unterstellung seiner Jünger, er sei der Messias, akzeptierte und damit begann, die in ihm erreichte Gegenwart des Gottesreiches zu predigen. (Die beiden aufschlußreichsten Varianten eines solchen Vorgangs liefern Sabbatai Zwi im 17. und Jiddu Krishnamurti im 20. Jahrhundert.) Nach der Katastrophe von Golgatha wurde deutlich, welche Sprengkraft in diesem Vorgang lag. Die Möglichkeit eines christlichen Messianismus war in dem unerträglichen Paradoxon angelegt, daß der Messias sich nicht als endzeitlicher Weltenkönig durchsetzte, sondern den Schauplatz als kläglich hingerichteter Verbrecher verließ. Dieser Skandal wurde für die ersten Gläubigen nur verwindbar durch die Verkündigung einer baldigen Wiederkehr des Herrn in seiner Herrlichkeit

– sichtbar für alle, befreiend für die Gläubigen, entsetzlich für die Gegner. So steht am Anfang des christlichen Geschichtsdenkens die Verwandlung der Weltzeit in eine Wartezeit, die den Horizont einschrumpfen läßt auf die kleine Spanne zwischen der Kreuzigung und der Wiedererscheinung des Messias. Von diesem Minimum mußten die späteren Horizonterweiterungen ausgehen, die fällig wurden, als das Warten auf die Wiederkehr existentiell unvollziehbar zu werden begann. Die erste Christengeneration starb mit einer Frage, auf die die europäische Geschichte die Antwort werden sollte: Wie ist das Ausbleiben des Messias zu verstehen? Bereits die folgende Generation mußte mit größeren Zeitspannen zu rechnen lernen und die Parusie in die Zeit der Enkel oder Großenkel verlegen. Für sie wurde damit die Frage akut, ob sich nicht auch Christen in die Geschäfte dieser Welt einlassen müßten – und wenn nicht mit Leib und Seele, so doch mit größerer Verbindlichkeit, als es geboten wäre, wenn morgen das Gericht käme und das Endreich anbräche. In den Grübeleien der frühen Christen wurde die abendländische Geschichte auf ihre äußerst merkwürdige Bahn gebracht. Geduld und Hoffnung traten damals zuerst zueinander in ein geschichtemachendes Spannungsverhältnis. Nie zuvor war Hoffnung so zur Tugend erhoben und zu einer Größe der religiösen Psychopolitik entwickelt worden. Man darf sagen, daß die von Paulus in Gang gebrachte christliche Revolution in das Zeiterleben der alten Welt tiefer eingegriffen hat, als eine imperiale Kalenderreform es vermocht hätte. Auch für Paulus ist die kommende Zeit eine knapp bemessene Zwischenzeit. Doch bedeutet sie nicht nur einen belanglosen Durchgang, sondern eine Zeit mit eigener Würde, sofern sie durch die neue Botschaft bereits unter dem Licht der Erlösung steht. Dadurch sind alle kosmischen und mythischen Kalender außer Kraft gesetzt.

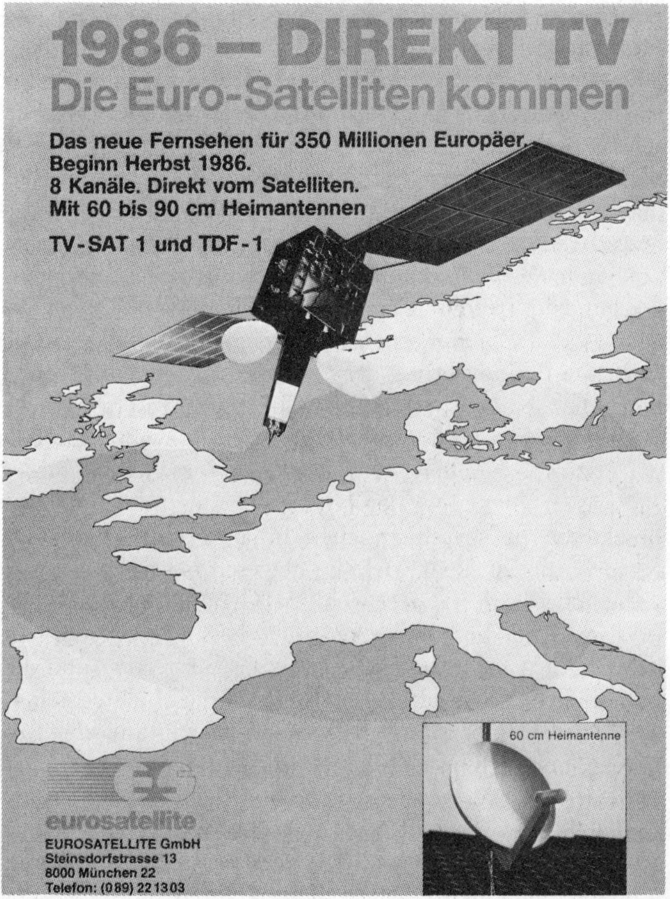

Auch mit dem Vorbehalt der kurzen Frist ist die Existenz *post Christum* als Epoche eigenen Rechts ausgezeichnet und von dem vormessianischen Leben der Juden ebenso unterschieden wie von der Welt der Griechen und Römer. Vermutlich ist Paulus der erste Mensch, der prinzipiell in Eile lebte, weil es ihm darauf ankam, in der vermeintlich kurzen Frist seinen universal verstandenen Missionsauftrag zu erfüllen. Im Inhalt der Mission liegt für ihn die umstürzende Neuheit jedes Lebens nach Christus. Wie weit die epochemachende Gewalt dieses Einschnitts reicht, wird nicht zuletzt daran deutlich, daß auch die gegenwärtigen Gerüchte von einer *Postmoderne* ohne die paulinische *Postantike* gegenstandslos wären. Ohne den großen Wurf des Paulus gäbe es kein Christentum als Weltreligion, und ohne dieses nicht die Periodisierung der Geschichte, deren Auflösung heute die Gemüter bewegt. Das Christentum als historische Religion aber steht und fällt mit dem Bewußtsein, daß die Zeit zwischen der Kreuzigung und der Wiederkehr des Messias an einer epochalen Neuheit teilhat und damit einen objektiven heilsgeschichtlichen Inhalt besitzt. Wäre dieses Bewußtsein nicht wirksam gewesen, so hätte sich der christliche Impuls nach wenigen Generationen im Synkretismus der Spätantike verloren. Die Nichtwiederkehr des Christus hätte die Heilserwartung ausgelaugt und der christlichen Botschaft jeden futurisch-geschichtemachenden Charakter genommen. Wahrscheinlich hätte eine mystische und symbolistische Psychotherapeutik die Christuslegende absorbiert und sie in eine Selbsterlösungslehre orientalischen Typs aufgelöst. Wie mächtig die Ansätze zu solchen Entwicklungen waren, zeigt die frühe Kirchengeschichte, die einen einzigen Kampf gegen die gnostische Versuchung des individuellen Ausstiegs aus der Realgeschichte des Heils darstellt. Nach jahrhundertelangem Ringen erst konnte sich die real existierende Kirche, als katholische, gegen die Privaterlösungskulte durchsetzen und sich als heils- und hoffnungspolitisches Organon einer neuen

Weltzeit konstituieren. Der neue Aion ist bereits in dem phantastischen Apostolat des dreizehnten Apostels ausgebildet, der sich ausdrücklich dazu berufen fühlte, den Völkern der ganzen nichtjüdischen Welt die Nachricht von Christus zu bringen. In der Person des Paulus kristallisiert sich zuerst heraus, was den historischen Gehalt des neuen Weltalters ausmachen wird: die Selbstüberschreitung des Judentums. Seither ist christliche Weltzeit substantiell *apostolische Zeit* – Zeit für die Verbreitung einer überschwenglichen und gegenweltlichen Botschaft, Zeit für den, wie auch immer widersprüchlichen Einbau von Gerechtigkeit und Brüderlichkeit in eine wüste Welt, Zeit für die Einträufelung von Hoffnung in verfallene Seelen, die der Krieg des Lebens auf die gierige und verzweifelte Bahn gebracht hatte. Für diese beispiellose Mission wird ein erheblicher Bedarf an Zeit erkennbar, da die Christianisierung der Völker nicht über Nacht geschehen kann. Im Licht des Missionsgedankens läßt sich die Parusieverzögerung nicht nur als Enttäuschung, sondern auch als heilbringender Aufschub des Endes begreifen. Wenn wirklich die Geschichte von einer apostolischen Substanz zehrt, dann darf das Ende aller Tage nicht vor der Universalisierung der Botschaft eintreten.

Fast von Anfang an enthält das christliche Denken über Zeit und Geschichte somit den Gegensatz zwischen einer eschatologisch-kurzen und einer apostolisch-langen Bestimmung der Zwischenzeitlichkeit in sich.* Während das eschatologische Motiv ständig an die Nähe des Gerichts erinnert, hält das apostolische Motiv die Geschichte als Zeit der Heilsausbreitung über die bewohnte Erde offen. Im Ringen zwischen den beiden Polen gewinnt die spannungsreiche Zeitstruktur des christlichen Weltalters ihr Profil. In

* Bei Paulus fällt beides noch zusammen.

Männergeschichte.
Er brauchte diese Mischung
Der FIAT Croma turbo i.e. Das kühle italienische Kraftgerät. Ein Mann spürt sein unglaubliches Beschleunigungsvermögen. Und er denkt an die Familie. An den Komfort, den er ihr mit diesem stärksten FIAT bieten kann. Ein Mann will zeigen, wo er steht. Er fährt seine sehr schnelle, große Sportlimousine. Aufregend auffällig kühl im Design. Vollkommen anders im Auftritt.
So denkt er über den neuen, großen FIAT Croma. Ein Auto, das ganz
und gar Italien ist. Erdacht, geplant und konstruiert
Mann weiß, daß in dieser Fahrmaschine der legendäre
eines starken und zukunftsorientierten Unternehmens
Er liebt es, mit Gewalt in die Polster gedrückt zu werde
von 0 auf 100 in unter 8 sec beschleunigt. Ein Mann
zu wissen, daß sein Wagen 220 km/h gehen könnte.
Ein Mann bemerkt, daß auf den Straßen Österreichs

W657·522
taler Kraft und kühler Schönheit.
eue FIAT fahren. Und das ist für jeden, der sein Vertrauen in
eben hat, die größte Bestätigung. Ein Mann weiß um die
Investitionen von FIAT, den unbedingten Willen dieses
mens, bessere Autos zu bauen. Das sind für Fiatfahrer
ele Gründe mehr, auf ihren FIAT stolz zu sein.
Mann zählt heutzutage die Leistung, die er gibt. Die er
eren erwartet. Leistung, die er auch seinem Fahrzeug
abverlangt. Der FIAT Croma turbo i.e. vermittelt dieses Leistungsbewußtsein wie kaum ein anderes Fahrzeug seiner Klasse. Ein Mann will aber noch mehr als reine Leistung. Er will Freude hinter dem Steuer erfahren. Mit dem FIAT Croma i.e. wird er nichts mehr anderes erleben.
Das ist die Männergeschichte.
FIAT
CROMA
turbo i.e.

dieses prägt sich die revolutionäre Ungeduld ebenso ein wie das konservative Kontinuitätsdenken; der Elan der messianischen Unruhe ebenso wie die Trägheit des sakramentalen Establishments; die eschatologische Bereitschaft für die Letzten Dinge ebenso wie das anti-eschatologische Sicheinlassen aufs Vorläufige. Wo das Motiv der langen Geschichte in reifer Ausführlichkeit herrscht, dort tritt die apostolische Zielgerichtetheit der Zeit am deutlichsten hervor – denn nur vom erfolgreichen Ausgang der Mission her wird der Zusammenhang der Weltgeschichte als eines Heilsgeschehens im ganzen sichtbar. Mit seinem apostolischen Programm für die nachantike Welt wurde Paulus nicht nur zum Stifter der christlichen Religion, sondern auch zum Initiator einer »heiligen Mobilmachung«, die über Jahrtausende hinweg einen Großteil der psychischen und politischen Energien Europas in Marsch gesetzt hat.*

Für die neuzeitliche Phase des »christlichen Abendlands« ist es aber charakteristisch, daß das eschatologische Element zunehmend in den Hintergrund gedrängt wird. Die Vorstellung von Geschichte als Frist zwischen Schöpfung und Erlösung oder zwischen Tod und Parusie des Messias verliert im entgrenzten Horizont der »neuzeitlich bewegten Geschichte« ihre Plausibilität. Die »christliche Welt« – die nicht einmal mehr ihre *contradictio in adiecto* spürt – beginnt sich in einem nach vorne offenen Kontinuum einzurichten. Der

* Hieran läßt sich eine Spekulation über das »Ende der Geschichte« knüpfen: wenn der Inhalt der christlichen Weltgeschichte die universale Ausbreitung einer Botschaft war, so wäre die Geschichte in dem Augenblick zu Ende, in dem für die Ausbreitung der Botschaft kein nennenswerter Zeitbedarf mehr angenommen werden muß. So wäre Geschichte im tradierten Sinn bedingt durch die Langsamkeit der Botschaft. Von einer bestimmten Geschwindigkeit der Nachrichtenübermittlung an löst sich der Effekt Geschichte auf. Der *apostolische Historismus* wird von einer *planetarischen Informatik* abgelöst. Geschichte ist die Zeit der Medieninstallation – Nachgeschichte die Ära der Programme. Ist historische Politik Installationspolitik, so wird posthistorische Politik Programmpolitik.

lästig gewordene Gedanke an ein letztes Ende wird von der Philosophie des unendlich perfektiblen Fortschritts überdeckt. So werden vom 18. Jahrhundert an christliche Ideen gegen das überlieferte Christentum auf paradoxe Weise wirksam, indem sie dezidiert nachchristliche oder antichristliche Geschichtsphilosophien ins Leben rufen. Gerade in den entschieden weltlichen und atheistischen Flügeln der Aufklärung erwacht der ein Jahrtausend lang gezügelte messianische Impuls wieder zu radikaler Offensivität. Er wird vor allem im Marxismus zur weltpolitischen Gewalt und gibt dem modernen Fortschrittsdenken die messianische Perspektive auf einen Anfang vom Ende zurück – auf das Ende des Wegs durch die Wüste der entfremdeten Zwischenzeit und auf den Beginn eines Aions nachgeschichtlicher Erfüllungen. Es hat den Anschein, daß der christliche Impuls in der Moderne unter atheistischem, sozialistischem und humanistischem Incognito zu einem weltlichen Wirkungsmaximum gelangt. In diesem vollzieht sich zugleich seine irreligiöse Liquidierung.*

Tatsächlich ist die Gegenwart eine Zeit der historischen Zweideutigkeit. Es ist für sie typisch, daß sie sich zwischen Religion und Irreligion ebensowenig entscheiden kann wie zwischen der Proklamation und dem Widerruf des Fortschritts. Zwar ist die abendländische Zivilisation ohne Zweifel in ein nachchristliches Zeitalter eingetreten, aber der Abschied vom christlichen Aion zieht nicht auch den von seinem Geschichtsdenken und seiner Eschatologie nach sich. Im Gegenteil, man kann sich des Eindrucks nicht erwehren, daß das eschatologische Motiv der jüdisch-christlichen Tradition in nachchristlicher Zeit heftiger denn je

* Das heißt zugleich, daß es nichts Ironischeres und Melancholischeres gibt als den Konflikt zwischen Religion und Staat in den sogenannten sozialistischen Ländern.

Ein heißer Draht
zur ganzen
Welt...
Wer exportieren
und im internationalen
Geschäft erfolgreich tätig sein will,
braucht weltweite Kontakte, muß »draußen« vertreten sein.
Der Thyssen Handel ist es. In über 60 Ländern.
THYSSEN
THYSSEN HANDELSUNION AG
Thyssenhaus · Postfach 38 40 · 4000 Düsseldorf 1

Doppelmission oder: *imitatio Christi* im Medienzeitalter

zuvor zu dominieren beginnt. Die jüdisch-christliche Apokalyptik lebt in der neopaganen Panik fort. Das Ende der christlichen Weltepoche bedeutet gerade nicht, daß auf den apokalyptischen Streß das neukosmologische Aufatmen folgt. Nur in der Generation unserer Großväter war die Vision suggestiv, daß wir neue Griechen werden könnten; bis zum Vorabend des Nationalsozialismus war es verlokkend, mit Nietzsche zu glauben, man könne aus der christlichen Dekadenz in die heidnische Gesundheit emigrieren und die Geschichte für den Kosmos opfern. Selbst wenn das

Christentum für die meisten Zeitgenossen nur noch eine unwirkliche zitathafte Größe sein mag: vom kosmischen Kreislauf der Zeiten war keine Generation jemals so entfernt wie die heutige. Nie war die Rückkehr von der linearen Geschichte in eine zyklische Ordnung der Dinge so unwahrscheinlich wie jetzt. Natürlich würde jeder, der auf der abschüssigen Bahn der Naturverwüstung torkelt, sich gern in ein kosmologisches Posthistoire hinüberretten, in dem ein souveränes zeitfreies Sein waltet. Ohne Zweifel hätte es seinen Reiz, sich nachpaulinisch und ohne illusorische Hoffnung als »ungeheure« Sterbliche auf der mütterlichen Erde anzusiedeln. Aber es ist offenkundig, daß es mit dieser Neuansiedlung nichts werden kann, weil der von der christlichen Hoffnung ebenso wie von der griechischen Episteme angestoßene Weltprozeß auf katastrophale Weise außer Kontrolle geraten ist. Da will keine rechte Freude am Wohnen aufkommen. Für die wünschbaren großen kosmischen Zyklen scheint in unserem *countdown* kein Platz mehr offen.

In diese Situation platzt das Gerede von der Postmoderne hinein. Es treibt das seit über hundert Jahren latente Dilemma auf den Punkt, wo es zum offenen Eklat kommt. Sobald sich ein Bewußtsein meldet, das beansprucht, von einem Standort nach der Moderne zu sprechen, wird die Moderne durch diese Anmaßung aus der Reserve gelockt und zu dem Geständnis gezwungen, daß sie sich selbst als die Epoche begreift, auf die keine andere mehr folgen kann. Das Postmoderne-Gerede, das anfangs nur schneidig für Abwechslung sorgen sollte, zwingt die Moderne dazu, sich als Endzeit zu bekennen, das heißt als Ära, die keinen Zwischenzeitcharakter mehr haben will, sondern in die dauernde Gegenwart einer unbegrenzt perfektiblen Nachgeschichte übergegangen ist. Für die Moderne ist der bloße Gedanke an eine Postmoderne illegitim und schockierend,

Zerstörte Rolltreppen nach dem Brand in der Londoner U-Bahn-Station King's Cross

weil ihrem Selbstverständnis gemäß der Nachfolger der Moderne nie ein anderer sein darf als wiederum die Moderne. Das dumpfe Rolltreppengefühl erweist sich nun als Symptom von geschichtsphilosophischer Signifikanz: die Gegenwart ist ihrem geschichtlichen Grundzug nach schon eine kleinlaute Endzeit, die nur noch sich selber vor sich hat. In ihr kann nichts mehr »postmodern« Epoche machen, außer in dem schlechten Sinn, daß unerhörte Regressionen oder Katastrophen die gesamte Formation der Neuzeit zersprengen. Weil die Moderne bereits ein heimliches und von Komplexen beladenes Millennium ist, kann von ihrem Inneren her gesehen nur noch das Schlimmste über sie hinausführen.

Wir berühren da den nervösesten Punkt der Gegenwartskrise: Solange die Modernität nicht gesteht, daß sie sich diskret, aber unnachgiebig als endzeitliches Reich etabliert hat, solange bleibt sie mit unbewußter Gewaltsamkeit in ihren Anspruch verkrampft, daß nach ihr keine andere Zeit mehr Epoche machen dürfe. Durch diese Prätention wird sie in ein unlösbares Dilemma gestürzt: einerseits kann die Moderne nach sich selber nur noch das Schlimmste kommen sehen; andererseits liegt das Schlimmste präzise auf ihrem eigenen Kurs, den zu verlassen sie sich verbietet, weil sie keine Alternative zu ihr für denkbar hält. Sie kann sich somit weder überschreiten noch wirklich eine Zukunft für sich vorstellen. Macht sie weiter wie bisher, so produziert sie das Schlimmste; hört sie auf, das Schlimmste zu produzieren, so wäre sie nicht mehr sie selbst, sondern etwas epochal Anderes. Da sie aber nach sich buchstäblich »nichts« mehr sieht außer der Sintflut, bleibt die Moderne zu sich selbst verurteilt. Durch ihren unausgesprochenen und unkorrigierbaren Glauben an sich selbst als letzte Ära wird sie in einer trüben linearen Prozessualität fixiert, die nur noch den endlosen Aufschub des Endes vor sich zu sehen vermag, nicht mehr aber die Möglichkeit eines Novums.

Das Rolltreppengeplapper über Postmodernismus wird jetzt kostspielig. Es wächst den Galeristen, den Architekten, den Zeitgeistdesignern und den Kulturredakteuren über den Kopf und steigt zum Epochenthema in dem genauen Wortsinn auf, daß es die Epochenqualität der Jetztzeit auf die Probe stellt. Mit ihm wird die Frage ausdrücklich und unabweisbar, ob die Moderne tatsächlich schon Endzeitcharakter hat oder noch eine überschreitbare Zwischenzeit ist. Bildet sie – mit anderen Worten – überhaupt noch einen Abschnitt einer offenen Geschichte oder nicht schon die Schlußformation des abendländisch-planetarischen Zivilisationsprozesses? Für die emsigen Zeitgeistkritiker in den Medien läßt sich die Problematik auch in die Frage fassen, ob nicht die Mode bereits die Geschichte abgelöst hat.

So entpuppt sich in letzter Instanz das »Nach« der Nachmoderne als das »Nach« eines sich noch suchenden nachabendländischen Weltalters. Es ist ein Nach, das an den Gitterstäben der Gegenwart rüttelt und einer endzeitlichen Platzangst Ausdruck verleiht. Da ist es um die elegante Nachdenklichkeit des postmodernen *small talk* geschehen, die süffige Vorsilbe ist plötzlich nur noch ein Symptom der Panik und ein ohnmächtiges Postulat, es möge nach der knapp werdenden Endzeit, in der wir uns gefangen wissen, noch neue offene Zeitspannen für nachgeschichtliche menschliche Existenz geben. Wer Nachmoderne sagt, möchte seinen Hals aus der geschichtlichen Schlinge ziehen. Am Sinn oder Unsinn einer Vorsilbe hängt nun die Zukunftsperspektive einer Zivilisation, und wenn es auch anfangs nicht so ernst gemeint war, so hat der unfreiwillige Ernst der Sache die leichtsinnigen Zugänge zu ihr vergessen gemacht. Tatsächlich steht hier nicht weniger auf dem Spiel als die Möglichkeit einer nachmodernen Geschichtlichkeit – nämlich die Chance einer nachgeschichtlichen Zeitoffenheit. Man muß es in Kauf nehmen, daß solche Fragen nach einem »Verrat an der Geschichte« klingen. Die ominöse Vorsilbe führt ihre Benutzer in die geschichtsphilosophische Illegitimität. Sie verführt zum Spiel mit dem Unvorstellbaren und macht bereit zur Reise in eine Zukunft, die keine Moderne mehr wäre. Ein kleines »Nach«, und aus dem Niedagewesenen lösen sich, noch nebelhaft, Umrisse einer Zeit nach dem Ende der »Geschichte«.

3. Wahrheit und Symbiose
Zur erdgeschichtlichen Aufhebung der Weltgeschichte

> Aristoteles sagte, das Drama sei philosophischer als die Geschichte; die dialektisch-transparent verstandene Physik ist philosophischer als Geschichte und Drama zusammen.
>
> Ernst Bloch, *Experimentum mundi*

Es ist wohl angebracht, Begriffe wie Volksgeist und Nationalcharakter für alle Zeiten nur noch mit Vorbehalten zu gebrauchen. Trotzdem ist nicht zu leugnen, daß es eine »typisch deutsche« Empfindlichkeit für die apokalyptische Dimension der Geschichte gibt. Diese Sensibilität hat einen theoretischen Antrieb und einen moralischen Grund. Ob es um Tausendjährige Reiche geht oder um Götterdämmerungen, um messianische Aufbruchstendenzen oder um Ängste vor dem Ende der Zeiten, um die Stiftung unsichtbarer Kirchen oder um utopische Kommunikationsgemeinschaften – stets verrät sich das deutsche Votum zu solchen Fragen durch einen unverkennbar eigenen Akzent. Die stärksten Entwürfe geschichtlicher Weltauslegung, in denen sich die Moderne über sich verständigen wollte, sind von Hegel, Marx, Weber, Bloch und Habermas einerseits, von Nietzsche, Spengler, Heidegger, Taubes und Löwith andererseits signiert. Sie zeichnen sich alle aus durch einen logischen Instinkt, die Weltbewegung als Verallgemeinerungs- oder als Verwirklichungsdrama in der geschichtlichen Zeit zu charakterisieren. Was die moralisch-politische Seite der aktuellen deutschen Endzeitsensibilität angeht, so bekommt sie ihren Ernst

Neue Sicht auf den Saturn, Aufnahme der Voyager 2

durch die Erinnerung an die unverzeihlichen zwölf Jahre, in denen sich die Deutschen als Volk der Vorsehung inszenierten. Der deutsche Faschismus war ja mehr als ein dummdreister Griff nach der »Weltherrschaft«; sein mythologischer Motor wurde von einem rassistischen Chiliasmus getrieben – mit Jacob Taubes zu sprechen, von einer Theozoologie, die mit den Mitteln einer »religiösen« Biopolitik die Volksmassen zu beispielloser Destruktivität aufreizte. Mit seiner essentiellen Geste vollzog er die Auflehnung gegen die jüdisch-christlich-liberale Tradition Europas; als Krieg gegen das Judentum war er ein Anlauf zur Überbietung der jüdischen Auserwähltheit durch eine deutsche Selbsternennung.

Vor einem solchen Hintergrund sind geschichtsphilosophische Aspirationen von vornherein niedrig anzusetzen. Es wäre von deutschen Voraussetzungen aus suspekt, *keine* Schwierigkeiten mit der Geschichtsphilosophie zu haben. Das heißt nicht nur, daß der berüchtigte »deutsche Geist« für eine analytische Abkühlung reif war. Wichtiger ist die Tatsache, daß sich auch eine geschichtsphilosophische Warnung ins nationale Gedächtnis eingeprägt hat, präziser: eine Warnung vor dem manisch gelebten Historismus und ein Grauen vor den Gewalten, die von beim Wort genommenen geschichtsreligiösen Weltdeutungsmustern ausgehen können. Wer nach 1945 denkt, hat ein Millennium im Rücken, an dieser pathetischen Position kann keine Entteutonisierung etwas ändern. Eine gewisse nachmillenarische Nervosität gehört hier seit dem Ende des Dritten Reiches zum landeskundlichen Befund. Durch alle berechtigten und notwendigen Anstrengungen hindurch, eine »ganz normale Demokratie« zu sein, schimmert unmerklich, doch bedeutsam, die deutsche Demission von der geschichtsreligiösen Anmaßung hindurch. Es ist eine Spezialität der postfaschistischen Deutschen, bewußt *kein* auserwähltes Volk mehr zu sein. Auf diese Weise präsentieren sie sich erneut als negatives Unikum. Von ihrem manischen Historismus haben sie sich in eine posthistorische Bescheidenheit zurückgezogen, sie praktizieren nun die tüchtige Melancholie des Tages danach. Zu den Missionen der Geschichte haben sie ein Verhältnis entwickelt, das dem eines trockengelegten Alkoholikers zu seiner ehemaligen Droge gleicht. Man darf unterstellen, daß sie sich bis auf weiteres an eine Erfahrung halten werden, die den noch missionierenden, noch manischen, noch geschichtemachenden Völkern bevorsteht. Durch eine Niederlage ohne Beispiel sind sie zu der ungesuchten, aber gültigen Einsicht gebracht worden, daß nationale Identitäten und völkische Missionen im Prinzip nichts anderes sind als gewaltgeborene und gewalterzeugende kollektive Autohypnosen; unter deren Wirkung stürzen sich die historischen Akteure, von Selbsteinflüsterungen gelenkt, auf die Bühne, um ihren Platz an der weltgeschichtlichen Sonne zu erobern. Wenn man nüchtern Bilanz zieht aus dem infernalischen Abenteuer der Deutschen, so entsteht eine Durchsicht durch das Treiben der geschichtemachenden Nationen, die einen erschaudern läßt: »Geschichte« ließe sich von nun an als die Resultierende aus konkurrierenden sozialen Manien verstehen; ihr Motor wäre der realtheatralische Wettbewerb zwischen autohypnotischen imperialen Kollektiven, die jeweils ihren Weltwahn *zu Ende* inszenieren und zur Vorherrschaft führen wollen. Auch wenn man es nicht sehr laut zu sagen wagt: es gehört zu den psychohistorischen Besonderheiten der nachfaschistischen deutschen Intelligenz, ein Sensorium für die Tendenzen zu besitzen, die zwischen Realtheater und Realpolitik neue lebensgefährliche Gleichungen heraufbeschwören *(to whom it may concern)*.*

Inzwischen kann den Deutschen niemand mehr vorwerfen, sie hätten das westliche Pensum nicht lernen wollen. Als Sonderschüler der Moderne haben sie begriffen, daß Leben im 20. Jahrhundert nichts anderes als Selbstbehauptung in einer »riskanten und letztlich sinnentleerten Welt« (Gehlen) bedeuten kann. In zwei Generationen haben wir uns zur Prosanation schlechthin umgebaut. Kein Zweifel, in hohler Offensivität haben wir zur Weltspitze aufgeschlossen; wo es um die Umsetzung von Perspektivelosigkeit in Mobilmachungen geht, folgen wir dicht hinter den Großmächten; in Selbstzweifeln sind wir sogar Exportnation geworden, deutsche Melancholica genießen internationales Ansehen; in aller Welt steht *made in Germany* für eine Seelenlage,

* Vgl. z.B. Lloyd deMause, *Reagans Amerika*, Frankfurt 1984.

U-Bahn-Station Zvezdnaya in Leningrad

dank welcher Sinnlosigkeitsgefühle in Leistungsbereitschaft übersetzt werden. So haben wir Anschluß an die kinetische Modernität gefunden, an das mediokre Undsoweiter, das von der katastrophalen Unterbrechung träumt, an die akzelerierenden Rolltreppen, die sich ohne Bedarf an Vision und Zustimmung selbstläufig weiterwälzen.

Aber wenn die postmoderne Moderne zur Zeit heftig von endzeitlichen Alpträumen geplagt wird, dann auch darum, weil sie spürt, wie ihre Kräfte zur Vertagung des Äußersten schwinden. Seit Jahren erscheinen weltweit Anthologien und Sonderhefte zur Apokalypse. Das heißt: die Zeitgenossen nehmen interessiert zur Kenntnis, daß die Entfristung des Weltprozesses mißlingt. Das gibt zu denken, weil damit das zeitlogische Kernstück des Unternehmens Neuzeit gefährdet ist. Die Energien, die es sich einmal zutrauten, auf der endlichen Basis Erde das unendliche Projekt der Moderne durchzuführen, fühlen sich mit einemmal dramatisch verknappt. Ein Bewußtsein von Zeitnot bedroht alles mehr als Mittelfristige. Das Entfristungsprogramm der Moderne springt erneut in Endzeitdenken um, in der sich die Unentrinnbarkeit der Fristenlogik spürbar macht. Vieles spricht sogar dafür, daß die schärfsten Kanten der Endzeitproblematik erst vor uns auftauchen werden. Es war, wie sich zeigt, nicht damit getan, daß die Weltkriegsalliierten das hysterische Millennium der mitteleuropäischen Faschismen 1945 aus der Welt räumten. Der lange Nachkriegsfrieden gab den Siegern Zeit, sich in die Ironie ihres Sieges einzuleben. Nach dem Sturz des Monstrums mußte sich langsam enthüllen, daß Großmächte in der Moderne *per se* kryptomillenarische Gebilde darstellen. Das zeigt sich ebenso an dem alkoholisch-athletischen Millennium der sozialistischen Arbeiter-, Bauern- und Funktionärsrepubliken wie an dem melancholisch barocken *lifestyle*-Millennium nordwesteuropäischer Sozialstaaten; für den hysterischen Protestantismus der philanthropischen Weltmission »Amerikas« trifft es ohnehin in besonderer Weise zu. Jedes dieser Gebilde beansprucht für sich diskret einen endzeitlichen Status in dem Sinn, daß keines sich eine Zukunft vorzustellen vermag, die etwas anderes wäre als seine jeweilige Selbstverlängerung ins Endlose. So sind wir als Bürger östlicher oder westlicher Großmachtkomplexe von innen her an die Grenzen des »klassischen« Geschichtsraums gestoßen und können uns darum kein anderes Morgen vorstellen als das der Rolltreppen, das heißt die dynamische Fortschreibung der inzwischen erreichten Bewegungsverhältnisse und das ewige Leben der maßgeblichen Mobilisateure auf nationalem oder multinationalem Niveau.

Wo liegt die Pointe dieser Reflexionen? Sie zeigt sich in der Vermutung, daß Wahrnehmungen dieser Art den zeitlogischen Grund der Gegenwartskrise aufdecken: die Vorstellbarkeit der Weltzeit unter alteuropäischen Geschichtsdramenmustern nähert sich der völligen Erschöpfung. Seit einiger Zeit lebt darum die europäische Intelligenz, wo sie nicht in Dezisionen und Konfessionen ausweicht, mit dem Bewußtsein, daß sie für das, »was wirklich geschieht«, keine deutungsstarken Begriffe mehr hat. Es knistert in den Nervenenden, daß mit dem Beginn der Neuzeit zugleich der Schlußakt der klassisch konzipierten Weltzeit angebrochen ist – eben jene Phase, die keine Phase mehr sein will, sondern ein unbefristetes Kontinuum, das sich vom *status quo* aus in unwiderruflicher permanenter Selbstbejahung verewigt. Wer diese Zeitwahrnehmung, sei es begrifflich, sei es unbegrifflich, in sich hat, der kann nicht darüber befremdet sein, daß die avancierte Moderne gleichzeitig klaustrophobische und agoraphobische Reaktionen zeigt. In der für sich selbst undatierbar und unerzählbar gewordenen Welt ist jedes Jetzt sich zu eng und zu weit, Raumnot geht unmittelbar in Entgrenzungsangst über. Die Vorstellung, daß alles in einem großen Knall endet, ist um nichts erschreckender als die, daß alles für immer so weiterginge.

Ist es von hier aus sinnvoll, die Frage zu formulieren, ob wir aus dem Interieur der spätmodernen Endzeitverfassung »herausfinden« können? Ist es nicht ein Nonsensgedanke, es möge für uns einen »Ausgang« ins nachgeschichtliche Freie geben? Findet in solchen Redewendungen nicht eine unzulässige Verquickung von Raumbildern mit Zeitbegriffen statt? Was für einen Sinn kann die Spekulation darüber haben, ob es einen »Außenraum« im Verhältnis zur bisherigen Weltgeschichtszeit gebe? Ist denn eine Zeitform denkbar, die als Tiefendimension eines essentiell nachgeschichtlichen Gattungslebens offenstünde? Und wie sollten denn die Akteure des laufenden Geschichtsfinales von der Bühne der jüdisch-christlich-abendländischen Weltzeit abgehen, wenn doch feststeht, daß ihre ganze Seinsweise und Daseinsberechtigung alternativelos in solchen moralisch-geschichtsdramatischen Vorstellungen gründet?

In diesen Fragen kommt das Unheimliche mit dem Schwerdenkbaren zusammen. In ihnen sind drei Hypothesen kondensiert, von denen jede einzelne ein schwindelerregendes geschichtsphilosophisches Risiko trägt: erstens, daß die sogenannte Weltgeschichte an sich schon das psychopolitisch-geopolitische Resultat eines geschichtemachenden Skripts sei, das zuerst in der persisch-jüdischen Gerichtsmetaphysik entworfen und dann durch die monotheistischen Nationen agiert wurde; zweitens, daß für die geschichtlich hochmobilisierte Menschheit eine längerfristige Zukunft nur dann noch offensteht, wenn sie ihr bisher gültiges historisches Drehbuch revidiert und posthistorisch aus der Rolle fällt; drittens, daß die alteuropäische heils-, vernunft-, integrations- und entlastungsgeschichtliche Weltzeitkonzeption tatsächlich außer Kraft gesetzt und durch ein neues, ausdrücklich nicht-geschichtemachendes Weltzeitschema neutralisiert werden *kann*. Schwer denkbar sind diese Thesen, sofern sie dem Verstand, der auf moderne Weise Welten vorstellt, zeitlogisch gegen den innersten Strich gehen; unheimlich sind sie in dem Maß, wie sich in ihnen alles um die Entschärfung der historischen Zeitbombe dreht, die dem Weltende entgegentickt.

Die Kritik der historischen Vernunft – bisher fast ausschließlich eine Domäne friedlicher Diltheyforscher – er-

NEU VON SWATCH. CORAL REEF.
SPORTLICH. UND ÜBERHAUPT NICHT WASSERSCHEU.
Reiten Sie auf der neuen Welle: Mit CORAL REEF von SWATCH. 10 sportliche Modelle, die auch beim Surfen nicht baden gehen. Denn SWATCH ist wasserdicht (bis 30 m Tauchtiefe), stoßsicher, trend- und quartzgenau. CORAL REEF von SWATCH. Das Schönste für Beach und Boys und Girls. Und das Beste für ö.S. 498.–. Aber aufgepaßt: Nur SWATCH ist eine echte SWATCH.
swatch
SWATCH. DIE VERRÜCKTE SCHWEIZER UHR.

weist sich mit einemmal als Kern der Frage nach dem »Schicksal« im Zeitalter seiner Ablösung durch die Geschichte. Kritik der historischen Vernunft muß daher in letzter Instanz Kritik der eschatologischen Vernunft bedeuten. Das heißt zugleich: Kritik des zeitvorstellenden Denkens, Kritik des zielevorstellenden Handelns, Kritik der antizipatorischen Vernunft, die Endzustände ausmalt, Kritik der dramaturgischen Vernunft, die den Weltprozeß auf einen Schlußakt hin inszeniert, wie er geschrieben steht – kurzum Kritik der geschichtemachenden Vernunft, die in die Mobilmachung des Planeten mündet. All diese Kritiken streben auf ein nachgeschichtliches Prozeßdenken zu, das die Bewegtheit der Welt in der Zeit ohne Apokalypsen, Aktschlüsse, Vollendungen, Ankunftsphantasien, Schlußurteile und Endreichsgedanken zu modellieren sucht.

Mit welchem Begriff von Geschichte wird hier operiert?

Die als zum Ende strebendes Drama in Gang gesetzte »Weltgeschichte« ist an die Schicksale eines Supersubjekts geknüpft, das alle historisch fortwirkenden Ereignisse als *seinen* »inneren Zusammenhang« erfaßt und weiterträgt. Für die Stelle dieses geschichtsdramatischen Subjekts kommen nur herausragende heils- oder vernunftgeschichtliche Figuren in Frage: ein auserwähltes Volk, ein Weltgeist, eine prozedierende Gattungsvernunft, ein lernendes »weltstaatliches« Zentralsystem. Der Inhalt einer Geschichte, die solchen Figuren zugehört, besteht ausschließlich in der Selbsterzeugung und Selbstverwirklichung des Subjekts auf der Weltbühne. Weil eben Geschichte, so verstanden, nichts anderes sein kann als ein Selbstverwirklichungsdrama höchster Stufe, muß das ganze Streben, Erkennen und Handeln des Geschichtssubjekts ins Interieur seiner Selbstvollendung eingekrümmt bleiben. Nehmen wir für einen Augen-

Griechisches Theater in Ephesos

blick an, dieses Supersubjekt agierte durch die Gehirne der gegenwärtigen Mobilmachungsträger und sagte durch ihren Mund Ich und Wir. Für dieses Subjekt, das selbstverständlich Für-Mich und Für-Uns sagt, kann folglich nur das noch wirklich sein, was seiner eigenen Verwirklichung angehört. Als »wirklich« hat von da an das zu gelten, was dem Geschehen zurechenbar ist, in dem unser Heil, unsere Vernunft, unser Reichtum und unsere Lebenserleichterung, um mit Bloch zu reden, sich herausprozessieren. Dramatische Weltzeit ist reine Selbstverwirklichungszeit für das Supersubjekt. Für es-mich-uns ist die Welt nur Bühne und Fundus, Treibstoff und Baumaterial zur progressiven Mobilisierung jenes Selbst, das sich in der Bewegung zur Mehrbewegung verwirklicht. Weil das Supersubjekt prinzipiell nichts außer sich haben kann, agiert es praktisch im kosmopolitischen Sinne. Es verwirklicht sich, indem es seinen kosmopolitischen Ausgriff unermüdlich durchhält.

Solange aber das kosmopolitisch auf Verallgemeinerung drängende Geschichtsdrama in Gang ist, muß die Erde zu einem bloßen Schauplatz heruntergedrückt bleiben. Weil das Unternehmen Geschichte von vornherein die Selbsteinkrümmung der geschichtemachenden Agenten-Nationen impliziert, steht es im Textbuch dieses Stückes fest, daß der Schauplatz Erde in die Stellung des bloßen Hintergrundes für einen historisch anspruchsvollen Prozeß-Progreß geraten muß. Geschichte ist *a priori* das Schauspiel, das seine Rechnung ohne die Bühne macht. Sie entspringt aus der antisymbiotischen Katastrophe, die zum »Heraustreten« des Menschen führt. Erst durch die antisymbiotische Revolution, die in die Geschichte mündet, wird der Mensch zum ontologischen Tier – zu dem, das sagt, was ist und was anders werden soll. Weil die Geschichte ihrem dramatischen Gehalt nach den Auszug der mobilisierenden Menschheit aus den Symbiosen exekutiert, ist sie nichts anderes als Metaphysik in Aktion, Ablösung der Natur durch Technik, Inszenierung des epistemisch-messianischen Prozesses vor dem Hintergrund einer dienenden und durchschauten Erde. In der Logik der Mobilmachung ist die Gleichgültigkeit des Dramas gegenüber seinem Schauplatz festgeschrieben. Erst in dem Augenblick, in dem das Stück die Bühne zu ruinieren droht, wird den Spielern eine neue Selbstwahrnehmung aufgezwungen. Die geschichtlich bewegte Menschheit mußte die Imperialismen der Neuzeit, das Industriezeitalter und die planetarische Medienzivilisation abwarten, bevor sie die Wahrheit über ihr eigenes Unternehmen durch die Krisis ihrer Grundlagen vor Augen geführt bekam. Sie hat den informatorischen Pantheismus der Nachrichtenkultur und den merkantilen Pantheismus der geldvermittelten Totalzirkulation* hervorbringen müssen, um zu erleben, daß sie immer auf sich selbst stößt, wenn sie eine Grenze überschreitet – alle Transzendenzen münden in beschleunigten Autismus.

Ein nachgeschichtlicher Aion verriete seinen Beginn durch eine Extraversion der Spieler zu ihrer Bühne hin. Nach der geschichtemachenden Inszenierung des Eigenen ist die Entdeckung des vergessenen realen Anderen wieder möglich und an der Zeit. Ist aber von Extraversion die Rede, so wird damit keine weitere mutwillige Wendung in einen zusätzlichen Angriffsraum bezeichnet, sondern eine Zuwendung zu dem, was bisher als bloßes Zugrundeliegendes in Anspruch genommen wurde. Diese Extraversion wird heute in dem Maß unumgänglich, wie uns das nur scheinbar noch Zugrundeliegende zu entgleiten beginnt. Astronautik und Ökologie – die beiden herausragenden Sehweisen in der aktuellen »Selbstthematisierung« der Menschheit – liefern uns bestürzende Bilder vom Fall (der) Erde. Seit man den Planeten mit Satellitenaugen von außen sieht, ist das Basale von früher zum Problemfall schlechthin geworden.

Unsere Extraversion wird zunächst von der Katastrophe des Zugrundeliegenden eingeleitet: ganz offenkundig kann die Erde nicht mehr lange, was sie bisher zu leisten schien. Sie ist von der ihr zugemuteten Definition als *theatrum cosmopoliticum* überfordert. Ihre geschichtlichen Bestimmungen: als Basislager für den historischen Exodus zu dienen; als Quelle von Bau- und Treibstoffen zur Verfügung zu stehen; Schauplatz und Objekt geopolitischer Ausgriffe zu sein – sind mit ihrem eigenen Bestehen auf absehbare Zeit nicht

* Vgl. Falk Wagner, *Geld oder Gott, Zur Geldbestimmtheit der kulturellen und religiösen Lebenswelt*, Stuttgart 1985.

mehr vereinbar. Eine veritable Nachgeschichte begänne darum mit dem Herauswachsen der Erde aus ihren geschichtlich erworbenen Vernichtungsdefinitionen. Kaum nötig zu sagen, daß dies die Erdbegriffe der sogenannten Hochkulturen sind, deren Höhe sich durchwegs an der Weite ihrer Abstoßung vom erdsymbiotischen Zustand mißt. Nicht zufällig ist Kosmopolitismus das Kriterium der siegreichen Hochkultur; noch weniger zufällig ist die Tatsache, daß das Wort Weltbürger, *kosmopolites*, anfangs ein prophetischer kynischer Scherz war, aus dem weltgeschichtlicher Ernst werden sollte. Inzwischen leben die prononcierten Weltbürger kaum noch auf dieser Erde – sie sind Einwohner des Landes Komplexität geworden, Angehörige der Grande-Vitesse-Klasse, hastige Durchreisende »in diesem Hôtel zur Erde«.

Erdbürgerlich wäre im Gegensatz dazu ein Verhalten, das in dem Planeten mehr erkennt als eine gleichgültige Bühne für die Inszenierung »unseres« Stücks, in dem wir als Subjekte der großen Versprechen und Berechtigungen – Erlösung, Selbstverwirklichung, Zeitgewinn – agieren. Mit gutem Grund hat der deutsche Sprachgebrauch das Wort Erdenbürger den Neugeborenen vorbehalten, als wollte er den einzigen Augenblick im Leben des Individuums markieren, in dem diesem ein Hauch von Überlegenheit über die geschichtliche Welt zugestanden wird. Vielleicht ist es nicht ganz bedeutungslos, daß es ein Astronaut war, Edgar Mitchell (»der sechste Mann auf dem Mond«), der das Wort zu neuem Inhalt brachte, als er die Empfindungen der Heimkehrer aus dem Weltall schilderte: »Jeder kommt mit dem Gefühl zurück, nicht mehr US-Bürger zu sein – sondern Erdbürger.« Sollte es wirklich eine Ära »nach der Geschichte« geben, so wäre deren Eröffnung untrennbar vom Heraustreten der Erde aus ihrer historischen Kulissen- und

Unsere Alternative
zur Zwischenlandung
in der Wüste.

Rohstoffseinsweise und mit ihrem Aufleuchten als Inhalt menschlicher Sorge. Die Erde als globales Objekt, bisher im Dunkel unserer Nähe zu ihr unkonfrontierbar aufgehoben und verborgen, ist inzwischen durch eine Serie technisch-geschichtlicher »Hebungen« und »Drehungen« vor sich selbst gebracht worden, sie sieht sich jetzt mit künstlichen und natürlichen Augen an. Damit verändern sich alle Prämissen des historischen Spiels. Was Schauplatz war, wird Thema des Geschehens. Was als Hintergrund diente, geht in den Vordergrund ein. Was als Rohstoff vorlag, geht als Produkt hervor. Was Bühne war, wird zum Stück selbst. So lauten die Axiome einer nachhistorischen Dramaturgie, in der die Spielregeln einer entsprechenden Nachpolitik formuliert werden. Was auch immer noch »auf« der alten Erdbühne gespielt werden mag: sie selber wird zunehmend den Stoff der Stücke liefern. Schon jetzt aber kann gesagt werden, daß »Weltgeschichte« als Zeitprojekt für die Durchführung spirituell-moralischer Missionen vor natural-physikalischen Hintergründen eine erschöpfte Idee ist. Sollte Geschichtsphilosophie noch zu irgend etwas taugen, dann wohl dazu, den Sinn der Erschöpfung der geschichtemachenden Idee zu kommentieren. Diese kritische Theorie der Geschichte sabotiert die welthistorische Dramaturgie, so wie früher die Geschichte als Initiative zur Sabotage des Schicksals in die Welt trat. Nach dem Schicksalszwang ist jetzt ein Weltgeschichtszwang zu unterwandern – das Stück muß nicht zu Ende gespielt werden. Diese Einsicht kommt von der sich vollenden wollenden Geschichte her gesehen zu früh; nur durch ihre Verfrühung ist sie aber imstande, die vernichtende Vollendung aufzuschieben. Indem sie zu früh kommt, steht sie zeitlogisch an der richtigen Stelle, um die Automatismen zu stören, bei deren Eintreten es zu spät wäre. Darum bleibt es überflüssig, das Morgengrauen des apokalyptischen Zorns abzuwarten, auch wird niemand den Victory-Day eines Endreiches erleben. Was prozeßzeitlogisch vor uns auftaucht, kann nur eine Ära ohne die metaphysische Differenz zwischen zeitloser Erdbühne und geschichtlichem Menschheitsdrama sein. Für uns besteht die alte »Natur« nicht mehr als massiver Sockel aus kosmischen Vorleistungen, die für alle Menschenzeiten vorgegeben wären. Die Erde ist für uns nicht mehr die endlos geduldige »Bauend-Tragende«, als die sie fast allen bisherigen Generationen erschien. Eben durch den geschichtlichen Prozeß und seine beiden Hauptereignisse: Großtechnik und Menschenrechtsmission, ist die Erde in ihrem Tragen destabilisiert worden. Was einmal Natur hieß und als vormenschliche Totalität den kulturellen Einrichtungen entgegengesetzt wurde, ist inzwischen schicksalhaft in den Malstrom menschlicher Konstruktionen einbezogen. Hielte sich die einmal so genannte Natur am Leben, so wäre ihr Bestand nicht mehr ihrer Autarkie zu verdanken – sie verlor diese seit wenigen Jahrhunderten an ihr Durchschautsein von einem technikmächtigen wissenschaftlichen Geist. Sie kann nur dank einer neuen weltbildenden Geste überleben, vollzogen von Menschen, für die es zur Evidenz geworden ist, daß das Hüten der Bühne das Spiel selbst bedeutet.

Inwiefern zeichnen sich in diesen Überlegungen die Umrisse eines nachgeschichtlichen Realitätsprinzips ab? Unter Realitätsprinzip verstehen wir die Denk- und Verhaltensverbindlichkeiten, die sich in den menschlichen Kulturen unter dem Andrang chronischer Belastungen und Gefährdungen ausbilden. Indem sich das Bewußtsein dem *principium realitatis* beugt, stellte es sich auf den Last- und Risikocharakter der Existenz ein. Weil es grundverschiedene Einstellungen zum Schweren und Riskanten gibt, treten zwischen

den menschlichen Kulturen mehr als oberflächliche Unterschiede auf. Deutlicher noch als in ihren tief differenten Sprachen manifestieren die verschiedenen Kulturen ihren Modus des In-der-Welt-Seins durch die sehr verschiedenen Arten und Weisen, das Gewicht der Welt zu tragen. Jede Kultur entwickelt ihre besondere Gestik zur Meisterung des Schweren und Riskanten, einen eigenen Stil im Umgang mit dem Unumgänglichen, eine eigene List im Aufheben des Unaufhebbaren, eine eigene Spielregel zum Erträglichmachen des Unerträglichen. Darum ist für alle Kulturen wahr, was Herbert Marcuse für die neuzeitliche Welt zu zeigen versucht: das Realitätsprinzip ist nicht nur und nicht für alle Zeiten mit dem unbeugsamen Gesetz der Not identisch, das die Leben in grausamer Gleichgültigkeit einschränkt und beschwert. Die Ansätze zu dem, was wir jetzt im Singular Geschichte nennen, liegen in den allenthalben angezettelten Kämpfen der Zivilisationen mit dem Belastungscharakter der Weltverhältnisse, und wenn der Kompaß alles wirklich geschichtemachenden Unterwegsseins auf den Freiheitspol zeigt, so deswegen, weil im Imaginären der »fortgeschrittenen« Zivilisationen Freiheit unauflöslich mit Erleichterung assoziiert ist. Europa wurde zur »Mutter der Revolutionen«, weil es der ursprünglich theatralische Kontinent ist, primärer Schauplatz einer ontologischen Revolte gegen das Gewicht der Welt, Bühne eines innerweltlichen Befreiungsprojekts, das mit dem Versprechen wirbt, die Fremdherrschaft der schwermütigen Lebensnot durch selbstbestimmte Arbeit zu brechen.

Im Realitätsprinzip des christlichen Weltalters wurden die Hoffnungen der einzelnen zwar in erster Linie auf ihre persönliche Erlösung gelenkt und mit einer Psychopolitik der Geduld in die Bereitschaft zum Ertragen des Gegebenen umgewandelt; es wurde aber auch ein heilsdramatischer

Zeitbogen aufgespannt, der virtuell die gesamte Menschheit in eine politisch-theologische Schicksalsgemeinschaft zusammenzwang. Auf diese Weise wurde ein imperiales, expansiv geschichtemachendes Motiv in die christliche Modellierung des Realitätsprinzips eingeformt. Welche Sprengkraft davon entbunden werden konnte, zeigt sich vom 16. Jahrhundert an in den katholisch legitimierten Imperialismen, durch die der planetarische Ausgriff des Christentums beginnt. Zur gleichen Zeit eröffnete der asketische Protestantismus eine neue heilsökonomische Offensive, in der wirtschaftliche Erfolgsimpulse sich mit religiösen Erwählungsmotiven verknüpfen. Beide Arrangements, die katholisierende Geopolitik und der protestantische Profit-Yoga, verkoppeln irdische Verkehrsgewalten mit sakralen Beweggründen. Von da an ist die Bahn frei für den neuzeitlichen kinetischen Pantheismus, der mittels Kapitalen, Texten, Fahrzeugen und Radiowellen zur Totalverflüssigung des »Ständischen und Stehenden« strebt.

Erst in der Erfolgsgeschichte dieses kinetischen Pantheismus wird das ominöse »Projekt der Moderne« möglich. Sofern die Moderne tatsächlich Projekt ist, und nicht nur Drift und Wucherung, kommt ihr der großartige Ehrgeiz zu, sich das Wirkliche als eigenen Entwurf vorzunehmen. Wo wesentliche Modernität herrscht, reimt sich Wirklichkeit nur auf Selbstverwirklichung. Darum ist *Realität* im altontologischen Sinn für moderne Ohren schon ein unannehmbares, ein reaktionäres Wort. Wer im Inneren des westlichen Modernisierungszyklons lebt, nimmt bereits erfolgsverwöhnt an einer Erleichterungsrevolution teil, die längst alle überlieferten Maßstäbe für Unvermeidbares und Auszuhaltendes überholt hat. Die klassischen Bestandteile des alten Realitätsprinzips: Unbeugsamkeit des Gesetzes, Unberechenbarkeit des Schicksals, Unabwälzbarkeit des

Philae, Säulen vom Tempel des Nektanebos

Leids, sind im Projekt der Moderne wenn nicht außer Kraft gesetzt, so doch auf Restgrößen reduziert worden. Die ontologische Revolte der Neuzeit setzt gegen diese »Konstanten« eine dreifache Umwälzung in Gang: eine Mobilisierungsrevolution; eine Absicherungsrevolution; eine Abwälzungs- und Entschwerungsrevolution. Weil Wirklichkeit als unaufgehobener Widerstand *per se* als das reaktionäre Prinzip verworfen ist, kann die revolutionäre Moderne von der Einrichtung einer »Welt« träumen, in der alle selbständigen Widerstände gegen den souveränen Auslauf des mobilisierten Selbst aufgehoben worden wären. Im kinetischen Pantheismus einer derartig vollendeten Moderne würde, wie der junge Schelling ahnte, unendliche Selbsttätigkeit mit absoluter Ruhe zusammenfallen, der neuweltliche Prometheismus zerginge in epikuräischer Loslösung, der prinzipielle Aktivismus müßte im ultimativen Quietismus schmelzen. Nur unter dem Sog solcher pantheistisch-paradiesischen Lockbilder konnte die neuzeitliche Fortschrittsphilosophie das alte Realitätsprinzip durchbrechen und die Geduldspolitik von einst durch eine beispiellos ungeduldige Enthemmungs- und Entlastungspolitik ersetzen. Auch darum gibt es Gründe, die Moderne als eine verstohlene Endzeit zu charakterisieren: in ihrem Realitätsprinzip kann es um nichts anderes mehr gehen als um die letzte Anstrengung zur glückspolitischen Aufhebung des noch Anstrengenden.

Die christlich-mittelalterliche Fassung des Realitätsprinzips hat mit der neuzeitlichen gemeinsam, daß beide die Natur als geschichtslosen Hintergrund des menschlichen Dramas auffassen – auch wenn die Moderne dieses nicht mehr als Heilsgeschichte, sondern als Selbsterhaltungs-, Fortschritts- und Selbststeigerungsprogramm konzipiert. Auch wo diese spezifisch geschichtemachenden Versionen des Realitätsprinzips in Kraft sind, bleiben die menschlichen Akteure weiterhin in ihre Erlösungs- und Erleichterungssorgen introvertiert. Ihr Drama spielt *vor* einer Naturkulisse und *auf* einer planetarischen Bühne, es schöpft *aus* einem naturalen Fundus und baut vorgefundene, aufgedeckte physische Reichtümer zugunsten menschlicher Aufbauten ab. Von archaischer Angst gedrängt und von neuzeitlicher Entwurfskraft beflügelt, ziehen die Subjekte des modernen Projekts Grundlagen, Rohstoffe und Energiequellen als Requisiten, das heißt als mobiles Zubehör in ihre pragmatischen Dramen ein. Ihre »Arbeit« verwandelt die »Materie« in Verbrauchsartikel für ihre großen Szenarien, die sich um Weltherrschaft, Humanisierung, Wachstum, Selbstverwirklichung, Erlösung und Erleichterung drehen. Wo auch immer in diesem Sinn Geschichte gemacht wird, kann von einer Würdigung der Erde als einer »Wirklichkeit« eigenen Rechts noch keine Rede sein. Stets wird sie wie eine selbstverständliche, nichtdramatische Basis für unwahrscheinliche, dramatische Aufbauten und Expeditionen in Anspruch genommen. Doch diese Beanspruchungshaltung steht heute vor ihrer Katastrophe. Was gegenwärtig Epoche macht, ist die Rache des einstigen Hintergrunds an den davorgestellten Gestalten und Gestellen: er hat sich aus seiner Unauffälligkeit erhoben und die ihm zugewiesene Stelle als Lieferant von Selbstverständlichkeiten gekündigt. Die alte Ökologie von Bühne und Stück ist aus den Fugen. Seither geht es nicht mehr an, rücksichtslos riskante Kulturfiguren auf endlos belastbare Naturfolien zu setzen. Die Folie selbst verlangt danach, daß ihre bisher übersehene Unwahrscheinlichkeit in die von ihr getragenen Figuren eingeht und in diesen mitbedacht wird. Es könnte sogar scheinen, als revanchierte sich die Natur an der Geschichte, indem ihre eigene Fragilität die Riskantheit der geschichtlichen Gebilde auf einmal

Mit Gütern geht's voran!
In Europa mit der Bahn.
Ein neues Angebot der Bahn erblickt das Licht der Welt. Eurail Express. Das europäische Güter-Schnellservice. Mit garantierten Ankunftszeiten.
In folgenden Ländern Europas: Belgien, Bundesrepublik Deutschland, Frankreich, Großbritannien, Luxemburg, Niederlande, Österreich und Schweiz.
Sie sehen, der raschen Beförderung Ihrer Güter ist die Bahn geebnet.
NEU!
EURAIL EXPRESS
Das europäische Güter-Schnellservice.

überflügelt. So gibt die fällige Entdramatisierung der Geschichte den Auftakt zur Wiederentdeckung einer dramatischen Natur. Sollte die Menschheit aus ihrem historischen Narzißmus erwachen, so würde sie entdecken, daß sie keine Mission mehr hat, außer der, die Angelegenheiten der allzu endlichen Natur zu ihren eigenen zu machen. Durch historische Mobilmachungserfolge sind Natur und Zivilisation zu einer gemeinsamen Unwahrscheinlichkeit zusammengewachsen. Unter solchen Voraussetzungen Realität wahrzunehmen bedeutet, sich zur Solidarität im Unwahrscheinlichen zu bekennen. Wo diese Wahrnehmung sich klärt, entsteht spontan ein erdbürgerliches Ethos. Die Maxime menschlichen Handelns muß nun jederzeit zur Vermeidung weiterer blinder Zumutungen an die Tragkraft der Erde führen können. Die alte Basis läßt sich, ihrem Namen zuwider, nicht ohne weiteres mehr als Grundlage beanspruchen, die beliebige Aufbauten trüge. Inzwischen »hängt« sie ihrerseits davon »ab«, daß die Konstruktionen sich an das Grundsein der Grundlage »halten« und sie mehr sein lassen als ein selbstverständlich Zugrundeliegendes. Wie alles Aufgebaute seit jeher grundlagenbedürftig war, so ist auch das Grundlegende inzwischen konstruktionsabhängig geworden. Ins Liegen des Grundlegenden mischt sich seither ein abgründiger Vorbehalt: auch was liegt, kann noch fallen. Die Kulturtheorie überschreitet eine Epochenschwelle, sobald sie die neue Ausgangstatsache begreift, daß Grundlage und Aufbau künftig unwiderruflich eine Zerbrechlichkeitsgemeinschaft bilden. Von diesem Augenblick an ist das weltgeschichtliche Drama in erdgeschichtliche Perspektiven zurückübersetzt. Die globale Geschichte verwandelt sich von dem singulären kosmopolitischen Selbstverwirklichungsprojekt in ein pluralisches erdbürgerliches Haushaltsproblem. Das erzwingt die philosophische Konjunktur der Ökologie.

Daß heute die Erde als »ganzes Haus« des Lebens explodiert, ist selbst das Ergebnis der singularischen, globalisierenden, dramatischen Geschichte. Der historische Großversuch, das »Haus des Menschen« im universellen Maßstab aufzustellen, hat die Nebenfolge bewirkt, daß neben den Wohlstandsinseln die Wüsten wachsen. Auch dies ist nur eine andere Art zu sagen, daß es mit dem Unternehmen Geschichte anders kam als gedacht. Darf man darum schon Geschichte *per se* für das Geschehen halten, in dem es anders kommen muß? Ist sie zum Mißlingen prädestiniert, solange sie ihre Rechnung ohne die Bewegung macht? Ergibt sich das Phänomen Geschichte nicht *a priori* aus dem Widerstreit zwischen Projekt und Drift, Schritt und Sturz? Wenn es sich so verhält, dann wäre die Schärfe dieses Widerstreits zugleich ein Maß für den Abstand zwischen den Anfangsabsichten und den Endergebnissen im geschichtlichen Prozeß. Dieser könnte heute nicht mehr größer sein. Weil der Abstand zwischen dem, was gewollt wurde, und dem, wie es kam, im Bewußtsein der Zeitgenossen schmerzlich aufklafft, keimt bei ihnen die Ahnung auf, daß es mit der geschichtlichen Welt im ganzen falsch kommen könne. Man fühlt sich nicht mehr wohl in der geschichtlichen Haut, seit sich Geschichte zunehmend als das herausstellt, womit es »am Ende« schief gehen muß.

Aber seit wann ist das Risiko des Falschkommens insgesamt unterwegs – von woher kam die Gefahr der Fälschung ins Spiel? Mit solchen Fragen wiederholt das aktuelle Denken die Sorge um die Wahrheit und Unwahrheit des Ganzen, durch deren Auftreten sich das hochkulturelle Niveau menschlichen Denkens ankündigt. In der schieren Frage, wie es überhaupt zum bisher Vorliegenden kommen konnte, das heißt in der vorsokratischen Explosion der Frage nach dem »Entstehen überhaupt«, taucht das Wahrheitsproblem

Die Pyramiden von Gizeh

so vehement wie möglich vor dem weltvorstellenden Bewußtsein auf. Zum nicht mehr abweisbaren Problem wird die Wahrheitsfrage in dem geschichtegründenden Moment, in welchem sich der Eindruck vordrängt, daß es mit dem Weltlauf im ganzen falsch zu kommen droht. Gibt es demnach zwischen dem Geschichtsbewußtsein des Menschen und dem Falschheitsrisiko im Gang der Welt eine ursprüngliche Entsprechung? Vielleicht ist das Umgekehrte richtiger: daß die Irrwege des Weltlaufs von Anfang an mit dem Auftauchen von phantasiebegabten Wesen verknüpft sind, die auf die deprimierende Evidenz ihres falschen Lebens mit geschichtemachenden Entwürfen einer zu suchenden wahren Welt antworten. Unverkennbar laufen alle Spuren des Falschen beim Menschen zusammen – jenem *homo sapiens sapiens*, der zu Beginn seiner hochkulturellen Ära vom Zwang zur Frage nach der Wahrheit erfaßt wird. Unentrinnbar wird für ihn die Befangenheit von dieser Frage, weil er an seinen eigenen Verstimmungen erfährt, daß er das Wesen ist, das nicht paßt. Dem in die Geschichte gedrängten Menschen dämmert die Wahrheitsfrage auf, weil er sich selbst im Brennpunkt des spürbar Falschen entdeckt. Erst an seiner Fähigkeit, es völlig falsch zu machen, wird dem Menschen ein ontologisches Privileg bewußt, das die Philosophen mit dem dunkel schillernden Wort Freiheit belegt haben. Freiheit ist nicht nur die Gelassenheit zum Wirklichen, in der – wie Heidegger hellsichtig andeutet – das »Wesen der Wahrheit« liegt, sondern auch die Aussetzung ins Riskante, das eine Vielzahl von Falschheits- und Verfehlungserfahrungen umschließt, so wie sich die ominöse »Irre« vielfältig konkretisiert – vom Aufklaffen der angsterregenden Fremdheit zwischen Seele und Welt bis zu den »regionalen« Varianten des Falschen, die wir als Dissonanz, als Unpassung, als Anstoßen, als Dissens, als Unzutreffendsein und als Verfallen kennen. Schon früh haben die ersten Philosophien den Menschen selbst an die Quelle des Ersten Falschen gerückt oder ihn geradewegs mit diesem identifiziert: sei es, daß er sich im Urstreit zwischen Licht und Dunkel dem falschen Prinzip angeschlossen hat; sei es, daß er durch gelebten Irrtum dem eigentlich Nichtigen zu einer trügerischen Existenz verhalf; sei es, daß er sich durch einen Absturz, durch Hybris, Rebellion oder Vergessen aus einem anfänglichen Einheitszustand herausgesprengt hat.

Erst der vom Falschen imprägnierte Geist entdeckt sich selbst in dem auffälligen Drang, sein Dasein auf sichere Grundlagen zu stellen. Bei seinen Aufbauten will er sich darum eines Stoffes bedienen, aus dem das unzerstörbar Gewisse gemacht ist. Dieses heißt Wahrheit, weil es das Sichbewährende gegenüber dem Scheiternden, das Bleibende gegenüber dem Flüchtigen, das Grundlegende gegenüber dem

Aufgesetzten zu sein verspricht. Wahrheit ist die Axt, mit der das Kontinuum des Seienden in Erstes und Zweites zerspalten wird – die absoluten Prinzipien und die sekundären Fälle, die gewissen Ursprünge und die gefährdeten Ableitungen, die ewigen Axiome und die flüchtigen Verbindungen. Durch metaphysischen Schamanismus sollen menschliche Akte und Einrichtungen so auf Urmodelle und erste Grundlagen »gestellt« werden, daß eine Übertragung von Sein, Kraft und Sicherheit vom Grund aufs Folgende zuwege käme. Je zerbrechlicher die Stiftungen, desto angestrengter der Grundlegungszauber.

Die metaphysischen Denkformen, wie sie von ihren achsenzeitlichen Anfängen her überliefert sind, bezeugen einen schockhaften Zuwachs an Bewußtsein von der Zusammenbruchsneigung menschengemachter Ordnungen. Mit Notwendigkeit stammen die ältesten Dokumente dieser im Absoluten Halt suchenden Logiken aus der Frühzeit der Staaten. Wo sich die Macht erstmals zu gähnenden Höhen auftürmt, beginnen Menschen, als Machthaber wie als Opfer, Erfahrungen mit einer neuen Qualität von Lebensriskantheit zu sammeln. Darum sind der Staat, die Metaphysik und die Angst vorm Fallen gleichaltrige Gebilde. Zu der Zeit, als diese Phänomene Gestalt annehmen, finden auch die mythischen Erinnerungen an Goldene Zeitalter und Paradiesvertreibungen zu ihrer bis heute überlieferten Form. Solche Erzählungen bezeugen den Augenblick, in dem das vom Sog der Geschichte erfaßte Bewußtsein beim Blick zurück überwältigt wird von der Evidenz, daß es das Schlechtere ist, was Geschichte macht. Vorwärts stürzen in die Zeit heißt abwärts fortschreiten ins Falsche: dies ist eine ursprüngliche Selbstdeutung des historisch gewordenen Lebens. Der Mythos vom Goldenen Zeitalter setzt schon die geschichtsmächtige Unterscheidung zwischen einer hohen und einer fallenden Zeit voraus. Er stellt eine vorgeschichtliche Homöostase dem historischen Abstieg gegenüber. Während »im Anfang« Freiwilligkeit, Sanftheit und Dauerhaftigkeit das Maß der Dinge waren, zersetzt sich, dem Mythos zufolge, die alte »Weltordnung« progressiv-verfallend bis zu den eisernen Verhältnissen; für diese sind Zwang, Verrohung und Unsicherheit so charakteristisch, daß wir, sobald davon die Rede ist, sofort wissen: das geht uns an. Umsonst versucht das geschichtebejahende pragmatische Denken, diese Mythen als erste Romantik abzutun. Die an sich korrekte skeptische Bemerkung, daß es ein Goldenes Zeitalter der Menschheit in Wahrheit niemals »gab«, ist bedeutungslos neben dem Faktum, daß manche in die Geschichte driftende Kulturen ihren Weg durch die Zeitalter wirklich als Verfall empfunden haben. Diese Innenansicht der historisch werdenden Existenz kam gelegentlich zu Wort, wo die Nötigung, das Geschehene zu loben, nicht lückenlos wirksam war. Damit trat eine erste Kulturkritik auf den Plan. Diese ist nicht zu trennen von der realistischen, wenn auch vergeblichen Klage über die Risiken und Verformungen des politisch zugerichteten Lebens. Auch Daniels Vision vom Koloß auf den tönernen Füßen – ein geschichtsprophetisches Bild von selbst geschichtemachender Wirkung – läßt erkennen, wie in der Aufrichtungszeit des hochkulturellen Bewußtseins zugleich die Einsicht in den Zusammenhang zwischen Machtsteigerung und zunehmender Zerbrechlichkeit anwuchs. Fast zweieinhalb Jahrtausende nach Daniel ist dieser Zusammenhang sichtbarer denn je, mit dem Unterschied, daß zusätzlich zur klassischen Arthritis der Großmächte neue Aspekte von Fragilität aufgetaucht sind, die so katastrophenschwanger wirken, daß neben ihnen der Untergang der mesopotamischen Reiche einen vegetativ beruhigenden Eindruck macht. Die

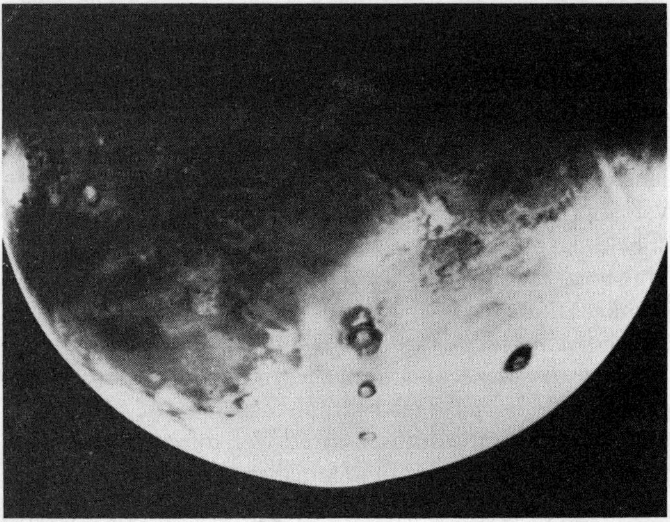

Mars, Tharsis-Gebirge; Aufnahme der Viking 1

»Weltgeschichte« als Prozeß-Progreß, der riskante Kulturfiguren auf stabile Natur- und Wahrheitsgrundlagen »stellt«, hat sich inzwischen einem Punkt genähert, an dem sie als Falschheitsgeschichte den Offenbarungseid leisten muß.

Das Aufstellen ist, als Grundgeste des metaphysischen wie technischen Konstruierens, zugleich das geschichtemachende Falsche, das die Grundlage ins Schicksal der unhaltbaren Aufbauten hineinzieht. Deswegen ist die Weltgeschichte der menschlichen Falschheit mehr und anderes als ein Sonderfall des biologischen Gesetzes, wonach die Fehlanpassung von Gattungen evolutionär mit deren Aussterben quittiert wird. Beim Menschen, dem konstruktiven, dem ontologischen Tier würde eine zu Ende geführte

Der Supercomputer VP200 unserer Tochtergesellschaft IABG macht technische Probleme berechenbar, die bisher so nicht gelöst werden konnten.

Mit mehr als einer halben Milliarde Rechenoperationen pro Sekunde ermöglicht dieser Computer beispielsweise die Darstellung komplexer Strömungsvorgänge bei neuentwickelten Konstruktionen. Gerade die Großindustrie wie MBB bedient sich dieser innovativen Möglichkeiten.

Weitere wichtige Einsatzbereiche sind Festigkeitsberechnungen, Bestimmun
von Molekülstrukturen in der Chemie oder etwa die Schadstoffausbreitung bei Inversionswetterlagen.
Mit dem Supercomputer VP200 wird die Zukunft ein Stüc
berechenbarer.

Die richtige Aufgabe für uns: Die Zukunft berechenbarer machen

Das Service-Rechenzentrum der IABG stellt Rechnerkapazität und Fachkapazität hochqualifi
zierter Mitarbeiter zur Verfügung. Als Deutschlanc
größtes Systemanalyse- und Testzentrum hat di
seit 25 Jahren im High-Tech-Bereich erfolgreich
IABG umfassende Erfahrungen.

Zu unserem Konzern gehört eine Vielzahl interessanter Spezialunternehmen: Den ertragsstarken Kern bildet die IVG-Gruppe mit umfangreichen gewerblich genutzten Liegenschaften ir
gesamten Bundesgebiet, zahlreichen Spezialwaggons, Tanklagern und Kavernen zur ober- und unterirdischen Öl- und Gaslagerung. Dazu kommen so bedeutende Tochtergesellschaften wie MWB, ein Unternehmen mit vielgestaltigem Dienstleistungs-Spektrum von der Motoreninstandsetzung bis zur Kalibrierung von Meßgeräten und die VEBEG, eine der größten Verwertungsgesellschaften der Bundesrepublik.

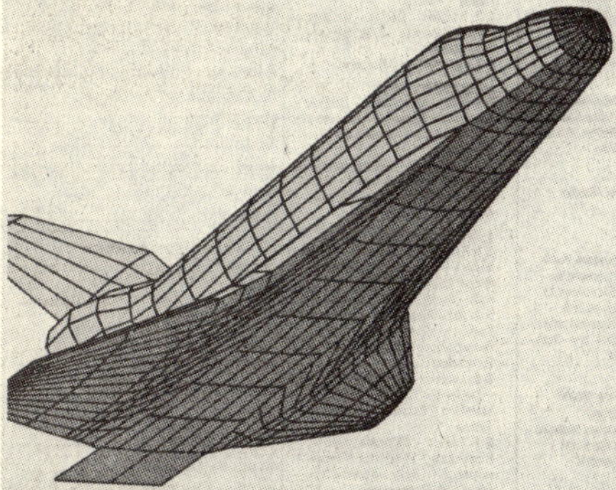

Die IVG ist in vielen Bereichen erfolgreich tätig. An der börsennotierten IVG können Sie sich beteiligen.

IVG
Perspektive auf solider Basis.

Industrieverwaltungsgesellschaft
Aktiengesellschaft
Zanderstraße 5
5300 Bonn 2

Industrie
Verwaltungs
Gesellschaft AG

IVG

Falschheitsgeschichte nicht nur zum Zusammenbruch des Gestells und zum Gattungstod führen; sie würde auch die Grundlagen in den Untergang der Aufbauten hineinziehen und das Unterstellte am Einsturz des Aufgestellten teilnehmen lassen. Wenn das Aufstellen mehr sein will als ein gewagtes gutes Sichaufrichten, sondern zur »sicherstellenden Feststellung« drängt, wird es zur Geste des ersten Falschen; sie gerät dazu, weil sie nur zwanghaft die Leugnungsgeste gegen das schon erlebte Fallen ausführt. Als diese Geste ist sie am Innersten dessen am Werk, was Subjektivität heißt. Prinzipielle Aufstellung ist die Tatlüge des aktiven Subjekts, das auf dem Höhepunkt seiner Entfaltung die ganze Erde mit unhaltbaren Aufbauten überzieht. Am Aufgebauten ist freilich nicht der Zug zur Vertikalen falsch, der von der richtigen menschlichen Beweglichkeit nicht weggedacht werden kann. Die Fälschung entsteht aus der sicherstellenden Pose, die dem entsicherten Leben einen eigenen Stand auf unerschütterlichen Fundamenten schaffen will. »Wäre es möglich gewesen, den Turm von Babel zu erbauen, ohne ihn zu erklettern, es wäre erlaubt worden.« (Franz Kafka)

Die Erde, als Ortschaft für die Symbiosen gemeinsamer Unwahrscheinlichkeiten, ist kein Prinzip, kein Fundament. Die Art und Weise, wie die Erde lebendige Gebilde trägt, hat nichts mit der Relation Basis – Aufbau zu tun. Ihr Tragen ist ein Ermöglichen, kein Sicherstellen. Dieses Tragen geht in den geburtlichen Gesten auf – Austragen, Hervorbringen, Emporheben, Freigeben. Für ein Gründen gibt es im Spiel dieser Gesten keinen Grund, Getragenheit und Gewagtheit sind in ihnen noch dasselbe; im Entstehen wird das Vergehen mitgewußt. Erst durch die sicherstellenden Herstellungsgebärden, die sich im metaphysischen Tier regen, bricht der geschichtsmächtige Gegensatz zwischen dem Ökologischen und dem Ontologischen auf. Die Ökologie hält sich an die Natürlichkeit der Natur*, indem sie in allen vorkommenden Lebensformen das Getragenwerden erkennt. Hingegen ist Ontologie ins architektonische Abenteuer der Hochkulturen verstrickt: sie exekutiert den Zwang zur immer universelleren Herstellung, den Heidegger als das Schicksal des »Gestells« bestimmte. Wenn in der Ermächtigung zum Konstruieren hier eine schicksalhafte Größe erkannt wird, dann aus dem Grund, weil mit der Emanzipation des Konstruierens zugleich der Zwang, Geschichte zu machen und zu erleiden, in Kraft getreten ist. Darum bleibt Geschichte bis zuletzt nur die Fortsetzung des Sturzes aus der Symbiose mit anderen Mitteln. Sie tut im Großen, was das einzelne Leben im Kleinen versucht – die Umwandlung von Trennung in Autonomie, von Sturz in Konstruktion, von Katastrophe in Projekt. Stets sind es die antisymbiotischen Gewalten, die im eigentlichen Sinn Geschichte machen. Geschichte ist die Anstrengung, den Nachteil, geboren zu sein, in den Vorteil der Selbstverwirklichung umzuarbeiten. Erst wenn das Unbehagen in der Selbstherstellung ans Unerträgliche grenzt, werden Menschen auch den Vorteil, geboren zu sein, wieder ergreifen.

* Auf brillante Weise geht Kah Khyung Cho diesen Fragen in seinem Buch »Bewußtsein und Natursein, Phänomenologischer West-Ost-Diwan«, Freiburg/München 1987, nach, einem Buch, von dem der Autor bedauert, es nicht schon vor seinen eigenen Versuchen gekannt zu haben.

4. Für eine Ontologie des Noch-Seins

> Im Paradies hielte ich es keine »Saison«, ja keinen Tag lang aus. Wie soll ich dann die Sehnsucht nach ihm erklären, die ich verspüre? Ich erkläre sie nicht, sie lebt in mir seit jeher, sie war in mir, bevor ich war.
>
> E.M. Cioran, *Vom Nachteil, geboren zu sein*

Seit der erste historische Mensch den Kopf hob, sind die Zeiten hartnäckig interessant. Es vergeht kein Tag ohne Katastrophe, kein Jahr ohne Novum, keine Generation ohne Aufbrüche in Hoffnung wider besseres Wissen. Die Hochkultur macht von sich reden, weil sie sich ganz im Element »Ereignis« bewegt. Solange sie Welten aufstellt, die weitererzählt werden wollen, bleibt es dabei, daß sie aus dem Stoff gemacht ist, aus dem die Heldenepen und die Fortsetzungsromane sind. Ihre Interessantheit entspricht präzise dem Grad der zivilisatorischen Mobilisierung – das Interessante ist die psychische Verzinsung der Katastrophe. Hat die interessante Droge Geschichte erst einmal die ganze Psyche erfaßt, so erscheint sie als etwas, was nicht mehr weggedacht werden kann. Von ihrer eigenen Bewegtheit überwältigt, setzt sich die denkende Lawine selbst in Gang, der sich potenzierenden Dynamik folgend, die den kinetischen Subjekten des Weltprozesses auf ihrem Weg zu mehr Macht und Können eigentümlich ist. Wo die eigentliche Geschichtlichkeit der Existenz losgeschnellt ist, nimmt sie die Struktur einer geschichtemachenden Geschichte an – sie akquiriert fortwährend ihre Agenten, durch die sie sich kontinuierlich weiterführt und gesteigert nach vorne wirft. Deswegen gehört zum wesentlichen historischen Bewußtsein weniger der

Traditionalismus (der im Grunde ahistorisch bleibt) als die Tradition der Mobilisation. Die Geschichte organisiert sich wie eine Rallye in der Zeit, die sich von Etappe zu Etappe ihre Route sucht, mag es auch häufig zu dem Eindruck kommen, daß es in keiner Hinsicht mehr weitergeht. Die geschichtemachenden Mannschaften sind der Interessantheit ihres Unternehmens so mutwillig verfallen wie die selbstmörderische Meute von Paris – Dakar. Frenetisch sind sie unterwegs von Babylon nach Megalopolis, und immer wieder finden sie ihre manischen Einflüsterer, die sich der Vorstellung hingeben, Rennleiter und Sponsoren bei dem gewaltigen Unternehmen zu sein – Propheten, Geschichtsphilosophen, Moralisten, Lerntheoretiker, große Männer in höchster Mission. Wie das Interessante der Zins des Unheils ist, so sind die Missionen seine Kredite. Wo Geschichte als sich selbst durchführende Mission in Gang gekommen ist, beginnt die Noch-nicht-Struktur zu herrschen, die das Leben mit unerfüllten Aufträgen mobilisiert. Die missionsdynamische Verfassung der wesentlichen Geschichte verurteilt jeden historisch erreichten Zustand dazu, sich vor dem Noch-nicht-Erreichten zu blamieren. Alles, was jetzt ist, wird latent vernichtet, indem es an dem gemessen wird, was erst kommen müßte. Weil für den utopisch-missionarischen Blick im aktuell Seienden der Vorschein des Noch-nicht-Seienden immer schon überwiegt, wird das Wirkliche zum bloßen Schein eines Wesens, das erst kommt, herabgesetzt. Das Schon-Eingetretene wird vom Noch-nicht-Erfüllten getilgt. Dabei wächst unstillbar der Hunger nach Zukunft.

Die von Ernst Bloch grandios auf den Begriff gebrachte Ontologie des Noch-nicht-Seins verrät das Geheimnis der historischen Mobilmachung der Welt. Sie entwirft eine Ontologie des werdenden Wesens, die den Weltprozeß als ein sich selbst zu den höchsten Leitbildern hinaufziehendes

DER KADETT DIESEL
ALASKA – FEUERLAND.
KLIRRENDE KÄLTE, SENGENDE HITZE.
DEM DIESEL HAT'S GEFALLEN.

VON EINEM ENDE DER WELT
ZUM ANDEREN
1. Juni 1987. Morgengrauen in Fairbanks/Alaska. Um 8.00 Uhr Ortszeit machen sich die zwei Opel Kadett 1.6 Diesel auf den Weg. Ihr Ziel: das 30.000 km entfernte Ushuaia/Feuerland. An Bord die ersten 4 Mitglieder einer 16köpfigen Journalisten-Crew, die es wissen will. Werden die beiden Serienfahrzeuge diesen absoluten Härtetest bestehen?
TECHNIK, DIE ALLES PACKT. Durch 12 Staaten geht die Tour. Stundenlange Highway-Fahrten, aber vor allem jede Menge Straßen, die keine sind. Über Stock und Stein, Eis und Schnee, Schotter und Schlamm. Eine Strapaze für Fahrer und Fahrwerk. Doch weder Andenpässe in 4880 m Höhe, noch die Dschungelpisten des Amazonas können die 55-PS-Maschinen beeindrucken. Die Temperaturen von minus 17 bis plus 48 Grad C im Schatten machen nur den Fahrern zu schaffen, die Diesel bleiben cool.
ENDE GUT, OPEL GUT. Ushuaia/Feuerland. 17. August 1987, 14.15 Uhr. Die beiden Opel Kadett haben den Härtetest erfolgreich bestanden. Und das in einer Rekordzeit von 11 Wochen.
Wenn Sie jetzt das Auto kennenlernen wollen, das nichts erschüttern kann, gehen Sie zum freundlichen Opel-Händler. Dort können Sie den Kadett Diesel gerne probefahren. Vielleicht nicht gleich von einem Ende der Welt bis zum anderen.
OPEL
DER OPEL KADETT. BESTENS IN FORM.

Gattungsdrama bestimmt. Dieses prozessiert unterwegs aus sich die Agenten, Motoren und Motivationen heraus, durch die es sich in erweiterte Räume des Noch-nicht-Seins einschießen kann. Als Ontologie der revolutionären Weltbewegung aufs noch nicht gewordene utopische Ziel zu rationalisiert Blochs Lehre die Weltgeschichte als Steigerungsraum einer unendlichen Mission: wo Welt war, soll Gott werden. Weil aber wirkliche Welt nie unmittelbar göttlich sein darf, sondern allenfalls den Anfangsbuchstaben des göttlichen Namens liefert, wird die Gottwerdung der Welt zugleich zur unendlichen Vertagung ausgesetzt. Dabei gerät das aktuell Wirkliche ontologisch in die Zwickmühle: als »Bestehendes« ist es von vornherein überholt und entwertet; als Mobilmachungsmasse ist es zur Disposition gestellt zugunsten beschleunigter Verbesserungen, die immer wieder im Unverbesserlichen münden.

In der Ontologie des Noch-nicht-Seins wird die Unruhe des geschichtlichen verletzten Lebens als geschichtemachende Hoffnung theoretisiert. Mit Hilfe der missionsontologischen Aufladung transformiert sich die Getriebenheit zur Verheißung und wird als Wille zur Nicht-Entspannung in sich selbst zurückgespeist. Es ist dieser Selbstantrieb, der aus dem Leiden an der Wirklichkeit einen Motor zum Aufbruch in die Neue Welt der Neuzeit macht. Wenn die ontologische Definition der Neuzeit als Sein-zur-Bewegung für uns in der Sache allgemeingültig geworden ist, dann aufgrund der Tatsache, daß Neuzeit gleichbedeutend ist mit dem Phänomen, daß erst seit wenigen Jahrhunderten unternehmerischen Menschen eine wirkungsvolle Zusammenschaltung von Missionsmotiven mit technischen Erfolgsmaschinen gelungen ist. Dieses Gelingen, das Lawinen weiteren Gelingens auslöste, überschlägt sich inzwischen in seinen eigenen Erfolgen. Seit Beginn der Neuzeit erleben die geschichtlichen Beschleunigungsphänomene eine kernprozeßartige Steigerung. Das besagt nichts anderes, als daß die Selbstintensivierungsschleifen, die für die modernen Mobilmachungen verantwortlich sind, in den letzten Jahrhunderten auf breiter Front kraftschlüssig geworden sind. Erst wenn prinzipiell das Vorstellen sich vorstellt (wie in den Transzendentalphilosophien), der Wille sich will (wie in den pragmatischen Machtontologien), die Produktivität sich produziert (wie in den liberal oder sozialistisch motivierten Industriesystemen) und die Kreativität sich kreiert (wie in der psychotechnischen Stimulation »genialer« Obsessionen) – erst dann werden auch systematisch Geschichtemacher lanciert und Mobilisateure auf Serie gelegt. Diese gefährlich vermehrten Täter reagieren immer heftiger aufeinander und auf ihre offensiven Projekte und Kampagnen. Die von ihnen erzeugten »Ereignisse« verdichten sich zu einem katastrophalen Gelee. Aus dem scheinbaren Lernprozeß wird ein realer Kernprozeß. Je weiter dieser eskaliert, desto verzweifelter klingen die altaufklärerischen Beteuerungen, daß die Menschheit sich auch heute noch in ihrer Vorgeschichte bewege. Die Auffassung der Geschichte als unendlicher Mission zwingt ihre Agenten jetzt in tollkühne Posituren: während die meisten Zeichen in der Welt auf Nicht-mehr-lange deuten, müssen sie hartnäckig am Immer-noch-nicht festhalten. Aber vielleicht haben sie recht. Zwischen dem bisherigen Noch-Nicht und dem bevorstehenden Nicht-Mehr bleibt uns armen Zwischenzeitteufeln nur das unglückliche Bewußtsein, immer zur Unzeit gelebt zu haben. Wir kommen zu spät fürs erste Paradies, zu früh für das zweite. Eine Geschichte, die bis zuletzt nur Vorgeschichte erfüllter Zeiten sein kann, ist für uns nichts anderes als verlorene Zeit.

Was zu Beginn des Buches über die Moderne behauptet

Die Swissair lehrt Küken die Kunst des Fliegens, bevor sie das Licht der Welt erblicken.

Was braucht sorgfältigere Behandlung als ein Ei? Vor allem, wenn es um die halbe Welt fliegen muss. Aus guten Gründen vertrauen renommierte Züchter ihre Bruteier regelmässig der Swissair an. Damit sie ihr Ziel frisch und unangeschlagen erreichen, werden sie schnell, zuverlässig und umsichtig befördert. Was unsere Passagiere ebenfalls schätzen. Zusammen mit einem Komfort, der Sie jeden Flug geniessen lässt, als wäre es Ihr erster.

swissair

Knossos, das älteste Theater der Welt

wurde: daß sie das paradoxe Programm darstellt, auf einer endlichen Basis ein unendliches Projekt durchzuführen, läßt sich jetzt über die Geschichte im ganzen sagen – sofern diese als anthropogonischer Exodus, als utopischer Heimweg und als apokalyptische Mobilmachung prozediert. Die geschichtemachende Spannung zwischen dem Entwurf und der Grundlage, zwischen dem Treibenden und dem Bestehenden, beruht aber nicht nur auf dem Unverhältnis zwischen Unendlichem und Endlichem, Utopischem und Topischem. Viel wirkungsmächtiger ist in ihr die Verwechslung der Erinnerung an ein intrauterines, akosmischseliges Dasein mit der Antizipation eines extrauterinen, welthaft-wirklichen allgemeinen Glücks. Im geschichtsontologischen Phantasma des sich selbst vorausleuchtenden

Noch-Nicht wird eine akosmische Vergangenheit auf eine kosmische Zukunft projiziert, die intrauterine Mitgift wird in die äußere widerständige Welt hineinhalluziniert. Dann aber kann Geschichte nichts anderes sein als der endlose Geburtskampf eines phantasmagorischen Menschheitskörpers, der aus der innermütterlichen Heimat in die außermütterliche Fremde ausgesetzt ist. Dort muß er sich in das Unternehmen stürzen, die Fremde in Heimat umzuarbeiten. Aber das Fremde will nie ganz dem Heimatlich-Eigenen gleichen. Weil Akosmisches im Kosmischen nicht »verwirklicht« werden kann – weil weltlose Schwebe nie das Ergebnis welthafter Anstrengung ist –, muß aus dem historischen Aufbruch zur Verwirklichung der Realheimat ein Vernichtungsfeldzug gegen das unmittelbar Vorliegende, Kosmische, Äußere, Andere werden. Der Muttermord zur Wiedererzwingung des Schoßes ist die logische und sachliche Konsequenz aus dieser »weltgeschichtlichen« Anordnung des *experimentum mundi*.

Ist der akosmische Charakter der utopischen Suchbilder deutlich geworden, so wird die zeitlogische Täuschung durchschaubar, auf der die Ontologie des Noch-nicht-Seins beruht. Der wunderbare Sog des ganz Anderen – jener Sturm vom Paradiese her, der dem Benjaminschen Engel der Geschichte in die Flügel fährt – geht von einem »Ort« aus, der nicht vor uns, sondern in und hinter uns liegt. Darum inszeniert die Suche nach vorn zu schlechter Letzt ein katastrophales Mißverständnis – den paradiespolitischen Überfall auf eine Rohstoffnatur, die nicht weiß, wie ihr geschieht – *paradise now*. »Dies gelingt nicht mit der vorhandenen Natur, doch auch nicht, wie leere Seelenträume meinen, ohne Natur. Traum vom besseren Leben meint zu guter Letzt, in toto, eine neue Welt, also wieder einen Schauplatz, ein kosmisches Land.« (Bloch, *Experimentum*

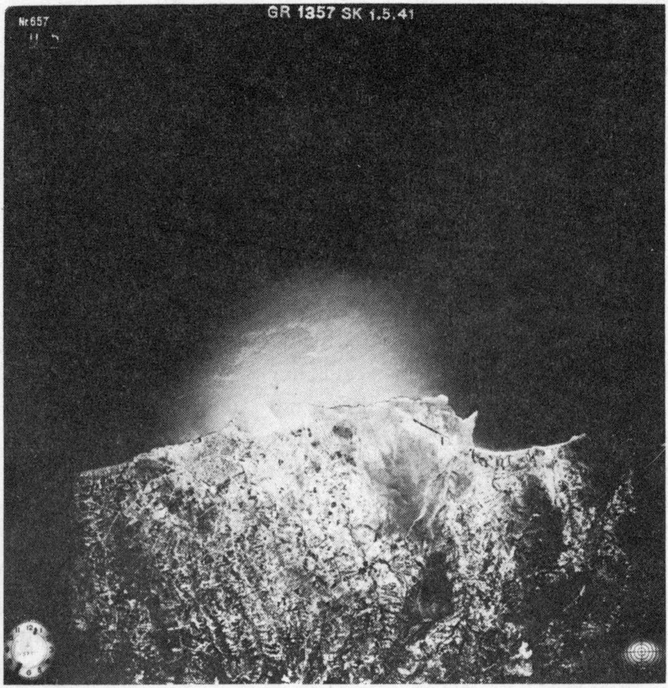

Heraklion mit Umgebung; Aufnahme eines deutschen Luftaufklärers aus 8000 m Höhe (1941)

mundi, S. 230) Sobald die Täuschung aufgehoben ist, verändert sich der Zeitsinn des Utopischen: es kommt gerade nicht aus der Zukunft auf uns zu. Es ist vielmehr das Licht des Noch, das vom unleugbar sich gegebenen Leben auch in die ungegebene Zukunft vorausgeworfen wird. Darum ist das Noch mächtiger als das Noch-Nicht. Der Geist der Utopie gehört weniger dem sich selbst vorausleuchtenden Werden des Besseren als dem immer noch sich selbst lichtspendenden Noch-Sein des Begonnenen. In ihm glüht kein Vorschein, sondern es leuchtet nach. Von dieser Korrektur an kann sich niemand der utopischen »Ortschaft« nähern, der auf sie zugehen will wie auf etwas, was sich erst öffnen müßte. Der utopische »Ort« wird nur durch eine »Kehre« ins immer noch Offene »erreicht«. Wer ins noch Offene kommt, verfolgt nicht etwas Fernes, sondern läßt sich vom unerreichbar Nahen einholen. Im Noch-Sein weht der wahre Geist der Utopie, der sich nicht »verwirklichen« wollen darf, ohne sich mißzuverstehen. Befreit von den Trugbildern des Erreichens, erweist sich der unvergleichliche Unort als Ruhepol. Weil Utopie nicht mehr als Ziel oder Leitbild gedacht werden darf, wird aus dem schlechthin Mobilisierenden von einst jetzt der Schoß der Demobilisierung. Nur wer weiß, was es bedeutet, nichts mehr zu tun zu haben, besitzt ein Kriterium der richtigen Beweglichkeit. Statt massenträger Mobilmachungen nach vorne wird vollbewegliches Schweben auf der Stelle möglich. Der Weg der Kritik geht in die Kritik des Weges über. Das noch nicht Erreichte lernt am Noch-Sein das wirklich zu Erreichende kennen. So muß die Idee der Kritik in einem neu verstandenen Geist der Utopie begründet werden. Dabei entdeckt die Kritik als Vermögen, einen Unterschied zu machen, ihre Voraussetzung in der Möglichkeit, nichts zu kritisieren zu haben. Der Unterschied zwischen Unterschied und Nichtunterschied setzt das »denkendere Denken« in Gang, das in Bewegung bleiben kann, auch wenn sich das totalitätstheoretische Phantasma einer Identifizierung von Identität und Nichtidentität als undurchführbar erweisen sollte. Als Subjekte der Kritik sind wir nicht nur Inhaber des Vermögens, Unterschiede zu machen, sondern vielmehr noch Unterschiedene und aus Getrenntheit Denkende. Nur weil wir als Unter-

Die Ringe des Planeten Uranus

schiedene, als individuierte Geister den fötalen Nichtunterschied voraussetzen können, sind wir als geborene Subjekte unterscheidungskompetent. Jedoch entsteht der erste Unterschied, der schlechthin einen Unterschied macht, nicht durch Einsatz des Unterscheidungsvermögens, sondern durch die wunderbare Katastrophe des Zurweltkommens. Während die monistischen Metaphysiken das Absolute in ein fötales Vorstellen resorbieren, um das welthaft Andere ins weltlos Eine aufzunehmen, schließt sich die dramatische Kritik dem Zurweltkommen des Denkenden an; auf der Folie des fötalen Andenkens trägt es das Abenteuer, unterschieden zu sein, weiter. Darum wird eine wirkliche kritische Theorie, wenn es sie eines Tages gibt, mit authentischer Mystik identisch sein. Als lebende Differenz zwischen Weltlosigkeit und Weltlichkeit wird die einmalige Existenz auf ihr In-der-Welt-Sein aufmerksam. Der Geist des Weltbürgertums kommt als aufgeklärter Akosmismus über sich ins klare. Dann wird der mystische Weg allein noch offenstehen. Als Kritik des Weges führt er dorthin, wo wir sind.

Fridhelm Klein, *Objekt Wind, Meer*. Kreta 1986

Abbildungsnachweis

S. 8, 22, 27, 84, 85, 90, 115, 128, 147, 151, 156, 168, 172, 270, 278, 295, 298, 304, 324, 335, 343 Keystone Pressedienst GmbH, Hamburg

S. 15, 99, 104, 107, 136, 139, 175, 314, 320 Bildarchiv Preußischer Kulturbesitz, Berlin

S. 111, 118 Hamburger Kunsthalle (Fotos ©: Ralph Kleinhempel)

S. 113 Öffentliche Kunstsammlung Basel, Kupferstichkabinett

S. 142, 198, 202, 206, 339, 340, 341, 345 © Fridhelm Klein

S. 289 Foto: Control Data Institut, München

S. 291 Deutsche Presse-Agentur, Ffm

S. 337 Foto der Bildstelle der Hpk, 2. Abt., 1941

Die Reproduktion der Werbeanzeigen erfolgt mit freundlicher Genehmigung der entsprechenden Auftraggeber bzw. Agenturen

edition suhrkamp
Eine Auswahl

Abelshauser: Wirtschaftsgeschichte der Bundesrepublik Deutschland 1945-1980. NHB. es 1241
Achebe: Okonkwo oder Das Alte stürzt. es 1138
Adorno: Eingriffe. es 10
– Gesellschaftstheorie und Kulturkritik. es 772
– Kritik. es 469
– Ohne Leitbild. es 201
– Stichworte. es 347
Bachtin: Die Ästhetik des Wortes. es 967
Barthes: Kritik und Wahrheit. es 218
– Leçon/Lektion. es 1030
– Mythen des Alltags. es 92
– Semiologisches Abenteuer. es 1441
– Die Sprache der Mode. es 1318
Beck: Gegengifte. es 1468
– Die Erfindung des Politischen. es 1780
– Risikogesellschaft. es 1365
Becker: Warnung vor dem Schriftsteller. es 1601
Beckett: Endspiel. Fin de Partie. es 96
– Flötentöne. es 1098
Benjamin: Das Kunstwerk im Zeitalter seiner technischen Reproduzierbarkeit. es 28
– Moskauer Tagebuch. es 1020
– Das Passagen-Werk. es 1200
– Versuche über Brecht. es 172
Bernecker: Sozialgeschichte Spaniens im 19. und 20. Jahrhundert. NHB. es 1540
Bernhard: Der deutsche Mittagstisch. es 1480
Biesheuvel: Schrei aus dem Souterrain. es 1179
Bildlichkeit. Hg. von V. Bohn. es 1475
Bleisch: Viertes Deutschland. es 1719
Bloch für Leser der neunziger Jahre. es 1827
Bloch: Abschied von der Utopie? es 1046
– Kampf, nicht Krieg. es 1167
Boal: Theater der Unterdrückten. es 1361
Böhme, G.: Natürliche Natur. es 1680
Böhme, H.: Prolegomena zu einer Sozial- und Wirtschaftsgeschichte Deutschlands im 19. und 20. Jahrhundert. es 253
Bohrer: Die Kritik der Romantik. es 1551
– Der romantische Brief. es 1582
Bond: Gesammelte Stücke. 2 Bde. es 1340
Botzenhart: Reform, Restauration, Krise. NHB. es 1252
Boullosa: Sie sind Kühe, wir sind Schweine. es 1866
Bourdieu: Rede und Antwort. es 1547
– Soziologische Fragen. es 1872
Bovenschen: Die imaginierte Weiblichkeit. es 921
Brandão: Kein Land wie dieses. es 1236
Brasch: Frauen. Krieg. Lustspiel. es 1469
– Lovely Rita. Rotter. Lieber Georg. es 1562

316/1/6.93

edition suhrkamp
Eine Auswahl

Braun: Böhmen am Meer. es 1784
– Verheerende Folgen mangelnden Anscheins innerbetrieblicher Demokratie. es 1473
Brecht: Der aufhaltsame Aufstieg des Arturo Ui. es 144
– Aufstieg und Fall der Stadt Mahagonny. es 21
– Ausgewählte Gedichte. es 86
– Baal. es 170
– Buckower Elegien. es 1397
– Die Dreigroschenoper. es 229
– Furcht und Elend des Dritten Reiches. es 392
– Die Geschäfte des Herrn Julius Caesar. es 332
– Die Gesichte der Simone Machard. es 369
– Die Gewehre der Frau Carrar. es 219
– Der gute Mensch von Sezuan. es 73
– Die heilige Johanna der Schlachthöfe. es 113
– Herr Puntila und sein Knecht Matti. es 105
– Der kaukasische Kreidekreis. es 31
– Leben des Galilei. es 1
– Leben Eduards des Zweiten von England. es 245
– Mann ist Mann. es 259
– Die Mutter. es 200
– Mutter Courage und ihre Kinder. es 49
– Der Ozeanflug. Die Horatier und die Kuratier. Die Maßnahme. es 222
– Schweyk im zweiten Weltkrieg. es 132
– Die Tage der Commune. es 169
– Trommeln in der Nacht. es 490
– Über Politik auf dem Theater. es 465
– Das Verhör des Lukullus. es 740
Brecht für Leser der neunziger Jahre. Hg. von S. Unseld. es 1826
Brunkhorst: Der Intellektuelle im Land der Mandarine. es 1403
Bubner: Ästhetische Erfahrung. es 1564
– Zwischenrufe. Aus den bewegten Jahren. es 1814
Buch: Der Herbst des großen Kommunikators. es 1344
– Die Nähe und die Ferne. es 1663
– Waldspaziergang. es 1412
Bürger: Theorie der Avantgarde. es 727
Burkhardt: Der Dreißigjährige Krieg 1618-1648. NHB. es 1542
Butler: Das Unbehagen der Geschlechter. es 1722
Celan: Ausgewählte Gedichte. Zwei Reden. es 262
Cortázar: Letzte Runde. es 1140
– Das Observatorium. es 1527
– Reise um den Tag in 80 Welten. es 1045
Dedecius: Poetik der Polen. es 1690
Dekonstruktiver Feminismus. Hg. von B. Vinken. es 1678
Deleuze: Logik des Sinns. es 1707
– Verhandlungen. es 1778

316/2/6.93

edition suhrkamp
Eine Auswahl

Denken, das an der Zeit ist. Hg. von F. Rötzer. es 1406
Derrida: Das andere Kap. Die aufgeschobene Demokratie. es 1769
– Gesetzeskraft. es 1645
Dieckmann: Glockenläuten und offene Fragen. es 1644
– Vom Einbringen. es 1713
Digitaler Schein. Hg. von F. Rötzer. es 1599
Dinescu: Exil im Pfefferkorn. es 1589
Ditlevsen: Sucht. es 1009
– Wilhelms Zimmer. es 1076
Dorst: Toller. es 294
Drawert: Spiegelland. es 1715
Dröge / Krämer-Badoni: Die Kneipe. es 1380
Duerr: Traumzeit. es 1345
Duras: Eden Cinéma. es 1443
– La Musica Zwei. es 1408
– Sommer 1980. es 1205
– Vera Baxter oder Die Atlantikstrände. es 1389
Eco: Zeichen. es 895
Ehmer: Sozialgeschichte des Alters. NHB. es 1541
Eich: Botschaften des Regens. es 48
Elias: Humana conditio. es 1384
Norbert Elias über sich selbst. es 1590
Engler: Die zivilisatorische Lükke. es 1772
Enzensberger: Blindenschrift. es 217
– Einzelheiten I. es 63
– Einzelheiten II. es 87
– Die Furie des Verschwindens. es 1066
– Landessprache. es 304
– Palaver. es 696
– Das Verhör von Habana. es 553
Eppler: Kavalleriepferde beim Hornsignal. es 1788
Erste Einsichten. Hg. von Ch. Döring und H. Steinert. es 1592
Esser: Gewerkschaften in der Krise. es 1131
Evans: Im Schatten Hitlers? es 1637
Ewald: Der Vorsorgestaat. es 1676
Federman: Surfiction: Der Weg der Literatur. es 1667
Feminismus. Inspektion der Herrenkultur. Hg. von L. F. Pusch. es 1192
Fernández Cubas: Das geschenkte Jahr. es 1549
Feyerabend: Erkenntnis für freie Menschen. es 1011
– Wissenschaft als Kunst. es 1231
Fortschritte der Naturzerstörung. Hg. von R. P. Sieferle. es 1489
Foucault: Psychologie und Geisteskrankheit. es 272
– Raymond Roussel. es 1559
Denken und Existenz bei Michel Foucault. Hg. von W. Schmid. es 1657
Spiele der Wahrheit. Hg. von F. Ewald und B. Waldenfels. es 1640
Frank: Einführung in die frühromantische Ästhetik. es 1536
– Gott im Exil. es 1506
– Der kommende Gott. es 1142

316/3/6.93

edition suhrkamp
Eine Auswahl

Frank: Motive der Moderne. es 1456
– Die Unhintergehbarkeit von Individualität. es 1377
– Was ist Neostrukturalismus? es 1203
Frevert: Frauen-Geschichte. NHB. es 1284
Frisch: Biedermann und die Brandstifter. es 41
– Die Chinesische Mauer. es 65
– Don Juan oder Die Liebe zur Geometrie. es 4
– Frühe Stücke. es 154
– Graf Öderland. es 32
García Morales: Die Logik des Vampirs. es 1871
– Das Schweigen der Sirenen. es 1647
Gedächtniskunst. Hg. von A. Haverkamp und R. Lachmann. es 1653
Geist gegen den Zeitgeist. Hg. von J. Früchtl und M. Calloni. es 1630
Geyer: Deutsche Rüstungspolitik 1860-1980. NHB. es 1246
Goetz: Festung. 5 Bde. es 1793-1795
– Festung. es 1793
– Krieg. 2 Bde. es 1320
– Kronos. es 1795
– 1989. 3 Bde. es 1794
Goffman: Asyle. es 678
Gorz: Der Verräter. es 988
Goytisolo: Die Quarantäne. es 1874
Grassmuck / Unverzagt: Das Müll-System. es 1652
Gstrein: Anderntags. es 1625
– Einer. es 1483
Habermas: Eine Art Schadensabwicklung. es 1453
– Legitimationsprobleme im Spätkapitalismus. es 623
– Die nachholende Revolution. es 1633
– Die Neue Unübersichtlichkeit. es 1321
– Technik und Wissenschaft als Ideologie. es 287
– Theorie des kommunikativen Handelns. es 1502
Hänny: Zürich, Anfang September. es 1079
Hahn: Unter falschem Namen. es 1723
Handke: Die Innenwelt der Außenwelt der Innenwelt. es 307
– Kaspar. es 322
– Phantasien der Wiederholung. es 1168
– Publikumsbeschimpfung und andere Sprechstücke. es 177
Happel: Grüne Nachmittage. es 1570
Henrich: Konzepte. es 1400
– Nach dem Ende der Teilung. es 1813
– Eine Republik Deutschland. es 1658
Hensel: Im Schlauch. es 1815
Hentschel: Geschichte der deutschen Sozialpolitik 1880-1980. NHB. es 1247
Hettche: Inkubation. es 1787
Die Hexen der Neuzeit. Hg. von C. Honegger. es 743
Hijiya-Kirschnereit: Was heißt: Japanische Literatur verstehen? es 1608

316/4/6.93

edition suhrkamp
Eine Auswahl

Hodjak: Franz, Geschichtensammler. es 1698
– Siebenbürgische Sprechübung. es 1622
Holbein: Der belauschte Lärm. es 1643
– Ozeanische Sekunde. es 1771
– Samthase und Odradek. es 1575
Huchel: Gedichte. es 1828
Irigaray: Speculum. es 946
Jahoda / Lazarsfeld / Zeisel: Die Arbeitslosen von Marienthal. es 769
Jansen: Reisswolf. es 1693
Jasper: Die gescheiterte Zähmung. NHB. es 1270
Jauß: Literaturgeschichte als Provokation. es 418
Johnson: Begleitumstände. es 1820
– Das dritte Buch über Achim. es 1819
– Der 5. Kanal. es 1336
– Ingrid Babendererde. es 1817
– Jahrestage 1. es 1822
– Jahrestage 2. es 1823
– Jahrestage 3. es 1824
– Jahrestage 4. es 1825
– Mutmassungen über Jakob. es 1818
– Porträts und Erinnerungen. es 1499
– Versuch, einen Vater zu finden. Marthas Ferien. es 1416
Über Uwe Johnson. es 1821
Jones: Frauen, die töten. es 1350
Joyce: Finnegans Wake. es 1524
– Penelope. es 1106
Judentum im deutschen Sprachraum. Hg. von K. E. Grözinger. es 1613
Junior: Jorge, der Brasilianer. es 1571
Kenner: Ulysses. es 1104
Kiesewetter: Industrielle Revolution in Deutschland 1815-1914. NHB. es 1539
Kipphardt: In der Sache J. Robert Oppenheimer. es 64
Kirchhoff: Body-Building. es 1005
Kluge, A.: Gelegenheitsarbeit einer Sklavin. es 733
– Lernprozesse mit tödlichem Ausgang. es 665
– Schlachtbeschreibung. es 1193
Kluge, U.: Die deutsche Revolution 1918/1919. NHB. es 1262
Köhler: Deutsches Roulette. es 1642
Koeppen: Morgenrot. es 1454
Kolbe: Bornholm II. es 1402
– Hineingeboren. es 1110
Konrád: Antipolitik. es 1293
– Die Melancholie der Wiedergeburt. es 1720
– Stimmungsbericht. es 1394
Krechel: Mit dem Körper des Vaters spielen. es 1716
Krippendorff: Politische Interpretationen. es 1576
– Staat und Krieg. es 1305
– »Wie die Großen mit den Menschen spielen.« es 1486
Kristeva: Fremde sind wir uns selbst. es 1604

316/5/6.93

edition suhrkamp
Eine Auswahl

Kristeva: Geschichten von der Liebe. es 1482
– Die Revolution der poetischen Sprache. es 949
Kritische Theorie und Studentenbewegung. es 1517
Kroetz: Bauern sterben. es 1388
– Bauerntheater. es 1659
– Furcht und Hoffnung der BRD. es 1291
– Mensch Meier. Der stramme Max. Wer durchs Laub geht ... es 753
– Nicht Fisch nicht Fleisch. Verfassungsfeinde. Jumbo-Track. es 1094
– Oberösterreich. Dolomitenstadt Lienz. Maria Magdalena. Münchner Kindl. es 707
– Stallerhof. Geisterbahn. Lieber Fritz. Wunschkonzert. es 586
Krynicki: Wunde der Wahrheit. es 1664
Laederach: Fahles Ende kleiner Begierden. es 1075
– Der zweite Sinn. es 1455
Lang / McDannell: Der Himmel. es 1586
Lehnert: Sozialdemokratie zwischen Protestbewegung und Regierungspartei 1848-1983. NHB. es 1248
Lem: Dialoge. es 1013
Lenz, H.: Leben und Schreiben. es 1425
Leroi-Gourhan: Die Religionen der Vorgeschichte. es 1073
Leutenegger: Lebewohl, Gute Reise. es 1001
– Das verlorene Monument. es 1315
Lévi-Strauss: Das Ende des Totemismus. es 128
– Mythos und Bedeutung. es 1027
Die Listen der Mode. Hg. von S. Bovenschen. es 1338
»Literaturentwicklungsprozesse«. Die Zensur der Literatur in der DDR. Hg. von E. Wichner und H. Wiesner. es 1782
Llamazares: Der gelbe Regen. es 1660
Löwenthal: Mitmachen wollte ich nie. es 1014
Lüderssen: Der Staat geht unter – das Unrecht bleibt? es 1810
Lukács: Gelebtes Denken. es 1088
Maeffert: Bruchstellen. es 1387
de Man: Die Ideologie des Ästhetischen. es 1682
Marcus: Umkehrung der Moral. es 903
Marcuse: Ideen zu einer kritischen Theorie der Gesellschaft. es 300
Maruyama: Denken in Japan. es 1398
Mattenklott: Blindgänger. es 1343
Mayer: Gelebte Literatur. es 1427
– Versuche über die Oper. es 1050
Mayröcker: Magische Blätter. es 1202
– Magische Blätter II. es 1421
– Magische Blätter III. es 1646
Meckel: Von den Luftgeschäften der Poesie. es 1578

316/6/6.93

edition suhrkamp
Eine Auswahl

Medienmacht im Nord-Süd-Konflikt. Friedensanalysen Bd. 18. es 1166
Menninghaus: Paul Celan. es 1026
Menzel / Senghaas: Europas Entwicklung und die Dritte Welt. es 1393
Millás: Dein verwirrender Name. es 1623
Miłosz: Zeichen im Dunkel. es 995
Mitscherlich: Krankheit als Konflikt. es 164
– Die Unwirtlichkeit unserer Städte. es 123
Mitterauer: Sozialgeschichte der Jugend. NHB. es 1278
Möller: Vernunft und Kritik. NHB. es 1269
Morshäuser: Hauptsache Deutsch. es 1626
Moser: Besuche bei den Brüdern und Schwestern. es 1686
– Eine fast normale Familie. es 1223
– Der Psychoanalytiker als sprechende Attrappe. es 1404
– Romane als Krankengeschichten. es 1304
Muschg: Literatur als Therapie? es 1065
Mythos ohne Illusion. es 1220
Mythos und Moderne. es 1144
Nakane: Die Struktur der japanischen Gesellschaft. es 1204
Negt / Kluge: Geschichte und Eigensinn. es 1700
Ngũgĩ wa Thiong'o: Der gekreuzigte Teufel. es 1199
Nizon: Am Schreiben gehen. es 1328
Nooteboom: Berliner Notizen. es 1639
– Wie wird man Europäer? es 1869
Oehler: Pariser Bilder I (1830-1848). es 725
– Ein Höllensturz der Alten Welt. es 1422
Oppenheim: Husch, husch, der schönste Vokal entleert sich. es 1232
Oz: Politische Essays. es 1876
Paetzke: Andersdenkende in Ungarn. es 1379
Paz: Der menschenfreundliche Menschenfresser. es 1064
– Suche nach einer Mitte. es 1008
– Zwiesprache. es 1290
Petri: Schöner und unerbittlicher Mummenschanz. es 1528
Plenzdorf: Zeit der Wölfe. Ein Tag, länger als das Leben. es 1638
Politik der Armut und die Spaltung des Sozialstaats. Hg. von S. Leibfried und F. Tennstedt. es 1233
Politik ohne Projekt? Hg. von S. Unseld. es 1812
Powell: Edisto. es 1332
– Eine Frau mit Namen Drown. es 1516
Ein Pronomen ist verhaftet verhaftet worden. Hg. von E. Wichner. es 1671
Pusch: Alle Menschen werden Schwestern. es 1565
– Das Deutsche als Männersprache. es 1217

316/7/6.93

edition suhrkamp
Eine Auswahl

Raimbault: Kinder sprechen vom Tod. es 993
Rakusa: Steppe. es 1634
Reichert: Vielfacher Schriftsinn. es 1525
Ribeiro, D.: Unterentwicklung, Kultur und Zivilisation. es 1018
Ribeiro, J. U.: Sargento Getúlio. es 1183
Rodinson: Die Araber. es 1051
Rohe: Wahlen und Wählertraditionen in Deutschland. es 1544
Rosenboom: Eine teure Freundschaft. es 1607
Rosenlöcher: Die verkauften Pflastersteine. es 1635
– Die Wiederentdeckung des Gehens beim Wandern. es 1685
Roth: Die einzige Geschichte. es 1368
– Das Ganze ein Stück. es 1399
– Krötenbrunnen. es 1319
– Die Wachsamen. es 1614
Rubinstein: Sterben kann man immer noch. es 1433
Rühmkorf: agar agar – zaurzaurim. es 1307
Russell: Probleme der Philosophie. es 207
Schedlinski: die rationen des ja und des nein. es 1606
Schindel: Ein Feuerchen im Hintennach. es 1775
– Geier sind pünktliche Tiere. es 1429
– Im Herzen die Krätze. es 1511
Schleef: Die Bande. es 1127
Schöne Aussichten. Hg. v. Ch. Döring und H. Steinert. es 1593
Schönhoven: Die deutschen Gewerkschaften. NHB. es 1287
Schröder: Die Revolutionen Englands im 17. Jahrhundert. NHB. es 1279
Das Schwinden der Sinne. Hg. von D. Kamper und Ch. Wulf. es 1188
Segbers: Der sowjetische Systemwandel. es 1561
Senghaas: Europa 2000. es 1632
– Friedensprojekt: Europa. es 1717
– Konfliktformationen im internationalen System. es 1509
– Die Zukunft Europas. es 1339
Sieferle: Die Krise der menschlichen Natur. es 1567
Simmel: Schriften zur Philosophie und Soziologie der Geschlechter. es 1333
Sloterdijk: Der Denker auf der Bühne. es 1353
Sloterdijk: Eurotaoismus. es 1450
– Kopernikanische Mobilmachung und ptolemäische Abrüstung. es 1375
– Kritik der zynischen Vernunft. es 1099
– Versprechen auf Deutsch. es 1631
– Weltfremdheit. es 1781
Söllner: Kopfland. Passagen. es 1504
Staritz: Geschichte der DDR 1949-1985. NHB. es 1260
Steinwachs: G-L-Ü-C-K. es 1711
Stichworte zur ›Geistigen Situation der Zeit‹. 2 Bde. Hg. von J. Habermas. es 1000

316/8/6.93

edition suhrkamp
Eine Auswahl

Streeruwitz: New York. New York. Elysian Park. es 1800
– Waikiki-Beach. Sloane Square. es 1786
Struck: Kindheits Ende. es 1123
– Klassenliebe. es 629
Szondi: Theorie des modernen Dramas. es 27
Techel: Es kündigt sich an. es 1370
Thiemann: Schulszenen. es 1331
Thompson: Die Entstehung der englischen Arbeiterklasse. es 1170
Thränhardt: Geschichte der Bundesrepublik Deutschland. NHB. es 1267
Todorov: Die Eroberung Amerikas. es 1213
Treichel: Liebe Not. es 1373
Tugendhat: Ethik und Politik. es 1714
Vargas Llosa: Gegen Wind und Wetter. es 1513
– La Chunga. es 1555
Vernant: Die Entstehung des griechischen Denkens. es 1150
Veyne: Foucault: Die Revolutionierung der Geschichte. es 1702
Vor der Jahrtausendwende: Berichte zur Lage der Zukunft. Hg. von P. Sloterdijk. es 1550
Walser: Ein fliehendes Pferd. es 1383
– Geständnis auf Raten. es 1374
– Selbstbewußtsein und Ironie. es 1090
– Über Deutschland reden. es 1553
– Wie und wovon handelt Literatur. es 642
Weiss: Abschied von den Eltern. es 85
– Die Ästhetik des Widerstands. es 1501
– Fluchtpunkt. es 125
– Das Gespräch der drei Gehenden. es 7
– Notizbücher 1960-1971. es 1135
– Notizbücher 1971-1980. es 1067
– Rapporte. es 276
– Rapporte 2. es 444
– Rekonvaleszenz. es 1710
– Der Schatten des Körpers des Kutschers. es 53
– Stücke I. es 833
– Stücke II. 2 Bde. es 910
– Verfolgung ... Marat/Sade. es 68
Sinclair (P. Weiss): Der Fremde. es 1007
Die Wiederkehr des Körpers. Hg. von D. Kamper und Ch. Wulf. es 1132
Wippermann: Europäischer Faschismus im Vergleich 1922-1982. NHB. es 1245
Wirz: Sklaverei und kapitalistisches Weltsystem. NHB. es 1256
Wittgenstein: Tractatus logico-philosophicus. es 12
Zoll: Alltagssolidarität und Individualismus. es 1776
Der Zusammenbruch der DDR. Hg. von H. Joas und M. Kohli. es 1777

316/9/6.93

Philosophie
in der edition suhrkamp

Adorno, Theodor W.: Eingriffe. Neun kritische Modelle. es 10
– Gesellschaftstheorie und Kulturkritik. es 772
– Jargon der Eigentlichkeit. Zur deutschen Ideologie. es 91
– »Ob nach Auschwitz sich noch leben lasse«. Ein philosophisches Lesebuch. Herausgegeben von Rolf Tiedemann. es 1844
– Stichworte. Kritische Modelle 2. es 347
Bachelard, Gaston: Das Wasser und die Träume. Aus dem Französischen von Henriette Beese. es 1598
Benhabib, Seyla: Selbst und Kontext. Kommunikative Ethik im Spannungsfeld von Feminismus, Kommunitarismus und Postmoderne. Aus dem Amerikanischen von Isabella König. es 1725
Benjamin, Walter: Das Passagen-Werk. 2 Bde. Herausgegeben von Rolf Tiedemann. es 1200
– Zur Kritik der Gewalt und andere Aufsätze. Mit einem Nachwort von Herbert Marcuse. es 103
Bloch, Ernst: Abschied von der Utopie? Vorträge. Herausgegeben und mit einem Nachwort versehen von Hanna Gekle. es 1046
– Kampf, nicht Krieg. Politische Schriften 1917-1919. Herausgegeben von Martin Korol. es 1167
– Viele Kammern im Welthaus. Herausgegeben von Friedrich Dieckmann und Jürgen Teller. es 1827
Böhme, Gernot: Anthropologie in pragmatischer Hinsicht. Darmstädter Vorlesungen. es 1301
– Atmosphäre. Essays zur neuen Ästhetik. es 1927
– Für eine ökologische Naturästhetik. es 1556
– Natürliche Natur. Über Natur im Zeitalter ihrer technischen Reproduzierbarkeit. es 1680
Bubner, Rüdiger: Ästhetische Erfahrung. es 1564
– Dialektik als Topik. es 1591
– Zwischenrufe. Aus den bewegten Jahren. es 1814
Butler, Judith: Das Unbehagen der Geschlechter. Aus dem Amerikanischen von Kathrina Menke. es 1722
Deleuze, Gilles: Die Logik des Sinns. Aus dem Französischen von Bernhard Dieckmann. es 1707
– Unterhandlungen 1972–1990. Aus dem Französischen von Gustav Roßler. es 1778
Derrida, Jacques: Das andere Kap. Die aufgeschobene Demokratie. Zwei Essays. Aus dem Französischen von Alexander García Düttmann. es 1769

304/1/3.96

Philosophie
in der edition suhrkamp

Derrida, Jacques: Gesetzeskraft. Aus dem Französischen von Alexander G. Düttmann. es 1645
– Schreiben der Differenz. Ein Lesebuch. Herausgegeben von Christoph Menke. es 1843
– Vergessen wir nicht – die Psychoanalyse! Herausgegeben und übersetzt von Hans-Dieter Gondek. es 1980
Euchner, Walter: Egoismus und Gemeinwohl. Studien zur Geschichte der bürgerlichen Philosophie. es 614
Ewald, François: Der Vorsorgestaat. Aus dem Französischen von Hermann Kocyba. Mit einem Essay von Ulrich Beck. es 1676
Feyerabend, Paul: Briefwechsel mit einem Freund. es 1946
– Erkenntnis für freie Menschen. Veränderte Ausgabe. es 1011
– Wissenschaft als Kunst. es 1231
Versuchungen 1. Aufsätze zur Philosophie Paul Feyerabends. Herausgegeben von Hans Peter Duerr. es 1044
Versuchungen 2. Aufsätze zur Philosophie Paul Feyerabends. Herausgegeben von Hans Peter Duerr. es 1068
Foucault, Michel: Raymond Roussel. Übersetzt von Renate Hörisch-Helligrath. es 1559
Spiele der Wahrheit. Michel Foucaults Denken. Herausgegeben von François Ewald und Bernhard Waldenfels. Übersetzt von Hans-Dieter Gondeck. es 1640
Die Frage nach dem Subjekt. Herausgegeben von Manfred Frank, Gérard Raulet und Willem van Reijen. es 1430
Frank, Manfred: Einführung in die frühromantische Ästhetik. es 1563
– Gott im Exil. Vorlesungen über die Neue Mythologie. II. Teil. es 1506
– Die Grenzen der Verständigung. es 1481
– Der kommende Gott. Vorlesungen über die Neue Mythologie. I. Teil. es 1142
– Motive der Moderne. es 1456
– Die Unhintergehbarkeit von Individualität. Reflexionen über Subjekt, Person und Individuum aus Anlaß ihrer ›postmodernen‹ Toterklärung. es 1377
– Was ist Neostrukturalismus? es 1203
Fraser, Nancy: Widerspenstige Praktiken. Macht, Diskurs, Geschlecht. es 1726
Geist gegen den Zeitgeist. Erinnern an Adorno. Herausgegeben von Josef Früchtl und Marina Calloni. es 1630
Gemeinschaften. Positionen zu einer Philosophie des Politischen. Herausgegeben von Joseph Vogl. es 1881

304/2/3.96

Philosophie
in der edition suhrkamp

Gewalt und Gerechtigkeit. Derrida liest Benjamin. Herausgegeben von Anselm Haverkamp. es 1706

Goodman, Paul: Die Tatsachen des Lebens. Ausgewählte Schriften und Essays. es 1359

Habermas, Jürgen: Technik und Wissenschaft als Ideologie. es 287

Henrich, Dieter: Konzepte. Essays zur Philosophie in der Zeit. es 1400

– Eine Republik Deutschland. Reflexionen auf dem Weg aus der deutschen Teilung. es 1658

Irigaray, Luce: Speculum. Spiegel des anderen Geschlechts. Aus dem Französischen übersetzt von Xenia Rajewsky, Gabriele Ricke, Gerburg Treusch-Dieter und Regine Othmer. es 946

Lacoue-Labarthe, Philippe: Die Nachahmung der Modernen. Aus dem Französischen von Thomas Schestag. es 1708

Laing, Ronald D.: Phänomenologie der Erfahrung. Aus dem Englischen übersetzt von Klaus Figge und Waltraud Stein. es 314

List, Elisabeth: Die Präsenz des Anderen. Theorie und Geschlechterpolitik. es 1728

Lüderssen, Klaus: Genesis und Geltung. es 1962

Marcuse, Herbert: Ideen zu einer kritischen Theorie der Gesellschaft. es 300

– Konterrevolution und Revolte. Unter Mitwirkung von Alfred Schmidt übersetzt von Rolf und Renate Wiggershaus. Autorisierte Übersetzung. es 591

– Kultur und Gesellschaft 1. es 101

– Kultur und Gesellschaft 2. es 135

Maruyama, Masao: Denken in Japan. Eingeleitet und aus dem Japanischen übertragen von Wolfgang Schamoni und Wolfgang Seifert. es 1398

Oliveira, Carlos / Peter Sloterdijk: Letzte Menschen und andere Verdächtige. Gespräche über Geist und Zeit. es 1992

Rosset, Clément: Das Reale. Traktat über den Schwach-Sinn. Aus dem Französischen von Renate Hörisch-Heligrath. es 1442

Ruinen des Denkens. Denken in Ruinen. Herausgegeben von Norbert Bolz und Willem van Reijen. Mit Abbildungen. es 1933

Russell, Bertrand: Probleme der Philosophie. Aus dem Englischen übersetzt und mit einem Nachwort versehen von Eberhard Bubser. es 207

Sandkühler, Hans Jörg: Die Wirklichkeit des Wissens. es 1679

Sebeok, Thomas A. / Jean Umiker-Sebeok: »Du kennst meine Methode.« Charles S. Peirce und Sherlock Holmes. Aus dem Amerikanischen von Achim Eschbach. es 1121

304/3/3.96

Philosophie in der edition suhrkamp

Serres, Michel: Der Hermaphrodit. Aus dem Französischen von Reinhard Kaiser. es 1552

– Der Naturvertrag. Aus dem Französischen von Hans-Horst Henschen. es 1665

Sloterdijk, Peter: Der Denker auf der Bühne. Nietzsches Materialismus. es 1353

– Eurotaoismus. Zur Kritik der politischen Kinetik. es 1450

– Kopernikanische Mobilmachung und ptolemäische Abrüstung. Ästhetischer Versuch. es 1375

– Kritik der zynischen Vernunft. 2 Bde. es 1099

– Versprechen auf Deutsch. Rede über das eigene Land. es 1631

– Weltfremdheit. es 1781

– Zur Welt kommen – Zur Sprache kommen. Frankfurter Vorlesungen. es 1505

Peter Sloterdijks ›Kritik der zynischen Vernunft‹. es 1297

Sohn-Rethel, Alfred: Soziologische Theorie der Erkenntnis. Mit einem Vorwort von Jochen Hörisch. es 1218

Strasser, Peter: Philosophie der Wirklichkeitssuche. es 1518

– Die verspielte Aufklärung. es 1342

Strohm, Harald: Die Gnosis und der Nationalsozialismus. es 1973

Tugendhat, Ernst: Ethik und Politik. es 1714

Vernant, Jean-Pierre: Die Entstehung des griechischen Denkens. Aus dem Französischen von Edmund Jacoby. es 1150

Veyne, Paul: Foucault: Die Revolutionierung der Geschichte. Aus dem Französischen von Gustav Roßler. es 1702

Vor der Jahrtausendwende: Berichte zur Lage der Zukunft. 2 Bände. Herausgegeben von Peter Sloterdijk. es 1550

Wittgenstein, Ludwig: Tractatus logico-philosophicus. Logisch-philosophische Abhandlung. es 12

Die Zukunft der Aufklärung. Herausgegeben von Jörn Rüsen, Eberhard Lämmert und Peter Glotz. es 1479

Zur Verteidigung der Vernunft gegen ihre Liebhaber und Verächter. Herausgegeben von Christoph Menke und Martin Seel. es 1893

304/4/3.96